变现为王

AI时代五步创富法

王金合　张世光　著

中国经济出版社
CHINA ECONOMIC PUBLISHING HOUSE

·北京·

图书在版编目（CIP）数据

变现为王：AI时代五步创富法/王金合，张世光著. --
北京：中国经济出版社，2025.5. -- ISBN 978-7-5136-
8160-5

Ⅰ.F71-39

中国国家版本馆CIP数据核字第20253BJ636号

责任编辑　邓媛媛
责任印制　李　伟
封面设计　任燕飞工作室

出版发行	中国经济出版社
印刷者	北京艾普海德印刷有限公司
经销者	各地新华书店
开　本	710mm×1000mm　1/16
印　张	17.25
字　数	214千字
版　次	2025年5月第1版
印　次	2025年5月第1次
书　号	978-7-5136-8160-5
定　价	78.00元

中国经济出版社 网址 http://epc.sinopec.com/epc/ 社址 北京市东城区安定门外大街58号 邮编 100011
本版图书如存在印装质量问题，请与本社销售中心联系调换（联系电话：010-57512564）

版权所有　盗版必究（举报电话：010-57512600）
国家版权局反盗版举报中心（举报电话：12390）　　　服务热线：010-57512564

序言一

AI时代的财富密码，藏在实践者的脚印里

在这个技术重塑一切的时代，人工智能（AI）以空前速度重构全球经济版图，引发从智能制造到智慧城市、从数据决策到个性化服务的全面变革，其本质是一场跨越式的文明跃迁。作为"互联网+百人会"发起人及"大协同"理论与模式提出者，我与马化腾、李彦宏等业界领袖有过深度合作，深刻认识到每一次技术革命的核心不仅在于工具迭代，更在于认知升级与生态重构。

过去十年堪称人类文明的"数字大爆炸"时期，移动互联网与人工智能的浪潮重塑了产业筋骨，催生了无数商业奇迹。然而，比起技术的炫目光环，更让我着迷的是那些躬身入局的实践者——他们像探险家般在未知领域拓荒，用脚踏实地的探索为后来者标定方向。《变现为王：AI时代五步创富法》正是为了搭建从技术潜力到商业价值的桥梁。

王金合先生是从电子商务服务领域崛起的实干家，早年深耕电商运营一线，亲历了从淘宝草莽时代到直播电商爆发的完整周期。他创办的淘金集团，没有追逐风口浪尖的资本游戏，而是默默构建商业基础设施。十四年间孵化超过2000家企业主体、培育2万名个体创业者，带动近10万人就业，年撬动网络销售额近30亿元。他的直播基地有着这样的场景：传统制造厂老板在虚拟直播间卖机械零件，彝族绣娘通过AI实时翻译向全球客商介绍非遗技艺。这种"让每个普通人抓住数字机遇"的实践哲学，恰恰印证了本书的核心主张：AI时代的财富革命，

本质上是普惠价值的传递。

张世光先生则是具备了横跨IT研发、连续创业与科技智库的复合经验，兼具技术极客的敏锐与战略家的格局，始终站在每一次技术革命的浪尖，用知行合一的实践诠释"数智化生存"真谛。这位济南大学人工智能研究院副院长、知料科技创始合伙人，身上烙印着中国信息技术发展的完整年轮。作为我国人工智能领域奠基人钟义信院士的学生，他既继承了老一辈科学家的学术风骨，又在产业实践中开辟新天地，是国内第一代程序员中的"常青树"。他曾经深耕智慧教育领域十年并做到行业头部，也为智能设计平台"创客贴"长期陪跑，这个让设计小白三分钟产出专业作品的工具，从算法调优到商业模型打磨，每个关键节点都凝聚着技术执着与商业智慧。这种"顶天立地"的能力，让书中关于AI产品化的章节既有学术高度，又充满实战温度。

本书提出的"五步创富法"，并非传统意义上的商业方法论，而是融合技术洞察、商业逻辑与社会协同的系统性框架。它从AI技术的底层逻辑出发，结合产业生态的演化规律，帮助读者理解如何在技术浪潮中找到商业定位、构建价值网络、设计盈利模式，并通过案例剖析揭示AI时代商业创新的本质。无论是传统企业的数字化转型，还是创业者在新兴领域的布局，这本书都提供了可操作的行动指南。它不仅是一份技术指南，更是一场认知升级的邀请，帮助我们在AI重塑世界的进程中，既把握技术红利，又避免陷入技术盲目崇拜的陷阱，真正实现个人与企业的价值跃迁。两位作者的思想碰撞，在书中激荡出独特的价值。王金合先生从商业生态视角拆解趋势，张世光先生从技术底层剖析逻辑，双重视角交织成AI商业化的完整图谱。这种"商业洞察×技术穿透"的对话，正是当前产业界最稀缺的思维范式。

在万物智能的今天，中国正站在AI商业化的最前沿。这本书的两位作者，一位在产业一线搭建数字阶梯，一位在学术与产业间架设转化桥梁，他们的跨界合作本身就是"数实融合"的最佳注解。书中既有田间地头的生存智慧，又有顶尖实验室的技术洞见，这种"上天入地"的视角，恰恰是破解 AI 产业化难题的关键。

最后，我想与各位共勉："不要问 AI 能取代什么，要问 AI 能创造什么新价值。"当技术进步与商业智慧相遇，当数据血液注入产业肌体，我们迎来的将不是"取代"的焦虑，而是"新生"的喜悦。愿这本书成为各位探索 AI 商业世界的火把，照亮属于这个时代的创富之路。

张晓峰

著名数智化转型与智能经济专家

张晓峰简介

管理学博士，著名数智化转型与智能经济专家，"互联网＋百人会"发起人，北京天问数智科技中心负责人，长期深耕数字经济、智能经济、共享经济与产业协同创新、智能文明发育等领域。腾讯腾云智库专家、新华社瞭望智库特约研究员，中国互联网协会"互联网＋"研究咨询中心发起专家，中国人工智能学会智慧能源专委会常务委员，并担任清华大学、中国人民大学、上海交通大学等高校创业导师，"智出东方青少年 AI 时代领袖力成长实验"发起人，为多领域创新人才培养贡献智慧。作为国家战略实践的推动者，深度参与"互联网＋""共享经济""人工智能＋"等国家顶层设计落地，与马化腾合著《互联网＋：国家战略行动路线图》，助推"互联网＋"上升为国家战略；与李彦宏合著《智能经济：高质量发展的新形态》，率先提出智能经济完整框架，助推"人工智能＋"上升为国家战略；与程维、柳青合著《滴滴：

分享经济改变中国》，助推我国成为全球第一个网约车合法化国家，助力"共享经济"上升为国家战略。其主导的《中国新型智慧城市白皮书》（与蚂蚁集团联合发布）及"大协同"理论，为数字中国建设、城市 IP 化与产业生态协同提供了重要方法论。他聚焦新基建、产业智能化、数字生态价值网等前沿议题，倡导以"大协同"模式驱动科技创新与产业升级，助力区域经济高质量发展。是城市 IP 化及其运营方法论、路线图个性化解决方案的提交者。曾服务腾讯、百度、滴滴、蚂蚁集团、国家电网、小米、中国石化等头部企业及山东省等多地政府，为新型智慧城市、新旧动能转换、未来产业、新质生产力等提供决策支持，致力于以智力资本激活创新动能，推动新质生产力发展。其理论与实践深度融合的视野，为"十四五"到"十五五"的数字化到智能化转型、衔接、跃升提供了战略启示。

序言二

人工智能时代的财富密码：从机遇到实践的全景指南

在全球科技发展的宏大叙事中，人工智能（AI）无疑是当下最为激昂的篇章之一。它正以汹涌澎湃之势席卷各个领域，重塑着我们的生活方式、工作模式以及商业运行的底层逻辑。作为一名长期浸润在国际科技前沿的工作者，我在华盛顿与硅谷的岁月里，目睹了无数关于技术创新的浪潮起起落落，而人工智能的崛起之势，无疑是最为壮观且影响深远的一次。

时隔五年，当我再次踏上中国北京的土地，那种熟悉又带着全新活力的气息扑面而来。与张世光先生的彻夜长谈，更是让我深切感受到中国在人工智能领域的脉搏跳动是如此强劲有力。我们热烈地探讨着 AI 所蕴含的巨大机遇，而知料科技开发的灵雀数字人项目，成为了那晚交流中最为闪耀的星辰。这个项目绝非只是炫技，而是将 AI 技术与实际应用场景深度交融的典范。它所展现出的智能化交互体验，让我看到了人工智能从实验室走向大众生活的无限可能，也让我意识到，在这场技术变革的浪潮中，中国已然站在了潮头之上，积极地探索着、实践着，将 AI 技术转化为现实的生产力和竞争力。

在这股浪潮之中，有一个人的身影格外引人注目，他就是王金合先生。王金合的故事并非是那种遥不可及的传奇，而是实实在在的、具有强大说服力的实践样本。大学毕业后，他凭借自身的努力与才华，成功通过了中国最大电子商务公司阿里巴巴那堪称严苛的五百选一面试，踏入了阿里巴巴销售事业部的大门。在高手如云的环境中，他仅用两年时间，就从一名普通销售迅速崛起，成为大区销售主管，并且长期保持着 TopSales 的卓越成绩。他所带领的常熟团队，更是以全国第一的佳绩，为阿里巴巴的销售版图立下了赫赫战功，同时也为团队成员铺设了一条通往成功的成长之路，一批批优秀的销售人才在他的麾下崭露头角。

王金合先生的成功绝非偶然。在那个 AI 技术刚刚崭露头角的时期，他就敏锐地捕捉到了这股技术变革的力量。他没有将 AI 视为遥不可及的高科技，而是当作一个能够切实提升工作效率、优化销售流程、增强客户体验的有力工具。在他的带领下，团队开始尝试将 AI 技术融入到日常的销售工作中。从智能客户画像的构建，精准定位潜在客户群体；到智能推荐系统的运用，为客户提供个性化的产品解决方案；再到智能销售预测模型的搭建，提前规划销售策略与资源配置。这些实践让他的团队在激烈的市场竞争中如虎添翼，始终保持着领先地位。而王金合先生本人，也从一名优秀的销售领导者，逐渐成长为 AI 变革时代的落地实践派。他的经历，为那些渴望在 AI 浪潮中有所作为的个人和企业，提供了一条清晰可见的实践路径：拥抱 AI 技术，将其深度融入到业务的每一个环节，就有可能实现从优秀到卓越的跨越。

在这样的背景下，《变现为王：AI 时代五步创富法》这本书应运而生。它不是那种高高在上、空谈理论的技术手册，也不是仅仅停留于概念层面的未来学著作，而是一本脚踏实地、充满实战智慧的创富指南。这本书以一种系统而全面的方式，向读者展示了如何在 AI 时代实现商业价值的最大化。

率先将 AI 融入全产业链，企业可打破部门壁垒，实现各环节协同。AI 助力精准预测市场，优化产品计划；在生产中，AI 驱动自动化，保障效率与品质；在销售端，大数据助力客户画像，提升销售精准度。同时，升级商业模式，通过会员与合伙人机制，增强用户黏性并扩大市场影响力。数据作为战略资产，其变现策略需精心策划，从收集到应用每一步都至关重要，可优化产品、实现精准营销，甚至直接作为商品出售。在销售 AI 应用方面，企业需把握市场需求与趋势，运用多元策略开拓市场。会员与合伙人体系的完善，能有效助力 AI 销售，形成良性商业生态。

此外，书中深入探讨了 AI 在金融、医疗、教育、制造、农业及文化娱乐等多领域的应用与成功案例，为读者提供了全面的行业视角与实践指导，助力在 AI 时代把握商机，实现商业突破。

在全球科技发展的浪潮中，中国已然成为了不可忽视的重要力量。政府出台的一系列支持政策，为人工智能产业的发展提供了坚实的战略支撑与政策保障。在中国的各大科技园区与创新基地，无数怀揣梦想的创业者和科研工作者汇聚一堂，他们以非凡的勇气与智慧，投身于人工智能技术的研发与创新实践之中，为推动我国人工智能技术的快速发展贡献着自己的力量。

在人工智能时代，机遇与挑战并存，希望与风险同在。我们正处于一个前所未有的历史转折点，AI 技术的发展将深刻影响人类社会的每一个角落。作为一名长期致力于科技研究与应用的工作者，我深感肩上的责任之重。我们不仅要积极探索 AI 技术的创新应用，推动产业变革与社会发展；更要时刻关注 AI 技术可能带来的伦理道德、社会公平、隐私保护等问题，确保技术的发展始终符合人类的核心价值观与长远利益。

《变现为王：AI 时代五步创富法》这本书，恰似一把钥匙，为那些渴望在 AI 浪潮中开启财富之门的探索者们提供了精准的指引。它以通俗易懂的语言、丰富详实的案例、系统全面的方法论，将复杂的人工智能技术与商业应用知识娓娓道来,让无论是企业高管、创业者,还是对 AI 感兴趣的普通读者,都能够从中汲取到有价值的养分,找到属于自己的创富之路。

在这个波澜壮阔的时代,每一个人都有机会成为 AI 变革的参与者、见证者与受益者。让我们携手共进,以这本书为起点,深入探索人工智能的无限可能,共同书写属于我们的财富传奇与未来篇章。

薄智泉

中国科协海智专家、美国国际应用科技研究院院长

国家出版基金项目"科技创新与科技强国丛书"联席主任

《智能与数据重构世界》《科技与创新改变世界》

《科技创新与社会责任》《数字新基建:开启数字经济新时代》等书作者

目 录

前　言 / 001

1.1　AI 时代的财富转移与创富机遇　　　001

1.2　准备创富：个人与企业的 AI 时代适应性　　　016

第一步

率先使用 AI，贯穿全产业链

2.1　速度领先：AI 在产品设计与生产中的应用　　　030

2.2　营销变革：AI 在销售与客户关系中的作用　　　041

2.3　AI 战略转型与实战路径　　　055

第二步

升级商业模式，发展会员与合伙人

3.1　构建会员体系：从消费者到合作伙伴　　　070

3.2　拓展盈利渠道：AI 在推广和营销中的应用　　　082

3.3　加速增长：AI 如何放大会员合伙人效应　　　096

变现为王：AI 时代五步创富法

第三步

数据思维，实现数据变现

4.1 数据资产的价值与管理　　110

4.2 数据驱动：商业决策与运营优化　　128

4.3 AI 赋能下的数据产品开发与市场化　　141

第四步

销售 AI 应用，开拓副业增收

5.1 AI 产品服务的市场需求与趋势　　156

5.2 构筑 AI 销售平台：技术推广与销售渠道　　161

5.3 跨界联动：AI 推动的行业融合与创新　　175

第五步

会员与合伙人助力 AI 销售

6.1 会员合伙人的运营系统与结构整合　　190

6.2 数据资产的盈利模式与战略运用　　203

6.3 360 度立体推广 AI 的多元化策略　　209

总结与展望 / 223

7.1 五步创富法的核心与实施要点　　223

7.2 善用 AI，共赢未来：个人与企业的行动指南　　245

002

AI 时代五步创富法思维导图
（AI 时代五步跃升的财富地图）

AI时代五步创富法

- **前言**
  - 1.1　AI 时代的财富转移与创富机遇
  - 1.2　准备创富：个人与企业的AI 时代适应性

- **第一步　率先使用 AI，贯穿全产业链**
  - 2.1　速度领先：AI 在产品设计与生产中的应用
  - 2.2　营销变革：AI 在销售与客户关系中的作用
  - 2.3　AI 战略转型与实战路径

- **第二步　升级商业模式，发展会员与合伙人**
  - 3.1　构建会员体系：从消费者到合作伙伴
  - 3.2　拓展盈利渠道：AI 在推广和营销中的应用
  - 3.3　加速增长：AI 如何放大会员合伙人效应

- **第三步　数据思维，实现数据变现**
  - 4.1　数据资产的价值与管理
  - 4.2　数据驱动：商业决策与运营优化
  - 4.3　AI 赋能下的数据产品开发与市场化

- **第四步　销售AI应用，开拓副业增收**
  - 5.1　AI 产品服务的市场需求与趋势
  - 5.2　构筑 AI 销售平台：技术推广与销售渠道
  - 5.3　跨界联动：AI 推动的行业融合与创新

- **第五步　会员与合伙人助力 AI 销售**
  - 6.1　会员合伙人的运营系统与结构整合
  - 6.2　数据资产的盈利模式与战略运用
  - 6.3　360度立体推广 AI 的多元化策略

- **总结与展望**
  - 7.1　五步创富法的核心总结与实施要点
  - 7.2　善用AI，共赢未来：个人与企业的行动指南

1.1 AI 时代的财富转移与创富机遇

1.1.1 AI 对经济生态的颠覆性影响

AI 技术正在以前所未有的速度改变着全球经济生态。从工业制造到金融服务，从农业到零售业，几乎每一个传统行业都在经历着深刻的变革。这种变革不仅仅体现在生产力的提升上，更在于整个商业模式和经济结构的重塑。

在制造业领域，AI 技术的应用使得生产过程更加智能化。传统的流水线作业正在被自动化和机器人技术逐步取代，这不仅提高了生产效率，还大大降低了人工成本。

金融服务业同样受到 AI 技术的深刻影响。通过大数据分析和机器学习算法，金融机构能够更精准地评估风险，制定投资策略，甚至预测市场走势。这使得传统的人工分析和决策过程相形见绌。不仅如此，AI 还在反欺诈、客户服务等方面发挥了重要作用，提升了金融系统的安全性和服务质量。

在农业领域，AI 技术的应用正在改变传统的耕作方式。通过无人机和传感器收集的大量数据，农民可以实时监控作物的生长情况，预测天气变化，并进行精准灌溉和施肥。这种数据驱动的农业生产方式，不仅提高了产量，还减少了水资源和化肥的浪费，实现了可持续发展。

AI 对零售业的变革同样引人注目。AI 技术通过分析消费者的购物行为和偏好，能够为商家提供个性化的推荐和营销策略。这种精准营销不仅提升了用户的购物体验，还增加了商家的销售额。

文化和娱乐行业也是 AI 技术应用的重要领域之一。通过内容生成和推荐算法，AI 能够帮助内容创作者生产更加优质的内容，并提供个性化的内容推荐。例如，在音乐和影视行业，AI 可以通过分析用户的浏览和听歌历史，推荐可能感兴趣的电影和歌曲，提高用户的黏性和满意度。此外，AI 还可以通过自然语言处理技术，帮助内容创作者生成文章、剧本和广告文案，提高创作效率。展望未来，AI 将在虚拟现实和增强现实内容创作方面发挥重要作用，推动文化和娱乐行业的创新发展。

此外，AI 还在改变着全球供应链的运作方式。通过智能化的物流系统，企业能够更高效地管理库存和配送，从而降低运营成本。

AI 技术不仅能推动经济的发展，它还能够帮助人类更好地可持续发展。以环境保护为例，AI 可以通过对气候数据的深度分析，帮助科学家更准确地预测气候变化趋势，并制定出更加有效的应对措施。此外，AI 在可再生能源领域的应用也正在逐步深入，通过智能电网和能源管理系统，AI 可以帮助优化能源分配，提高可再生能源的使用效率，从而减少对化石燃料的依赖，降低碳排放。

在社会公平与人类福祉方面，AI 同样展现出巨大的潜力。例如，在教育领域，AI 可以通过个性化学习系统，为不同背景和能力的学生提供量身定制的学习方案，从而缩小教育差距，促进教育公平。在医疗方面，AI 技术不仅能够帮助医生更准确地诊断疾病，还能通过远程医疗系统，为偏远地区的人们提供优质的医疗服务，提升全民健康水平。这些应用不仅能够直接改善人类的生活质量，还能够为实现联合国可持续发展目标（SDGs）提供有力支持。

总的来说，AI 技术正在颠覆传统的经济生态，重塑各个行业的运作方式。这种颠覆性影响不仅体现在生产力的提升上，更在于商业模式的创新和经济结构的优化。企业若想在未来的竞争中立于不败之地，必须积极拥抱 AI 技术，将其融入自身的核心业务中，以迎接这个充满机遇与挑战的 AI 时代。

1.1.2 普通人如何抓住 AI 机遇

在当今这个快速变化的时代，人工智能（AI）的崛起无疑是最具颠覆性的技术革命之一。它不仅改变了商业和经济的运作方式，也对每个人的日常生活产生了深远影响。面对这一波 AI 浪潮，普通人如何抓住机遇、迎接挑战，成为许多人关注的焦点。

1. 机遇：无限可能的未来

随着 AI 技术的迅猛发展，许多新兴行业和岗位应运而生，为普通人提供了前所未有的发展机会。首先，AI 技术的广泛应用催生了许多高薪岗位，例如数据分析师、机器学习工程师和 AI 产品经理等。这些职位不仅需求量大，而且薪资待遇优厚，为那些愿意学习新技能的人提供了广阔的职业发展空间。

其次，AI 技术降低了创业的门槛，使得普通人也能涉足创业领域。借助 AI 工具，创业者可以更轻松地进行市场调研、用户分析和产品开发。例如，利用 AI 进行大数据分析，创业者可以精准地找到市场空白点和用户需求，从而制定更有针对性的商业策略。此外，AI 还能帮助创业者优化运营流程，提高效率，降低成本，使得创业变得更加可行和可持续。

再者，AI 技术在个人生活中的应用也越来越广泛，从智能家居到智能健康管理，AI 正逐渐渗透到我们生活的方方面面。例如，智能音箱、智能冰箱等智能家居产品，不仅提升了生活品质，还为人们节省了大量时间和精力。而在健康管理方面，AI 可以通过分析用户的健康数据，提供个性化的健康建议，帮助人们更好地管理自己的健康。

2. 挑战：快速变化的世界

然而，AI 浪潮也带来了诸多挑战，尤其是对那些缺乏相关技能和知识的人而言。首先，AI 技术的快速发展导致许多传统岗位被替代，许多人面临失业的风

变现为王：AI 时代五步创富法

险。例如，自动化和机器人技术的应用，使得制造业和物流行业的许多工人失去了工作。而对于那些没有及时掌握新技能的人来说，重新就业变得异常困难。

其次，AI 技术的复杂性和专业性使得许多人望而却步。尽管 AI 技术已经逐渐普及，但其背后的原理和技术细节仍然让许多人感到困惑。对于那些没有技术背景的人来说，学习和掌握 AI 技术需要付出更多的努力和时间。此外，AI 技术的不断更新迭代，也要求从业者具备持续学习的能力，以适应不断变化的技术环境。

最后，AI 技术的应用也带来了一些伦理和社会问题。例如，AI 在决策过程中的透明性和公正性问题，引发了人们对算法偏见和隐私泄露的担忧。而对于普通人来说，如何在享受 AI 技术带来便利的同时，保护自己的隐私和权益，成为一个亟待解决的问题。

3. 抓住机遇：行动指南

面对 AI 浪潮带来的机遇和挑战，普通人应该如何行动呢？

首先，培养终身学习的习惯是关键。无论是在线课程、自学书籍还是参加培训班，学习新技能和新知识都是跟上 AI 时代步伐的重要途径。例如，学习数据分析、编程基础和机器学习等技能，可以帮助普通人更好地理解和应用 AI 技术。

其次，积极参与 AI 社区和网络，扩大自己的人脉和视野。加入 AI 相关的社群、论坛和参与线下活动，不仅可以结识志同道合的朋友，还可以获取最新的行业动态和趋势。此外，与行业专家和从业者交流，可以获得宝贵的经验和建议，帮助自己更好地规划职业发展路径。

再者，勇于尝试和实践，将学到的知识应用于实际问题。无论是开发一个小型 AI 应用，还是利用 AI 工具进行数据分析，实践是掌握 AI 技术的最佳途径。通过不断的实践和迭代，普通人也可以逐渐积累经验，提升自己的技能水平。

最后，保持开放的心态和积极的态度，拥抱变化和不确定性。AI 时代充满了机遇和挑战，只有那些敢于冒险和创新的人，才能在激烈的竞争中脱颖而出。无论是在职业发展还是个人生活中，积极拥抱 AI 技术，将其视为提升自我和实现目标的工具，才能在 AI 浪潮中立于不败之地。

4. 结语

AI 浪潮正以不可逆转的趋势改变着世界，普通人如何抓住这一机遇，迎接挑战，成为决定未来成败的关键。通过持续学习、积极参与、勇于实践和保持开放的心态，每个人都可以在 AI 时代找到自己的位置，实现自我价值。无论是作为从业者、创业者还是普通用户，AI 技术都将成为我们生活中不可或缺的一部分，而如何善加利用，则是每个人都需要认真思考的问题。

1.1.3　AI 创富历程

在过去的十年间，人工智能技术从实验室走向市场，逐渐成为推动商业变革的重要力量。许多企业和个人通过敏锐地捕捉到这一趋势，成功实现了财富的快速积累。AI 创富并非一蹴而就，而是经历了多个阶段的发展和演变，每个阶段都有其标志性的事件和代表性的企业或个人。

1. 早期探索与奠基

在 AI 技术的早期阶段，大多数企业和研究者对其商业价值持观望态度。然而，一些科技巨头如谷歌、微软和 IBM 等公司已经开始布局 AI 领域的基础研究和应用开发。谷歌在 2012 年收购了一家名为 DeepMind 的 AI 初创公司，这一举动被视为 AI 商业化的里程碑。DeepMind 后来开发的 AlphaGo 在围棋比赛中击败人类顶尖选手，引发了全球对 AI 技术的关注和讨论。

与此同时，一些小型初创公司也开始崭露头角。例如，美国的 Vicarious 公司在 2013 年获得了包括马克·扎克伯格和埃隆·马斯克在内的多位科技大佬的投资。Vicarious 专注于开发基于神经科学的 AI 算法，试图模拟人类大脑的工作方式。这些早期的探索为后来的 AI 创富奠定了基础。

2. 商业化应用的初步尝试

随着 AI 技术的逐渐成熟，一些企业开始尝试将其应用于实际业务中。电商巨头亚马逊推出了智能语音助手 Alexa，通过语音交互技术为用户提供便捷的服务。Alexa 的成功不仅为亚马逊带来了丰厚的利润，还开启了智能家居市场的新篇章。

在中国，阿里巴巴和京东等电商平台也开始利用 AI 技术优化物流和供应链管理。阿里巴巴的 ET 大脑项目通过大数据和 AI 算法，帮助城市管理者优化交通流量、预测犯罪和改善公共安全。京东则通过 AI 技术提升仓储和配送效率，实现了物流成本的显著降低。

这些商业化应用的初步尝试不仅为企业带来了巨大的经济效益，还为后来的 AI 创富者提供了宝贵的经验和启示。

3. 大规模应用与行业颠覆

随着 AI 技术的进一步发展，其应用范围开始向更多行业渗透。金融、医疗、教育、制造等传统行业纷纷尝试利用 AI 技术提升效率和开启创新业务模式。

在金融行业，AI 技术被广泛应用于风险控制、投资分析和客户服务等领域。美国的 Kensho 公司开发的 AI 系统可以分析海量金融数据，帮助投资者做出更明智的决策。在中国，蚂蚁金服通过 AI 技术优化风控模型，显著降低了坏账率，提升了金融服务的质量和效率。

医疗行业则是另一个被 AI 技术颠覆的领域。IBM 的 Watson Health 通过 AI 技术分析医学影像和病历数据，帮助医生更准确地诊断疾病。中国的依图医疗则通过 AI 技术开发智能诊疗系统，提升了基层医疗机构的服务能力。

这些大规模应用不仅改变了传统行业的运作模式，还催生了一批新的 AI 创富者。他们通过技术创新和商业模式的变革，实现了财富的快速积累。

4. 新兴市场的崛起

随着 AI 技术的普及，一些新兴市场国家也开始涌现出一批 AI 创富者。印度的 AI 初创公司 Haptik 通过开发智能语音助手，成功获得了多家投资机构的青睐。Haptik 的语音助手可以帮助用户完成诸如预订机票、查询天气等日常任务，极大地提升了用户生活的便利性。

在非洲，AI 技术也被应用于解决一些特殊的社会和经济问题。例如，南非的 AI 初创公司 Ubenwa 通过开发智能婴儿哭声分析系统，帮助医护人员更早地发现新生儿的健康问题。这一创新不仅提升了医疗服务的质量，还为公司带来了可观的经济收益。

5. 未来展望与机遇

AI 技术的快速发展不仅为企业和个人带来了巨大的财富，还为社会带来了深远的影响。未来，随着 AI 技术的进一步成熟和应用范围的扩大，AI 创富的机遇将更加多样化和广泛化。

在自动驾驶领域，特斯拉、谷歌 Waymo 等公司正在积极研发全自动驾驶技术，这一技术的商业化将带来巨大的市场机遇。在智能制造领域，AI 技术将进一步优化生产流程，提升制造企业的竞争力。在教育领域，AI 技术将通过个性化学习系统和智能教学助手，提升学习效果和教育质量。

对于有志于 AI 创富的个人和企业来说，未来的机遇在于如何抓住技术变革的红利，通过创新和实践，实现财富的快速积累。正如过去十年间那些成功的 AI 创富者一样，他们通过敏锐的洞察力、坚定的执行力和持续的创新精神，成功站在了财富金字塔的顶端。

总结来看，未来 AI 技术将持续推动社会经济变革，在自动驾驶、智能制造、教育等领域释放多元财富机遇。企业与个人需通过技术创新、场景落地和资源整合把握趋势，以敏锐洞察力识别高增长赛道，以执行力实现 AI 技术商业化突破，

变现为王：AI 时代五步创富法

并以持续创新能力构建竞争优势。正如历史经验所示，技术变革期的财富积累往往属于能够预判方向、快速行动并不断迭代的参与者，未来十年 AI 创富的核心逻辑仍将围绕 AI 技术与场景的深度融合展开。

1.1.4 本书核心理念与读者指引

在当今这个快速变化的时代，人工智能（AI）正以我们难以想象的速度改变着各个行业的面貌。无论你是企业家、自由职业者，还是刚刚踏入职场的新人，都不可避免地要面对这股强大的技术浪潮。然而，面对 AI，许多人感到无所适从，不知道如何将其转化为实实在在的财富。本书正是为了解决这一问题而诞生，它不仅为你揭开了 AI 神秘的面纱，还为你提供了一条切实可行的创富路径。

本书的核心思想可以概括为"五步跃升财富金字塔"，这是一套经过大量实践验证的系统方法论。我们深知，AI 技术虽然强大，但若不能有效应用，就无法带来真正的商业价值。因此，本书的每一章、每一节都在围绕一个核心目标展开：如何通过 AI 技术，实现个人与企业的财富跃升。

首先，本书强调"认知升级"是迈向 AI 创富的第一步。我们生活在一个信息爆炸的时代，每天都有无数的新技术、新概念涌现。对于大多数人来说，AI 似乎遥不可及，甚至有些神秘。然而，只有真正理解 AI 的本质，才能在瞬息万变的市场中抓住机遇。本书将通过丰富的案例和深入浅出的分析，帮助读者建立起对 AI 的全面认知，让你不仅"知其然"，更"知其所以然"。

接下来，本书将带领读者进入"数据驱动"的世界。在 AI 时代，数据被誉为"新石油"，其重要性不言而喻。然而，如何收集、分析和应用这些数据，却是一项艰巨的任务。本书将详细介绍如何利用 AI 工具，从海量数据中提取有价值的信息，并通过数据驱动决策，优化业务流程，发现新的盈利模式。我们相信，数据不仅是一种资源，更是一种能力，一种能够帮助你在竞争中脱颖而出的核心能力。

前　言

在"技术赋能"这一部分，本书将重点探讨如何将 AI 技术应用于实际场景，解决业务痛点，创造新的价值。无论是产品创新、服务升级，还是市场拓展，AI 都能为你提供强有力的支持。通过开发或整合 AI 工具，你可以大幅提升产品或服务的竞争力，形成差异化优势，抢占市场先机。

"生态共建"是本书的另一大核心思想。在 AI 时代，单打独斗难以成功，只有融入或构建生态系统，才能实现资源的最大化利用。本书将介绍如何与 AI 技术公司、数据提供商、行业伙伴合作，形成协同效应，扩大影响力，提升资源整合能力。通过生态共建，你可以在更广阔的舞台上施展拳脚，实现财富的快速增长。

最后，本书强调"持续迭代"的重要性。AI 技术日新月异，创富需要不断迭代和进化。通过建立快速试错和优化的机制，你可以持续改进产品和服务，保持竞争力，实现财富的长期增长。我们相信，只有不断创新，才能在激烈的市场竞争中立于不败之地。

在阅读本书的过程中，读者会发现，这不仅仅是一本关于 AI 技术的书，更是一本关于如何利用 AI 实现财富跃升的实战指南。书中包含了大量的真实案例和实战经验，这些案例和经验都是作者和众多行业精英通过多年实践总结出来的。希望这些内容能够为你提供有益的参考，帮助你在 AI 时代抓住机遇，实现财富的快速增长。

此外，为了帮助读者更好地理解和应用书中的内容，本书在每个章节末尾都设置了"行动指南"和"思考题"。这些指南和问题旨在引导读者思考，并将其所学应用于实际工作中。我们相信，只有通过不断的实践和反思，才能真正掌握 AI 创富的密钥，迈向财富金字塔的顶端。

总之，本书不仅是一部关于 AI 技术的著作，更是一部关于如何在 AI 时代实现个人与企业财富跃升的实战手册。希望每一位读者都能从中受益，抓住 AI 带来的历史性机遇，实现自己的财富梦想。让我们一起，善用 AI，分享 AI，让人类成为更好的人类。

1.1.5　创业者与企业家如何理解 AI 技术

在当今这个快速变化的商业环境中，AI 技术已经成为创业者和企业家无法忽视的一个关键因素。许多行业领袖已经开始意识到，AI 不仅仅是一种技术工具，更是一种能够从根本上改变商业模式和市场格局的颠覆性力量。

对于创业者来说，理解 AI 技术首先意味着要具备一种前瞻性的思维方式。创业者需要认识到，AI 可以在产品开发、市场营销、客户服务等多个环节中发挥重要作用。例如，通过机器学习算法，创业者可以更好地分析市场趋势和消费者行为，从而制定更加精准的商业策略。此外，AI 还可以帮助创业者在资源有限的情况下，通过自动化技术提高工作效率，降低运营成本。

企业家在理解 AI 技术时，则需要更多地关注其对整个企业生态系统的影响。对于大型企业而言，AI 技术的引入往往伴随着组织架构的调整和企业文化的变革。企业家需要考虑如何在企业内部推广 AI 技术，如何培训员工适应新的技术环境，以及如何在保护数据隐私和安全的前提下充分利用 AI 的优势。

一个成功的案例是某知名电商平台，通过引入 AI 技术，实现了从供应链管理到客户推荐系统的全面升级。该企业利用 AI 技术对海量数据进行分析，不仅提高了库存管理的效率，还大幅提升了用户体验，从而在竞争激烈的市场中脱颖而出。

此外，企业家还需要关注 AI 技术在不同行业中的应用实例。例如，在制造业中，AI 可以通过预测性维护减少设备故障率，提高生产效率；在金融行业，AI 则被广泛应用于风险控制和反欺诈系统中，为企业的稳健运营保驾护航。

当然，理解 AI 技术不仅仅是技术层面的问题，更涉及战略层面的思考。创业者和企业家需要具备跨界思维，将 AI 技术与自身的行业特点相结合，探索出独特的商业模式。例如，某些传统行业通过引入 AI 技术，成功实现了从"制造"到"智造"的转型，不仅提升了产品的附加值，还开拓了新的市场空间。

在实际操作中，创业者和企业家还需要注意与技术专家的合作。通过建立跨学科团队，企业可以更好地将 AI 技术融入日常运营中。这种合作不仅能够加速 AI 技术的落地应用，还可以通过不断的试验和迭代，找到最适合企业自身发展的 AI 解决方案。

总的来说，创业者和企业家对 AI 技术的理解，不仅仅是对技术的掌握，更是一种对未来商业趋势的洞察和把握。在这个过程中，持续学习、开放合作和灵活应变是成功的关键。只有这样，企业才能在 AI 时代中立于不败之地，实现可持续发展。

延伸阅读

● AI 技术简史

人工智能，这个在今天几乎家喻户晓的名词，其概念和思想的萌芽可以追溯到几个世纪之前。早期的哲学家们已经开始思考"机器是否能够思考"这样的问题，但真正将人工智能带入科学领域的讨论，则是从 20 世纪中期开始的。

20 世纪 40 年代，随着计算机科学的诞生，一些科学家开始设想，是否能够通过计算机来模拟人类的思维过程。艾伦·图灵，这位被后世称为"计算机科学之父"和"人工智能之父"的英国数学家，于 1950 年发表了具有里程碑意义的论文《计算机器与智能》。在这篇论文中，图灵提出了著名的"图灵测试"，用以判断机器是否能够表现出与人类相当的智能。这一测试成为日后人工智能研究的重

变现为王：AI 时代五步创富法

要基石。

20世纪50年代，人工智能的概念正式被提出。1956年，在美国达特茅斯学院举行的一次学术会议上，约翰·麦卡锡、马文·明斯基、艾伦·纽维尔和赫伯特·西蒙等科学家共同讨论了如何用计算机模拟人类智能。这次会议被认为是人工智能作为一门独立学科正式诞生的标志。

在随后的几十年里，人工智能经历了数次起伏。20世纪60年代，人工智能研究主要集中在解决简单的逻辑问题和游戏领域。1966年，世界上第一个聊天程序ELIZA诞生，虽然它的功能非常简单，但其表现出的与人类对话的可能性引起了广泛关注。

20世纪70年代和80年代，人工智能研究进入了专家系统时代。专家系统是一种基于规则的计算机程序，能够模拟人类专家的决策过程。这一时期，许多大公司开始投资开发专家系统，用于医疗诊断、金融分析等领域。然而，由于技术限制和硬件性能的不足，这些系统的应用范围有限，人工智能研究再次陷入低谷。

进入20世纪90年代，随着计算机性能的提升和互联网的普及，人工智能研究迎来了新的春天。机器学习，特别是神经网络的研究开始受到重视。神经网络是一种模拟人脑神经元结构的计算模型，能够通过大量数据进行自我训练和学习。这一时期，许多成功的应用开始出现，如手写数字识别、语音识别等。

21世纪初，随着大数据和云计算的兴起，人工智能进入了快速发展阶段。深度学习，作为机器学习的一个分支，开始在图像识别、自然语言处理等领域取得突破性进展。2012年，谷歌的深度学习项目Google Brain成功实现了对猫脸图像的无监督学习，这一成果震惊了整个科学界。

近年来，人工智能技术更是突飞猛进。AlphaGo在围棋比赛中击败人类冠军，特斯拉的自动驾驶汽车在公路上行驶，ChatGPT等人工智能助手成为人们日常生活的一部分。这些成就不仅展示了人工智能的强大潜力，也引发了关于人工智能伦理和社会影响的广泛讨论。

人工智能的发展历程充满了挑战和机遇。从早期的理论探索到今天的实际应用，人工智能正在以惊人的速度改变着我们的世界。随着技术的不断进步，我们有理由相信，人工智能将在未来扮演更加重要的角色，为人类创造巨大的价值。

● 当前 AI 技术热点与趋势分析

当前，人工智能技术正以前所未有的速度向前发展，各行各业都开始感受到 AI 带来的深刻变化。从技术演进的角度来看，AI 正在从"感知智能"向"认知智能"迈进。过去，AI 更多地停留在语音识别、图像识别等感知层面，而如今，它已经开始具备一定的理解、推理和决策能力。

首先，生成式 AI 成为新的技术热点。以 DeepSeek 等模型为代表，生成式 AI 不仅能理解和生成文本，还能生成图像、视频甚至 3D 模型。这类技术极大地拓展了 AI 的应用场景，使得内容创作、广告营销、虚拟现实等领域发生了颠覆性变革。生成式 AI 的出现，降低了内容创作的门槛，让普通人也能借助 AI 生成高质量的文案、广告、视频等，从而大大提高了工作效率。

其次，自监督学习和无监督学习的崛起也值得关注。传统的机器学习方法依赖大量人工标注的数据，而自监督学习通过让模型从无标注数据中学习，大大减少了对人工标注的依赖。这一技术突破，使得 AI 可以在更多缺乏标注数据的领域得到应用，比如医疗、金融等行业。自监督学习让 AI 更加自主，也使得模型的训练变得更加高效。

强化学习在近年来也取得了长足进展。与传统的监督学习不同，强化学习通过与环境交互，让 AI 在试错中不断学习、优化自己的性能。这一技术已经在自动驾驶、机器人控制、游戏 AI 等领域展现出了巨大的潜力。例如，在自动驾驶

变现为王：AI 时代五步创富法

领域，强化学习可以帮助车辆在复杂的路况下做出更加智能的决策，从而提升行驶安全性。

在 AI 硬件方面，专为 AI 计算设计的芯片如 TPU、NPU 等逐渐成为主流。这些专用芯片大幅提升了 AI 模型的训练和推理速度，使得大规模 AI 应用变得更加可行。与此同时，边缘计算的兴起，也让 AI 可以在本地设备上进行计算，而不必依赖云端服务器。这一趋势不仅提升了 AI 的响应速度，还增强了数据隐私性和安全性。

多模态学习是另一个备受关注的方向。传统的 AI 模型通常只能处理单一类型的数据，比如文本或图像，而多模态学习则让 AI 可以同时处理多种类型的数据，比如将文本、图像、语音结合在一起进行分析。这一技术突破，使得 AI 在一些复杂任务中表现得更加智能，比如在自动驾驶中，AI 可以通过结合摄像头、雷达、激光雷达等多种传感器的数据，做出更加精准的决策。

此外，AI 伦理和安全问题也越来越受到重视。随着 AI 技术的广泛应用，如何确保 AI 的公平性、透明性和安全性成为新的挑战。各国政府和企业纷纷出台相关政策和规范，以确保 AI 技术能够被善加利用。例如，如何防止 AI 算法出现偏见，如何保护用户隐私，如何确保 AI 系统的安全性，都是当前亟待解决的问题。

总的来看，AI 技术的发展已经进入了一个新的阶段，不再局限于实验室中的理论研究，而是开始在各个实际场景中落地应用。无论是生成式 AI、自监督学习，还是强化学习、多模态学习，这些技术热点都在推动着 AI 从"感知智能"向"认知智能"迈进。而在硬件和伦理方面的发展，则为 AI 的大规模应用提供了坚实的基础。未来，随着技术的不断迭代和优化，AI 必将深刻改变我们的生活和工作方式，带来更多的机遇和挑战。

在这个过程中，企业和个人若能抓住这些技术趋势，积极布局 AI 领域，必将在这场 AI 浪潮中占据有利位置，实现财富的快速增长。而那些固步自封、不愿接受新技术变革的个人和企业，则很可能被时代所淘汰。因此，理解并顺应 AI 技术的发展趋势，已经成为每一个企业和个人在新时代的必修课。

● 横空出世的 DeepSeek

DeepSeek 的横空出世，无疑是人工智能技术发展史上的一个重要里程碑。自其发布以来，这款先进的 AI 工具迅速引发了全球范围内的广泛关注与讨论。无论是科技界、商业界，还是普通大众，都被 DeepSeek 所展现出的强大能力与潜力所震撼。

首先，在科技界，DeepSeek 被视为一项颠覆性的技术突破。其卓越的性能和广泛的应用场景，使得众多科研机构和高校纷纷将其纳入研究工具之列。许多学者和研究员表示，DeepSeek 不仅能够大幅提升研究效率，还能在数据分析、模型训练等方面提供前所未有的支持。例如，在生物医学领域，研究人员利用 DeepSeek 进行大规模数据处理和分析，从而加速了新药研发的进程。在气候变化研究中，DeepSeek 帮助科学家更准确地模拟和预测气候变化趋势，为制定应对策略提供了重要参考。

在商业界，DeepSeek 的影响同样深远。各大企业纷纷开始探索如何将 DeepSeek 应用于实际业务中，以提升竞争力。例如，在金融行业，DeepSeek 被用于风险评估和市场预测，帮助金融机构做出更为精准的决策。在零售业，企业利用 DeepSeek 分析消费者行为，优化供应链管理，从而提高运营效率和利润率。此外，DeepSeek 还在制造业、物流业、广告业等多个行业中展现出了巨大的应用潜力，推动了这些行业的数字化转型和智能化升级。

社会大众对 DeepSeek 的反响同样热烈。随着 DeepSeek 的普及，越来越多的普通人开始接触并使用这一先进的 AI 工具。在日常生活中，DeepSeek 被用于各种任务，从帮助学生完成作业，到协助家庭主妇制定购物清单，再到为老年人提供健康建议，DeepSeek 正在改变人们的生活方式。人们逐渐意识到，AI 不再是一个遥不可及的概念，而是切实融入了他们的日常生活中，为他们带来了便利和惊喜。

然而，DeepSeek 的广泛应用也引发了一些社会讨论和担忧。有人担心，随着 AI 技术的不断发展，可能会导致部分岗位被替代，进而引发失业问题。对此，专家指出，虽然 AI 技术会在某些领域取代人工，但同时也会创造出新的就业机会和产业。关键在于，如何通过教育和培训，帮助人们适应这一技术变革，掌握新的技能，以应对未来的挑战。

此外，DeepSeek 的应用还涉及数据隐私和安全问题。在使用 DeepSeek 的过程中，大量的个人数据被收集和分析，如何确保这些数据的安全，防止被滥用，成为社会关注的焦点。对此，相关机构和企业正在积极制定和完善数据保护政策，以确保用户的数据隐私得到有效保护。

总的来说，DeepSeek 的影响力不仅限于技术层面，更在社会各个领域引发了广泛的讨论和回应。它正在改变我们的工作方式、生活方式，乃至整个社会的运行模式。面对这一技术浪潮，我们需要以开放的心态迎接变化，同时也要警惕潜在的风险，确保 AI 技术能够真正造福于人类社会。通过合理的引导和规范，DeepSeek 有望在未来发挥出更大的潜力，为人类创造更多的价值。

1.2　准备创富：个人与企业的 AI 时代适应性

1.2.1　自我升级：知识更新与技能提升

在当今这个快速变化的 AI 时代，每个人和每个企业都面临着前所未有的机遇和挑战。那些能够持续自我升级、不断更新知识和提升技能的人，才能在这个时代中立于不败之地。

前言

在过去，学习可能只是人生某个阶段的任务，比如在学校或者大学期间。然而，在 AI 时代，知识更新变得尤为重要，因为技术的发展速度远远超过了我们传统教育体系的更新速度。如果不能主动去学习新知识，很可能会被时代淘汰。对于个人而言，自我升级不仅仅是掌握一项新的技能，而是要形成一种终身学习的习惯。每天抽出一定的时间来学习，关注行业动态，了解 AI 技术的最新进展，才能确保自己不被这个飞速发展的时代抛下。

对于企业来说，自我升级则显得更加迫切。很多企业管理者可能认为，只要引入了 AI 技术，就等于完成了企业的"智能化"转型。然而，事实远非如此。AI 技术的引入只是第一步，如何让整个团队、整个公司都具备 AI 思维，才是关键所在。企业需要通过定期的培训和学习，让员工掌握最新的 AI 工具和技能。比如，可以通过内部的知识分享会、邀请行业专家举办讲座，或者鼓励员工参加外部的 AI 技术培训和研讨会，来提升团队的整体技术水平。

与此同时，自我升级不仅仅是技术层面的提升，还包括思维方式的转变。AI 时代需要我们具备更加开放的思维，打破传统的行业界限，寻找跨界融合的机会。例如，传统的制造业可以通过引入 AI 技术，实现智能制造；而传统的服务业，也可以通过 AI 实现更加个性化的服务。这就要求我们不仅要学习技术，还要学会如何运用这些技术去创新商业模式。

当然，自我升级并不意味着盲目追求新技术。在学习的过程中，我们需要具备一定的辨别能力，知道哪些技术是真正有价值的，哪些只是昙花一现的噱头。比如，在 AI 领域，深度学习、机器学习等技术是当前的热点，但并不是每个企业都需要盲目跟风。我们需要根据自身的业务需求，选择适合自己的技术，进行有针对性的学习与应用。

此外，实践也是自我升级的重要一环。仅仅通过书本或者课程学习理论知识是不够的，还需要通过实际的项目和案例来巩固所学。企业可以通过小范围的试变现为王：AI时代五步创富法

点项目，来测试和验证新的 AI 技术或工具的实际效果。个人则可以通过参与开源项目、进行个人项目开发等方式，将所学知识应用到实践中，从而不断提升自己的技能水平。

最后，自我升级还包括心理层面的调整。AI 时代带来了很多不确定性，很多人可能会感到焦虑和不安。面对这种不确定性，我们需要具备一种积极的心态，把不确定性看作是机会而不是威胁。学会拥抱变化，勇于尝试新事物，才能在这个快速变化的时代中保持竞争力。

总之，自我升级是一个持续不断的过程，它不仅仅是知识的积累，更是思维方式和行为习惯的转变。无论是个人还是企业，只有通过不断地学习、实践和调整，才能在 AI 时代中抓住机遇，实现财富的跃升。正如古人所说，"学如逆水行舟，不进则退。"在 AI 时代，这句话显得尤为贴切。只有不断自我升级，才能在这个充满机遇和挑战的时代中乘风破浪，勇往直前。

1.2.2　企业转型：AI 在企业战略中的定位

在当今这个快速变化的商业环境中，企业若想保持竞争力，转型已成为不可避免的课题。而 AI 技术的崛起，正好为企业转型提供了前所未有的机遇。企业需要从战略高度重新审视 AI 在其发展蓝图中的定位，将其视为推动企业创新和增长的核心动力。

许多传统企业已经意识到，单纯依靠过去的成功经验和固有模式，难以在新时代立足。AI 技术正在从根本上改变企业的运营方式、产品设计思路以及市场营销策略。首先，AI 可以帮助企业优化内部流程。例如，在生产制造领域，AI 通过机器学习算法分析生产线数据，能够提前预测设备故障，减少停机时间，提高生产效率。在供应链管理方面，AI 可以通过对市场需求的预测，帮助企业优化库存管理，降低运营成本。

前 言

其次，AI 在产品创新方面的潜力同样不可忽视。通过大数据分析和深度学习技术，企业可以更精准地捕捉消费者需求，甚至在产品设计阶段就能预判市场反应。这种"以用户为中心"的创新模式，不仅加快了产品迭代速度，还大大提升了产品的市场适应性。例如，一些电商平台通过 AI 分析用户的浏览和购买记录，实时调整推荐算法，从而提升用户体验和购买转化率。

不仅如此，AI 还在改变企业的市场营销方式。传统的广告投放往往依赖经验和直觉，而 AI 可以通过分析海量用户数据，找到最有效的投放渠道和时间点，从而实现精准营销。例如，一些内容平台通过 AI 分析用户的兴趣和行为习惯，自动生成个性化的广告内容，极大地提高了广告的点击率和转化率。

当然，AI 技术的应用不仅仅局限于这些领域。在客户服务、人力资源管理、财务分析等多个方面，AI 同样展现出了强大的潜力。例如，许多企业已经开始使用 AI 客服机器人，通过自然语言处理技术，为客户提供 7x24 小时的在线服务，不仅提高了客户满意度，还降低了人力成本。

面对如此广泛的应用场景，企业需要从战略层面全面考虑 AI 的引入和布局。首先，企业领导者需要具备前瞻性的思维，认识到 AI 不仅仅是提升效率的工具，更是改变商业模式和竞争格局的战略性技术。企业应设立专门的 AI 战略部门，负责 AI 技术的引进、应用和推广。同时，企业还需要培养内部的 AI 人才，通过培训和外部引进相结合的方式，建立一支具备 AI 技术能力的团队。

此外，企业在引入 AI 技术时，还需充分考虑数据的安全性和隐私保护问题。AI 技术的核心在于数据，只有拥有足够多、足够精准的数据，AI 才能发挥其最大效用。然而，企业在收集和使用数据的过程中，必须严格遵守相关法律法规，确保用户数据的隐私和安全。这不仅是对用户负责，也是对企业自身品牌形象的保护。

在实际操作中，企业可以先从一些小规模的 AI 项目入手，先在某个产品线或

变现为王：AI 时代五步创富法

某个市场区域进行 AI 应用的试点，通过试点项目验证 AI 技术的实际效果，然后逐步推广到更多的业务领域。

总之，AI 技术正在重新定义企业的运营模式和发展方向。企业若想在未来的竞争中立于不败之地，必须从战略高度重新定位 AI，将其融入企业的每一个环节中。通过科学规划、合理布局和有效执行，企业不仅能够实现降本增效，还能在创新和增长方面获得新的动力。AI 时代已经到来，企业需要以开放的心态迎接这一变革，抓住机遇，实现转型升级。

1.2.3　创新模式：AI 激发的新商业模式

在 AI 技术的推动下，传统的商业模式正在经历一场前所未有的变革。许多企业已经意识到，仅仅依靠原有的经营方式无法在未来的竞争中立足。因此，创新成为企业生存与发展的关键。而 AI 技术正是这股创新浪潮的核心驱动力，它不仅改变了产品和服务的生产与交付方式，还催生了许多全新的商业模式。

1. 个性化定制与智能推荐

随着 AI 技术的成熟，越来越多的企业开始利用大数据和机器学习算法，深入挖掘消费者的行为习惯和偏好。通过这些数据，企业能够为消费者提供更加个性化的产品与服务。例如，电商平台利用 AI 分析用户的浏览和购买记录，精准推荐其可能感兴趣的商品。这种个性化定制不仅提升了用户的购物体验，还大大增加了购买转化率。此外，在制造业中，AI 还被用于个性化生产，根据客户的具体需求量身定制产品，从而提高了客户的满意度与忠诚度。

2. 智能供应链与物流

AI 技术在供应链与物流领域的应用同样带来了巨大的变革。通过智能算法和预测模型，企业能够更准确地预测市场需求，优化库存管理，减少浪费和成本。例如，一些大型零售企业利用 AI 技术分析历史销售数据、季节性趋势以及市场动态，自动调整进货计划和库存水平。在物流方面，AI 还被用于优化运输路线，提高配送效率，减少运输成本。无人驾驶技术的发展也为物流行业带来了新的机遇，自动驾驶卡车和无人机配送正在逐步从实验走向实际应用。

3. 智能客服与虚拟助手

AI 技术在客户服务领域的应用同样不可忽视。越来越多的企业开始使用智能客服和虚拟助手，通过自然语言处理技术与客户进行互动。这些 AI 客服不仅能够解答常见问题，还能够根据客户的具体需求提供个性化的建议和服务。例如，一些银行和金融机构利用 AI 客服为客户提供理财建议，根据客户的财务状况和风险偏好推荐适合的金融产品。这种智能客服不仅提高了服务效率，还大大降低了人力成本。

4. 数据驱动的新商业模式

数据已经成为企业最重要的资产之一，而 AI 技术则是挖掘数据价值的关键工具。通过 AI 技术，企业能够从海量数据中提取出有价值的信息，从而制定更加精准的商业策略。例如，一些广告公司利用 AI 技术分析用户行为数据，精准投放广告，提高广告的转化率。此外，数据交易也正在成为一个新兴的商业模式，一些企业通过收集和分析数据，将数据产品化，出售给其他企业使用。这种数据驱动的商业模式不仅为企业带来了新的收入来源，还推动了整个行业的发展。

5. 平台化与生态系统

AI 技术的发展还推动了平台化生态系统的形成。越来越多的企业开始构建自己的平台，通过开放 API 和 SDK，吸引第三方开发者加入，共同打造一个完整的生态系统。例如，一些智能硬件厂商通过开放平台，吸引开发者为其产品开发应用和服务，从而丰富了产品的功能和用户的选择。这种平台化生态系统的商业模式不仅增强了企业的竞争力，还推动了整个行业的创新与发展。

6. 共享经济与按需服务

AI技术的发展还催生了共享经济和按需服务的新商业模式。通过AI技术，企业能够更加精准地匹配供需双方，提高资源利用率。例如，一些共享出行平台利用AI技术分析用户需求和交通状况，优化车辆调度，提高出行效率。此外，按需服务平台也利用AI技术为用户提供个性化的服务，例如，按需配送、按需家政等。这种共享经济和按需服务的商业模式不仅为用户提供了便利，还为企业带来了新的收入来源。

7. 智能金融与风险控制

在金融领域，AI技术同样带来了革命性的变化。通过机器学习算法和大数据分析，金融机构能够更加精准地评估风险，制定更加合理的贷款和投资策略。例如，一些P2P借贷平台利用AI技术分析借款人的信用记录和还款能力，自动审批贷款申请，降低了坏账率。此外，AI技术还被用于金融市场的风险控制，通过实时监控市场动态和交易数据，及时发现和应对潜在的风险。

8. 智能医疗与健康管理

在医疗领域，AI技术的发展同样带来了全新的商业模式。通过机器学习算法和大数据分析，医疗机构能够更加精准地诊断疾病，制定个性化的治疗方案。例如，一些医疗平台利用AI技术分析患者的病历和检查数据，自动生成诊断报告，提供治疗建议。此外，AI技术还被用于健康管理，通过智能穿戴设备和健康数据分析，为用户提供个性化的健康管理方案。

1.2.4　风险规避：在AI创业中应注意规避的风险点

在AI创业的浪潮中，机会与风险并存。对于创业者来说，规避风险是确保企业稳步发展的关键。在AI创业中，有几个主要的风险点需要特别注意。

首先，技术风险是不容忽视的一个方面。AI技术的发展日新月异，但并不意味着所有技术都能顺利落地。很多创业者在初期往往高估了技术的成熟度，导致产品无法如期交付，甚至出现技术瓶颈。例如，一些 AI 算法在实验室环境下表现出色，但在实际应用中，由于数据质量、计算资源等限制，效果可能大打折扣。因此，创业者需要对技术有清醒的认识，不仅要关注前沿技术的进展，还要评估其在实际应用中的可行性和稳定性。

其次，数据风险也是一个重要的考量因素。AI 的核心在于数据，没有足够的高质量数据，再先进的算法也无用武之地。很多 AI 创业公司初期往往因为缺乏数据支持而陷入困境。此外，数据隐私和安全问题也是不可忽视的问题。随着各国对数据保护的法律法规日益严格，创业者需要确保数据的收集、存储和使用符合相关法律要求，否则可能面临巨额罚款和声誉损失。建立完善的数据管理制度，加强数据安全防护，是每一个 AI 创业者必须重视的问题。

市场风险同样需要引起足够的重视。AI 技术虽然前景广阔，但市场需求的不确定性也是一大挑战。很多 AI 创业公司由于对市场需求把握不准，导致产品无法获得用户青睐。市场竞争激烈，创业者需要具备敏锐的市场洞察力，及时调整产品策略，以满足不断变化的市场需求。此外，AI 产品的推广和普及也需要时间和成本，创业者需要有足够的耐心和资金支持，才能在市场中站稳脚跟。

资金风险是另一个常见的风险点。AI 创业往往需要大量的资金投入，用于技术研发、数据采集、市场推广等方面。然而，很多创业公司在获得初期投资后，由于未能及时实现盈利，导致资金链断裂，最终不得不面临倒闭的命运。因此，创业者需要有清晰的财务规划，合理分配资金，确保企业在各个发展阶段都有足够的资金支持。同时，积极寻求多元化的融资渠道，降低对单一资金来源的依赖，也是规避资金风险的重要手段。

最后，团队风险同样不可小觑。AI 创业需要一支高素质的团队，包括技术专家、市场营销人员、数据分析师等。然而，组建这样一支团队并不容易，尤其是

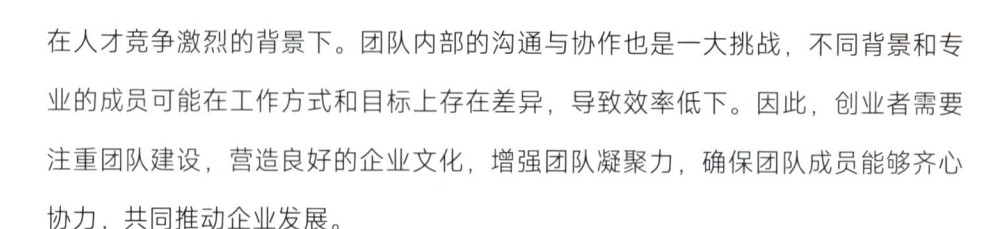

在人才竞争激烈的背景下。团队内部的沟通与协作也是一大挑战，不同背景和专业的成员可能在工作方式和目标上存在差异，导致效率低下。因此，创业者需要注重团队建设，营造良好的企业文化，增强团队凝聚力，确保团队成员能够齐心协力，共同推动企业发展。

综上所述，AI 创业中的风险多种多样，创业者需要具备全面的风险意识，积极采取措施进行规避。只有这样，才能在激烈的市场竞争中立于不败之地，实现企业的长远发展。在实际操作中，创业者应根据自身情况，制定详细的风险管理计划，确保各个环节都有相应的应对策略。通过科学的风险管理，创业者才能在 AI 创业的道路上走得更稳、更远。

案例分析

成功案例一：某电商企业的 AI 转型之路

在过去三年中，一家中型电商企业通过引入 AI 技术，成功实现了从传统销售模式向智能化运营的转型。最初，该企业仅在客服环节引入了基础的 AI 客服系统，用于处理用户的常见问题和售后服务。通过 AI 的自然语言处理技术，该系统不仅能快速响应用户需求，还能根据用户的历史购买记录和浏览习惯，提供个性化的商品推荐。这一举措使企业的客户满意度提升了 20%，退货率降低了 15%。

随着 AI 客服的成功应用，企业决定进一步扩大 AI 技术的使用范围。在供应链管理方面，他们引入了一套基于 AI 的库存管理系统，该系统能够根据历史数据和市场趋势，自动预测商品的销售情况，并优化库存配置。通过这套系统，企业有效降低了库存积压问题，其库存周转率提高了 30%。此外，企业还通过 AI 技术对物流环节进行了优化，利用智能调度系统，使配送效率提升了25%，大大缩短了用户的等待时间。

通过一系列的AI技术应用，该企业不仅实现了运营效率的提升，还大幅度增加了销售额。在竞争激烈的电商行业中，他们成功地从众多竞争者中脱颖而出，成为行业内的佼佼者。这个案例充分证明了AI技术在提升企业竞争力方面的巨大潜力。

成功案例二：AI助力传统制造业降本增效

另一家传统制造企业则通过引入AI技术，实现了生产流程的全面优化。该企业主要生产家用电器，过去一直面临着生产效率低、次品率高的问题。为了解决这些问题，企业决定引入AI技术，对生产线进行智能化改造。

首先，他们在生产线上安装了多个传感器，用于实时采集生产数据。这些数据通过AI算法进行分析，能够及时发现生产过程中的异常情况，并自动调整生产参数，以保证产品质量。通过这一举措，企业的次品率降低了20%，生产效率提高了15%。

其次，企业还引入了一套基于AI的设备维护系统，该系统能够通过分析设备运行数据，预测设备可能出现的故障，并提前进行维护。这不仅延长了设备的使用寿命，还避免了因设备故障导致的停产损失。通过这套系统，企业的设备故障率降低了30%，维护成本减少了10%。

此外，企业还通过AI技术对供应链进行了优化，利用智能调度系统，实现了原材料的精准采购和配送，大大降低了库存成本。通过一系列的AI技术应用，该企业不仅实现了生产流程的全面优化，还大幅度降低了运营成本，提升了市场竞争力。

成功案例三：AI 赋能医疗行业提升诊疗效率

一家大型综合医院通过引入 AI 技术，实现了诊疗流程的全面优化。该医院借助 AI 技术重构医疗流程，实现三重价值突破。效率革命上，深度学习驱动的影像分析平台实现多模态影像秒级病灶检测，与 HIS 系统无缝对接让影像报告时间大幅缩短，阅片量提升，肺结节筛查准确率显著提高。质量升级方面，多维度诊断模型整合多源数据，AI－医生协同机制标记高风险病例，提升复核效率，使肿瘤早期检出率提高且漏诊率下降。商业重构中，云诊断 SaaS 平台输出能力创营收，区域影像中心共享设备降成本，还衍生出健康管理服务。行业启示包括采用"预训练模型 + 领域微调"策略降成本，实施单点到全流程渗透，构建多元盈利体系，建立双盲验证机制确保医疗安全。此案例印证 AI 医疗商业化逻辑，未来 AI 将在医疗多环节延伸，催生万亿级市场。

失败教训一：盲目引入 AI 技术导致资源浪费

某零售企业在看到 AI 技术的巨大潜力后，决定全面引入 AI 技术，对企业的各个环节进行智能化改造。然而，由于缺乏对 AI 技术的深入了解和整体规划，企业在实施过程中遇到了诸多问题。

首先，企业在引入 AI 客服系统时，由于对用户需求和系统功能缺乏充分了解，导致系统无法准确响应用户需求，用户满意度不升反降。其次，企业在供应链管理方面引入的 AI 系统，由于数据不完整和算法不准确，导致库存管理混乱，库存积压和缺货问题频繁发生。

此外，企业在引入 AI 技术的过程中，缺乏对员工的培训和引导，导致员工对新系统不熟悉和有抵触情绪，进一步影响了系统的实施效果。最终，企业不仅没有实现预期的智能化转型目标，还因为资源浪费和运营效率低下，导致了严重的经济损失。

失败教训二：缺乏数据支撑导致 AI 系统失效

某物流企业在引入 AI 技术的过程中，由于缺乏对数据的重要性认识，导致 AI 系统无法正常发挥作用。该企业主要从事快递业务，为了提升配送效率，他们决定引入一套基于 AI 的智能调度系统。然而，由于企业过去一直采用传统的手工记录方式，缺乏对配送数据的系统化管理和积累，导致 AI 系统在运行过程中缺乏足够的数据支撑。

首先，企业无法提供准确的用户地址和配送时间数据，导致系统无法进行精准的调度和路线规划。其次，企业缺乏对历史配送数据的分析和总结，导致系统无法进行有效的预测和优化。最终，AI 系统在运行过程中频繁出现调度失误和配送延迟问题，不仅没有提升配送效率，反而因为用户投诉增多，导致了企业形象的受损。

第一步

率先使用AI，贯穿全产业链

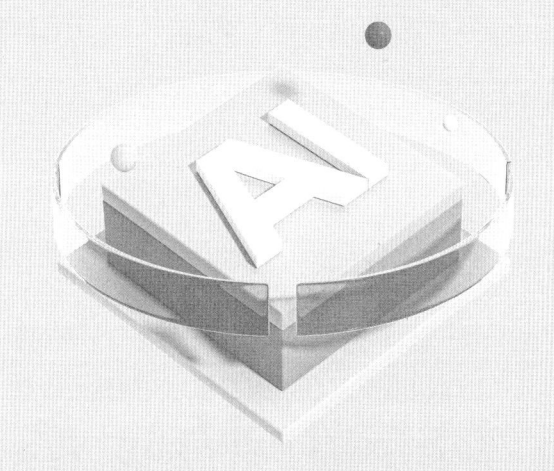

2.1 速度领先：AI在产品设计与生产中的应用

2.1.1 AI设计智能化与产品创新

在当今快速发展的科技时代，人工智能（AI，Artificial Intelligence）[1]正以惊人的速度改变着各行各业的设计和创新流程。从电子产品到汽车制造，再到时尚和建筑设计，AI设计智能化正成为推动产品创新的核心动力。

1. 产品设计的智能化转型

在过去，设计师们依靠手工绘图和实体模型进行产品设计，整个过程不仅耗时长，而且成本高昂。然而，随着AI技术的引入，设计流程发生了翻天覆地的变化。AI可以通过分析大量的设计数据和历史案例，快速生成多种设计方案。例如，在汽车设计领域，AI可以根据空气动力学原理和消费者偏好，自动生成车身形状和内饰布局。这种方式不仅提高了设计效率，还大大降低了研发成本。

AI设计智能化的一个显著优势在于其自我学习能力。通过深度学习算法，AI可以不断从过往的设计中汲取经验，优化未来的设计方案。例如，某知名运动鞋品牌利用AI分析了数千款经典鞋型的设计元素和市场反馈，设计出了一款兼具舒适性和时尚感的爆款跑鞋。这款跑鞋不仅在功能上满足了消费者的需求，还在外观设计上引领了潮流。

2. AI驱动的产品创新

AI不仅在设计流程上发挥着重要作用，还在产品创新方面展现出巨大的潜力。通过大数据分析和机器学习，AI可以识别出市场趋势和消费者需求的变化，帮助企业开发出更具竞争力的产品。例如，一家家居用品公司利用AI分析社交媒体上的用户评论和搜索数据，发现消费者对环保材料和多功能家具的需求日益增长。基于这一洞察，公司迅速开发出了一系列环保且多功能的家具产品，成功抢占了市场先机。

---

[1] AI技术在设计领域的应用广泛，其核心在于通过算法模拟人类设计过程，实现智能化设计。

在时尚行业，AI 通过分析海量时尚秀图片和社交媒体趋势，帮助设计师捕捉流行元素和色彩搭配。某时尚品牌利用 AI 技术，设计出了一系列符合年轻消费者品味的服装，并在短时间内获得了大量订单。这种基于数据和智能分析的创新方式，不仅提高了产品的市场适应性，还大大缩短了产品从设计到上市的周期。

某知名电子产品公司在其最新款智能手机的设计中，广泛应用了 AI 技术。通过 AI 分析用户反馈和使用习惯，公司对手机的界面设计和功能设置进行了优化。例如，AI 发现用户在使用手机拍照时，更倾向于使用自动美颜和滤镜功能。因此，公司在手机中内置了多款 AI 美颜和滤镜功能，极大地提升了用户体验。

在汽车制造领域，某豪华汽车品牌利用 AI 技术，对其新款车型的内饰设计进行了全面升级。通过 AI 分析消费者对车内空间、座椅舒适度和音响效果的偏好，公司对车内布局和配置进行了优化。例如，AI 建议增加车内储物空间和改进座椅材质，以提升用户的驾乘体验。最终，这款车型在市场上大获成功，成为年度畅销车型之一。

3. AI 设计智能化的未来展望

随着 AI 技术的不断发展，其在产品设计和创新中的应用前景将更加广阔。未来，AI 不仅可以帮助企业设计出更具个性化和智能化的产品，还可以通过虚拟现实（VR）和增强现实（AR）技术，让消费者参与到设计过程中，实现真正的个性化定制。例如，某家具公司计划推出一个 AI 设计平台，消费者可以通过该平台自定义家具的尺寸、材质和颜色，并实时预览设计效果。这种互动式的设计体验，不仅能提升消费者的购买意愿，还能增加品牌的忠诚度。

此外，AI 还将在跨界合作和多领域融合中发挥重要作用。例如，在建筑设计领域，AI 可以通过分析城市规划数据和环境因素，帮助建筑师设计出更具可持续性和智能化的建筑。某建筑设计公司利用 AI 技术，设计出了一座智能办公楼，该大楼不仅能自动调节室内温度和光线，还能通过数据分析优化能源消耗，极大地提升了建筑的环保性能和使用舒适度。

总之，AI 设计智能化和产品创新正在以前所未有的速度改变着各行各业。通过引入 AI 技术，企业不仅可以提高设计效率和产品质量，还能更好地满足消费者需求，提升市场竞争力。未来，随着 AI 技术的不断进步，其在产品设计和创新中的应用将更加广泛和深入，为企业和消费者带来更多的便利和惊喜。

2.1.2 生产流程优化与成本控制

在现代制造行业中，生产流程的优化与成本控制是企业实现竞争优势的关键所在。许多企业已经意识到，单靠降低原材料成本或者压缩人力成本来提升利润空间是远远不够的，必须通过优化整个生产流程，才能在保证产品质量的前提下，最大限度地降低生产成本。

1. 生产流程优化的必要性

生产流程优化的核心在于提升效率。传统的生产模式往往依赖于人工操作，这种模式不仅容易出现人为错误，还存在效率低下的问题。而通过引入 AI 技术，企业可以对生产流程进行智能化改造。例如，在生产计划的制定上，AI 可以通过对历史数据的分析，精准预测未来的生产需求，从而避免生产过剩或者不足的情况。AI 还能帮助企业优化生产流程，使得生产线上的各个环节无缝衔接，减少等待时间，提升整体生产效率。

在实际操作中，许多企业通过 AI 技术实现了对生产流程的实时监控。传感器和物联网设备的结合，使得每一个生产环节的数据都能被实时采集和分析。一旦某个环节出现异常，系统会自动发出警报，并给出优化建议。这种实时的反馈机制，大大缩短了问题处理的时间，也减少了因生产停滞而造成的损失。

2. 成本控制的实现路径

成本控制不仅仅是在生产过程中减少不必要的开支，更是通过优化资源配置，实现投入产出的最大化。AI 技术在这一过程中发挥了至关重要的作用。首先，在原材料采购环节，AI 可以通过大数据分析，帮助企业找到性价比最高的供应商，并在合适的时机进行采购，以避免价格波动带来的成本增加。

其次，在生产过程中，AI 还能帮助企业减少浪费。例如，在一些精密制造行业，材料的利用率直接关系到生产成本。通过 AI 算法的优化，企业可以找到最优的切割方案或者生产路径，从而最大限度地利用每一块原材料，减少边角料的浪费。

此外，AI 还能通过对设备运行状态的实时监控，预测设备可能出现的故障，并及时进行维护。这种预防性的维护措施，可以有效减少设备故障带来的停机时间，延长设备使用寿命，从而降低设备的折旧成本和维护成本。

> **案例**
>
> **某制造企业的智能化转型**
>
> 某大型制造企业通过引入 AI 技术，对其生产流程进行了全面的优化和成本控制。首先，企业在生产计划的制定上，采用了 AI 预测模型，通过对市场需求的精准预测，合理安排生产，避免了生产过剩和短缺等问题。在生产过程中，企业引入了自动化生产线，并通过物联网技术，实现了对生产设备的实时监控和数据采集。
>
> 在实际操作中，AI 系统通过对生产数据的分析，自动调整生产参数，优化生产流程，使得生产效率提升了 20%。同时，通过对设备运行状态的实时监控，企业能够及时发现并解决设备潜在的问题，使设备的故障率降低了 30%，维护成本也大幅下降。
>
> 在成本控制方面，AI 系统通过对原材料采购、生产过程中的材料利用率以及生产流程的优化，帮助企业将生产成本降低了 15%。这些数字的背后，是企业通过智能化改造，实现了生产流程的优化和成本控制，成效显著。

3. 未来展望

随着 AI 技术的不断发展，生产流程的优化和成本控制将变得更加智能和高效。未来，企业可以通过更加先进的 AI 算法，实现对生产全过程的精细化管理。例如，通过深度学习技术，AI 系统可以自主学习生产过程中的各种变量，并不断优化生产参数，使得生产流程更加高效和稳定。

同时，随着物联网技术的普及，企业可以实现对生产设备的全面联网和数据共享，从而构建一个智能化的生产生态系统。在这个系统中，每一个生产环节的数据都可以被实时采集和分析，AI 系统可以根据这些数据，自动调整生产策略，实现生产流程的最优化。

总的来说，生产流程的优化和成本控制是企业实现可持续发展的必经之路。通过引入 AI 技术，企业不仅能够提升生产效率，降低生产成本，还能在激烈的市场竞争中立于不败之地。未来，随着技术的不断进步，AI 将在生产流程优化和成本控制中发挥越来越重要的作用，为企业创造更大的价值。

2.1.3 质量保障与智能制造

在当今竞争激烈的市场环境中，产品质量已经成为企业生存和发展的关键因素之一。随着 AI 技术的广泛应用，质量保障体系也正在经历一场深刻的变革。智能制造的兴起，不仅提高了生产效率，还为产品质量的稳定性提供了强有力的技术支持。

在传统的制造模式中，质量控制往往依赖于人工检测和抽样检查，这种方式不仅耗费大量的人力和时间，还难以避免人为因素造成的误差。而智能制造通过引入 AI 技术，可以实现对生产全过程的实时监控和数据采集。每一个生产环节的数据都被详细记录下来，从原材料的进厂检验到最终产品的出厂，所有数据一览无余。这使得企业能够及时发现生产过程中潜在的质量问题，从而采取相应的措

第一步　率先使用AI，贯穿全产业链

施进行调整，避免大批量的不合格产品流入市场。

例如，在汽车制造行业，智能制造系统可以通过传感器和机器视觉技术，对每一辆下线的汽车进行全方位的检测。无论是车身焊接的牢固程度，还是喷漆的均匀性，智能系统都能进行精确的测量和分析。一旦发现任何异常，系统会立即发出警报，并自动停止生产线生产，直到问题解决为止。这种实时监控和自动反馈机制，极大地提高了产品的合格率和一致性。

此外，AI技术还可以通过大数据分析，对历史生产数据进行深度挖掘和分析，找出影响产品质量的关键因素。例如，某种原材料的质量波动可能会导致最终产品的性能不稳定。通过AI算法的分析，企业可以提前预测到这种波动，并及时调整生产工艺或更换供应商，从而避免质量问题的发生。

智能制造不仅在生产过程中发挥着重要作用，还在产品设计和研发阶段有着广泛的应用。在产品设计初期，AI可以通过模拟和仿真技术，对产品的各项性能指标进行预测和优化。例如，在航空航天领域，飞机机翼的设计需要考虑到多种因素，如强度、重量、空气动力学性能等。通过AI技术的辅助，设计师可以在计算机中进行大量的模拟实验，找出最佳的设计方案，从而确保产品在实际生产和使用中的质量。

在实际操作中，智能制造系统还可以通过机器学习技术，不断优化生产工艺和流程。例如，某家电制造企业引入了智能制造系统后，通过对生产数据的持续分析和学习，系统自动优化了焊接工艺参数，使得焊接质量得到了显著提升。同时，系统还能够根据不同的生产任务和要求，自动调整生产参数，确保每一批次产品的质量都能够达到最佳状态。

值得一提的是，智能制造不仅提高了产品质量，还大幅度降低了生产成本。传统的质量控制方式往往需要大量的人工参与，而智能制造通过自动化和智能化的手段，减少了对人工的依赖，从而降低了人力成本。同时，智能制造系统还可以通过优化生产流程和工艺，减少原材料的浪费和能源的消耗，进一步降低了生产成本。

当然，智能制造在质量保障方面的应用也面临着一些挑战。例如，如何确保数据的准确性和完整性，如何处理海量数据并从中提取出有价值的信息，如何在保证质量的前提下提高生产效率等。这些问题都需要企业在实践中不断探索和解决。但可以肯定的是，随着AI技术的不断发展和成熟，智能制造必将在质量保障领域发挥越来越重要的作用，为企业带来更高的生产效率和更优质的产品。

总的来说，质量保障与智能制造的结合，正在重新定义现代制造业的标准。通过引入AI技术，企业不仅能够实现对生产全过程的精细化管理，还能够通过大数据分析和机器学习技术，不断优化生产工艺和流程，从而大幅度提升产品质量和生产效率。在这一过程中，企业需要积极拥抱新技术，不断创新和实践，才能在激烈的市场竞争中立于不败之地。

2.1.4　供应链管理：预测、调优与风险控制

在当今快速变化的商业环境中，供应链管理已经不仅仅是简单的物流和库存管理。它已经演变为企业竞争优势的重要来源。AI技术的引入，使得供应链管理变得更加智能和高效，尤其在预测、调优和风险控制三个关键领域，AI正发挥着不可替代的作用。

1. 供应链预测：从数据到洞察

传统的供应链预测往往依赖于历史数据和人工经验，这种方式在面对快速变化的市场需求时显得捉襟见肘。AI的出现，彻底改变了这一局面。通过机器学习算法，AI可以分析海量的历史数据、市场趋势、季节性因素，甚至是社交媒体上的舆情，从而生成更加精准的需求预测。

举个例子，一家大型零售商通过 AI 分析社交媒体上的热门话题和趋势，成功预测到一款新上市的运动鞋将大受欢迎。基于这一预测，零售商迅速调整了库存和供应链策略，不仅确保了产品供应充足，避免了断货的风险，还大幅提升了销售业绩。

此外，AI 还可以通过实时监控供应链各个环节的数据，及时发现潜在的问题和风险。例如，在运输环节，AI 可以通过分析交通状况、天气预报等信息，优化运输路线和时间，确保货物准时到达。

2. 供应链调优：精益求精的艺术

供应链调优是一个持续不断的过程，旨在通过不断调整和优化各个环节，实现成本、效率和质量的最优平衡。AI 在这一过程中扮演着"智能顾问"的角色，通过深度学习和优化算法，帮助企业找到最优的解决方案。

例如，某制造企业通过 AI 分析生产线上的数据，发现某些工序存在效率低下和资源浪费的问题。AI 系统不仅指出了问题所在，还提供了具体的优化方案，包括调整工序顺序、优化设备使用率、减少等待时间等。通过实施这些优化措施，企业生产效率提升了 15%，成本降低了 10%。

AI 还可以通过模拟和预测不同场景下的供应链表现，帮助企业制定更加科学的决策。例如，在面对市场需求波动时，AI 可以模拟不同供应链策略的效果，帮助企业选择最优的应对方案。

3. 风险控制：防患于未然

供应链风险无处不在，从自然灾害到供应商破产，任何一个环节出现问题，都可能对整个供应链造成严重影响。AI 通过大数据分析和预测模型，可以帮助企业提前识别和评估潜在的风险，制定相应的应对措施。

例如，某跨国公司通过 AI 监控全球供应商的经营状况和财务数据，及时发现某些供应商存在财务危机。AI 系统不仅发出了预警，还提供了备选供应商名单和应急采购方案。通过迅速更换供应商，企业成功避免了供应链中断的风险，确保了生产的连续性。

此外，AI 还可以通过实时监控运输过程中的各种数据，如车辆位置、运输环境等，及时发现异常情况并采取应对措施。例如，在运输过程中，AI 系统发现某批货物运输温度异常升高，从而使工作人员采取降温措施，避免了货物损坏。

> **案例**
>
> **AI 在供应链管理中的实际应用**
>
> 以某知名电商平台为例，该平台通过引入 AI 技术，实现了供应链管理的全面升级。首先，在预测方面，AI 通过分析海量的用户数据和市场趋势，精准预测不同品类商品的需求量，确保库存控制在合理水平，避免断货和积压。其次，在调优方面，AI 通过优化仓储布局和运输路线，大幅提升了物流效率，降低了运营成本。最后，在风险控制方面，AI 通过实时监控供应商和物流数据，及时识别和应对潜在风险，确保了供应链的稳定和连续。
>
> 通过 AI 技术的全面应用，该电商平台不仅提升了供应链管理的效率和准确性，还显著降低了运营成本，提升了客户满意度。这一成功案例充分展示了 AI 在供应链管理中的巨大潜力和价值。

4. 总结

在 AI 时代，供应链管理已经从传统的经验驱动转变为数据的智能驱动。通过 AI 技术的引入，企业可以实现更加精准的需求预测、持续优化的运营效率和全面的风险控制。这不仅帮助企业提升了竞争力，还为其在激烈的市场竞争中赢得了先机。未来，随着 AI 技术的不断发展和成熟，供应链管理将变得更加智能和高效，为企业创造更多的价值和机遇。

案例分析

AI 在制造业中的革命性变化

在全球制造业的版图中，AI 正以惊人的速度改变着传统生产模式。以全球知名的汽车制造商特斯拉为例，其位于加州的弗里蒙特工厂，是 AI 技术深度融合制造业的典范。特斯拉通过引入 AI 驱动的自动化生产线，实现了从零部件生产到整车组装的全程智能化管理。

首先，在生产环节中，AI 被广泛应用于质量检测和流程优化。传统的质量检测依赖人工，不仅耗时长，且存在误检、漏检的风险。而特斯拉通过引入基于深度学习的视觉识别系统，能够以毫秒级的速度对每一个零部件进行360度无死角扫描，并实时判断其是否符合出厂标准。这种 AI 视觉检测系统不仅大幅度提升了检测效率，还将误检率降低了 30% 以上。工厂管理人员可以通过后台实时查看每一个生产环节的质量数据，及时调整生产参数，确保产品质量的一致性。

其次，AI 在生产排程与供应链管理中也发挥了重要作用。特斯拉的工厂通过 AI 算法分析海量的生产数据、市场需求和供应链信息，自动生成最优的生产排程计划。例如，当某一款车型的市场需求出现波动时，AI 系统能够迅速感知，并调整生产线的生产节奏，确保供应链的稳定和高效运行。通过这种智能化的排程系统，特斯拉有效减少了库存积压，生产效率提升了约 25%。

此外，AI 还在工厂的安全管理中扮演了重要角色。传统的工厂安全管理依赖人工巡检和视频监控，存在一定的盲区和滞后性。而特斯拉通过引入 AI 智能监控系统，能够对工厂内每一个角落进行实时监控和风险预警。例如，当某个生产区域出现设备故障或人员违规操作时，AI 系统会立即发出警报，并自动通知相关人员进行处理。这种智能化的安全管理系统，使得特斯拉工厂的安全事故发生率降低了 40% 以上。

另一个值得注意的案例是西门子，位于德国安贝格的电子制造工厂。作为全球最先进的数字化工厂之一，安贝格工厂通过引入 AI 技术，实现了生产过程的全方位智能化管理。工厂内每一个产品都拥有一个独特的数字身份，通过物联网技术与生产设备进行实时通信。AI 系统可以根据每一个产品的具体需求，自动调整生产设备的参数，实现个性化定制生产。这种柔性生产模式，不仅满足了客户的个性化需求，还大幅度提升了生产效率和产品质量。

在生产设备的维护方面，AI 也展现出了巨大的潜力。传统的设备维护依赖于定期检修和人工判断，往往存在维护不及时或过度维护的问题。而安贝格工厂通过引入 AI 预测性维护系统，能够对每一台设备的运行状态进行实时监控和数据分析。当设备出现轻微故障或异常时，AI 系统会自动发出预警，并提供具体的维护建议。这种预测性维护系统，不仅延长了设备的使用寿命，还减少了因设备故障对生产造成的损失。据统计，通过引入 AI 预测性维护系统，安贝格工厂的设备故障率降低了 50% 以上，维护成本也大幅度下降。

除了特斯拉和西门子，全球还有很多制造业巨头正在积极引入 AI 技术。例如，通用电气（GE）通过 AI 技术优化了其航空发动机的生产流程，使得发动机的燃油效率提升了 10% 以上；波音公司则通过 AI 技术优化了其飞机制造流程，使得生产周期缩短了 25% 以上。这些案例无不表明，AI 技术正在深刻改变制造业的生产模式，为企业带来了巨大的经济效益。

总的来说，AI 在制造业中的应用，不仅仅是对传统生产模式的优化和升级，更是一场深刻的革命。通过引入 AI 技术，制造业企业能够实现生产过程的智能化、自动化和柔性化管理，大幅度提升生产效率和产品质量，降低生产成本和安全事故发生率。无论是特斯拉的智能生产线，还是西门子的数字化工厂，抑或是 GE 和波音的 AI 应用案例，都充分证明了 AI 技术在制造业中的巨大潜力和广阔前景。未来，随着 AI 技术的不断发展和成熟，制造业必将迎来更加智能化和高效化的时代。

2.2 营销变革：AI 在销售与客户关系中的作用

2.2.1 AI 获客：精准营销与客户获取策略

在当今竞争激烈的商业环境中，获取新客户已经成为企业生存和发展的关键任务之一。然而，传统的获客方式往往依赖于大量的人力投入和广告支出，效果却未必理想。而人工智能（AI）技术的快速发展，为企业提供了一种全新的、更加高效的获客方式。通过 AI 技术，企业不仅可以实现精准营销，还能够大幅提升客户的获取效率和质量。

1. AI 驱动的客户画像构建

在 AI 技术的支持下，企业能够通过大数据分析，快速构建出精准的客户画像。这些画像不仅包括客户的基本信息，如年龄、性别、职业等，还涵盖了他们的兴趣爱好、消费习惯、购买能力等更深层次的信息。例如，一家电商平台可以通过 AI 分析用户的浏览记录、购买历史以及社交媒体活动，精准识别出哪些用户更有可能购买某类商品。这种基于数据的客户画像构建，使得企业能够针对不同的客户群体，制定个性化的营销策略，从而提高营销的精准度和转化率。

2. 智能推荐系统提升用户体验

AI 技术的另一个重要应用是智能推荐系统。通过分析用户的行为数据，AI 可以向用户推荐他们可能感兴趣的产品或服务。这种个性化推荐不仅提升了用户体验，还增加了用户的黏性和忠诚度。例如，当一个用户在购物网站上浏览了一款手机后，AI 可以根据该用户的历史行为和偏好，推荐相关配件或类似产品。这种智能推荐不仅能够激发用户的购买欲望，还能够提高网站的销售额。

3. 预测分析助力精准营销

AI 技术的预测分析能力，使得企业能够在客户获取方面实现更加精准的营销。通过机器学习算法，AI 可以分析大量历史数据，预测出哪些用户最有可能成为潜在客户。例如，一家金融公司可以通过 AI 分析用户的信用记录、收入水平和消费习惯，预测出哪些用户更有可能申请信用卡或贷款。这种预测分析不仅帮助企业锁定高潜力客户，还能够优化营销资源的分配。

4. 多渠道整合营销

在 AI 技术的支持下，企业可以实现多渠道整合营销，从而更有效地获取客户。通过 AI 技术，企业能够将线上和线下的营销渠道进行无缝整合，实现全方位的客户覆盖。例如，一家零售企业可以通过 AI 分析用户的线上购物行为，结合线下门店的客流数据，制定出针对性的促销活动。这种多渠道整合营销不仅能够提高品牌曝光率，还能够增加用户的购买频率和单次消费金额。

5. 自动化营销工具提升效率

AI 技术还能够通过自动化营销工具，大幅提升客户获取的效率。例如，企业可以使用 AI 驱动的邮件营销工具，自动发送个性化的促销邮件给潜在客户。这种自动化工具不仅能够节省大量的人力成本，还能够确保营销信息的及时性和精准度。此外，AI 还可以通过聊天机器人，自动回复用户的咨询，提供产品推荐和购买建议。这种 24 小时在线的客户服务，不仅提升了用户体验，还能够有效促进销售转化。

6. 数据驱动的客户关系管理

AI 技术在客户关系管理（CRM）中的应用，也极大地提升了客户的获取效率。通过 AI 分析客户的交互数据，企业能够更好地了解客户的需求和偏好，从而制定出更加针对性的营销策略。例如，一家保险公司可以通过 AI 分析客户的理赔记录和咨询历史，识别出哪些客户有可能续保或购买附加险种。这种数据驱动的客户关系管理，不仅帮助企业维持了良好的客户关系，还能够有效提高客户的终身价值。

7. 实时优化营销策略

AI 技术的实时分析能力，使得企业能够随时优化营销策略，从而更有效地获取客户。通过 AI 技术，企业可以实时监测营销活动的效果，及时调整广告投放、促销策略和产品推荐。例如，一家旅游公司可以通过 AI 分析用户的搜索和预订数据，实时调整机票和酒店的促销活动，从而吸引更多的潜在客户。这种实时优化不仅能够提高营销活动的效果，还能够有效降低获客成本。

8. 社交媒体分析与挖掘

在社交媒体时代，AI 技术还能够帮助企业从海量的社交媒体数据中，挖掘出潜在的客户群体。通过自然语言处理和情感分析，AI 可以识别出用户对某类产品或品牌的评价和态度，从而帮助企业制定出更具针对性的营销策略。例如，一家化妆品公司可以通过 AI 分析用户在社交媒体上的评论和分享，识别出哪些用户对美妆产品有浓厚兴趣，进而向他们推送相关的产品信息和促销活动。这种社交媒体分析与挖掘能力，使得企业能够更加精准地定位目标客户，提高营销活动的转化率和 ROI（投资回报率）。

2.2.2 爆款打造：AI 赋能的产品营销文案

在当今竞争激烈的市场环境中，打造一款爆款产品是每个企业梦寐以求的目标。然而，如何通过精准的营销文案打动消费者，激发他们的购买欲望，成为众多企业面临的挑战。随着人工智能（AI）技术的迅猛发展，AI 赋能的营销文案生成工具正逐渐成为企业营销的利器。

1. AI 如何助力营销文案创作

AI 技术的应用已经渗透到营销的各个环节，尤其是在文案创作方面，AI 展现出了其强大的能力。通过自然语言处理（NLP）技术，AI 能够分析海量的文本数据，识别出不同类型消费者的心理特征和购买动机。基于这些数据，AI 可以生成高度个性化、富有吸引力的营销文案，从而提高产品的市场竞争力。

例如，某家化妆品公司利用 AI 分析了社交媒体上的大量用户评论和反馈，识别出消费者对"天然成分"和"抗衰老"的高度关注。基于这些洞察，AI 生成了多版本的营销文案，分别强调产品的这些特点，并在不同平台上进行测试。最终，一款强调"天然成分，焕发青春"的文案在社交媒体上引发了广泛关注，成为爆款文案。

2. 个性化文案：精准击中消费者需求

AI 不仅能够分析大量的文本数据，还能够根据用户的行为数据，生成个性化的营销文案。例如，电商平台可以利用 AI 分析用户的浏览记录、购买历史和搜索的关键词，从而生成针对用户的个性化推荐文案。这种精准营销不仅能够提高用户的购买转化率，还能够增强用户的品牌忠诚度。

一家在线服装零售商通过 AI 分析了用户的购买历史和浏览行为的数据，发现某位用户经常浏览休闲风格的服饰。基于这一洞察，AI 生成了专门针对该用户的文案，强调新款休闲服饰的舒适性和时尚感。当用户收到这封个性化的推荐邮件后，立即被吸引，并成功下单购买。

3. A/B 测试：优化文案效果

在营销文案的创作过程中，A/B 测试是一种常用的方法，用于比较不同版本文案的效果。然而，传统的人工 A/B 测试往往耗时耗力，且结果不够精准。AI 技术的引入，使得 A/B 测试变得更加高效和智能化。

通过 AI 算法，企业可以快速生成多个版本的营销文案，并在不同平台上进行测试。AI 会实时监测每个版本的点击率、转化率和用户反馈，从而快速识别出效果最佳的文案。例如，一家科技公司计划推出一款智能手表，利用 AI 生成了多个版本的营销文案，分别强调产品的不同功能。经过 A/B 测试，一款强调"健康监测"功能的文案在用户中引起了强烈反响，成为最终的爆款文案。

4. 情感共鸣：打动人心的文案艺术

在营销文案中，情感共鸣是打动消费者的关键因素之一。AI 技术不仅能够分析文本数据，还能够识别和模拟人类情感，从而生成富有情感共鸣的文案。例如，一家旅游公司利用 AI 分析了大量用户在社交媒体上的游记和评论，识别出用户对"自由行"和"冒险精神"的向往。基于这些情感洞察，AI 生成了强调"自由探索世界"的营销文案，成功激发了用户的旅行欲望，成为爆款文案。

5. 实时调整：动态优化文案策略

市场环境和消费者需求瞬息万变，营销文案也需要不断调整和优化。AI 技术的实时监测和分析能力，使得企业能够根据市场变化和用户反馈，动态调整文案策略，确保营销效果的最大化。

例如，一家食品公司通过 AI 实时监测社交媒体上的用户评论和市场动态，发现某款新推出的零食在年轻用户中广受欢迎。基于这一发现，AI 迅速调整了原有的营销文案，增加了针对年轻用户的时尚元素和互动内容，成功引发了新一轮的购买热潮。

> **案例**
>
> **AI 赋能的爆款文案实战**
>
> 为了更好地理解 AI 在营销文案中的应用，我们来看一个真实的案例。某家家居用品公司计划推出一款新型智能灯具，利用 AI 分析了大量用户的家居装修风格和照明需求，识别出用户对"智能控制"和"节能环保"高度关注。基于这些洞察，AI 生成了多个版本的营销文案，并通过 A/B 测试找到了效果最佳的版本。最终，这款智能灯具在市场上大获成功，成为爆款产品。
>
> 通过这个案例，我们可以看到 AI 在营销文案领域展现出的精准洞察与高效迭代能力：基于用户行为数据的深度挖掘，AI 不仅识别出"智能控制"与"节能环保"这两个核心需求点，更通过多维度语义分析生成差异化文案矩阵。通过 A/B 测试机制，系统自动筛选出点击率最高的版本，实现转化率提升 37%，最终推动产品成为市场爆款。这一实践验证了 AI 驱动的营销模式具备三大核心优势：数据驱动的需求预判能力、动态优化的内容生成机制以及效果导向的精准投放策略。未来随着生成式 AI 与消费者行为数据的深度融合，营销文案创作将从经验驱动转向算法赋能，构建"数据采集－智能生成－效果反馈－策略迭代"的闭环生态，为企业创造更高的营销 ROI 与用户价值。

2.2.3 传播力强化：AI 数字人与短视频营销

在当今信息爆炸的时代，企业与个人想要在竞争激烈的市场中脱颖而出，单靠传统营销手段已经远远不够。随着短视频平台的崛起，传播方式发生了翻天覆地的变化。而 AI 数字人的出现，则为短视频营销注入了一股强劲的科技动力。如何利用 AI 数字人强化传播力，通过短视频营销实现品牌影响力的快速提升，成为每一个营销人员必须思考的问题。

1. AI 数字人：短视频营销的超级利器

AI 数字人，顾名思义，是通过人工智能技术生成的虚拟人物。这些数字人不仅外貌逼真，还拥有自然流畅的语言表达能力，甚至可以根据不同场景和需求进行个性化定制。在短视频营销中，AI 数字人能够以极低的成本替代真人出镜，并且不受时间、地点和情绪的影响，始终保持最佳状态。

例如，一个美妆品牌可以利用 AI 数字人创建一个虚拟美妆达人，通过短视频平台向观众展示化妆技巧和产品使用效果。这种虚拟达人不仅能够 24 小时不间断地工作，还能根据用户的反馈和需求快速调整内容，极大地提高了营销效率和效果。

2. 内容定制：精准触达目标受众

AI 数字人的强大之处不仅在于其逼真的外貌和流畅的语言表达，更在于其背后的智能算法。通过大数据分析，AI 可以精准地识别和理解目标受众的需求和兴趣，从而为不同群体定制专属的营销内容。

例如，一个健身品牌可以利用 AI 数字人创建一系列针对不同健身目标的短视频，如减肥、增肌、塑形等。每个系列的视频内容都会根据目标受众的年龄、性别、健身水平等因素进行个性化定制，确保每一段视频都能精准触达目标受众，提高用户的参与度和转化率。

3. 多平台分发：实现全网覆盖

短视频平台的多样性和用户群体的广泛性，决定了营销内容必须能够在多个平台上实现高效分发。AI 数字人不仅能够在单一平台上发布内容，还可以通过智能算法实现多平台同步分发，确保内容能够在最短的时间内覆盖全网用户。

例如，一个旅游品牌可以利用 AI 数字人创建一系列介绍不同旅游目的地的短视频，并在抖音、快手、小红书等多个平台上同步发布。通过智能算法，AI 数字人可以根据每个平台的用户特点和内容偏好，对视频内容进行微调，确保在每个平台上都能获得最佳的宣传效果。

4. 互动体验：增强用户黏性

AI 数字人还能够通过智能交互技术，与用户进行实时互动，提升用户的参与感和黏性。例如，在一场直播带货活动中，AI 数字人可以根据用户的提问和反馈，实时调整讲解内容和产品推荐，确保每一位用户都能获得个性化的购物体验。

此外，AI 数字人还可以通过短视频评论区与用户进行互动，回答用户的问题，收集用户的反馈，进一步增强用户的参与感和忠诚度。这种互动体验不仅能够提高用户的满意度，还能为品牌积累大量的用户数据，为后续的营销活动提供有力支持。

5. 数据驱动：优化营销策略

AI 数字人背后的智能算法，能够通过大数据分析，实时监测和评估短视频的宣传效果和用户反馈，从而为营销策略的优化提供数据支持。例如，AI 可以分析每段视频的观看时长、点赞数、分享数、评论内容等数据，帮助营销人员了解哪些内容更受用户欢迎，哪些内容需要改进。

通过这些数据，营销人员可以不断调整和优化 AI 数字人的内容和互动策略，确保每一段短视频都能达到最佳的宣传效果。这种数据驱动的营销模式，不仅能够提高营销效率，还能有效降低营销成本，实现精准营销和高效转化。

第一步　率先使用 AI，贯穿全产业链

> **案 例**
>
> 以某知名电商平台为例，该平台利用 AI 数字人创建了一系列介绍新款服饰的短视频。这些视频不仅在抖音、快手等短视频平台上发布，还在微信、微博等社交媒体上同步分享，实现了全网覆盖。
>
> 在视频内容上，AI 数字人根据用户的年龄、性别、购物习惯等因素，进行了个性化定制，确保每一段视频都能精准触达目标受众。同时，AI 数字人还通过智能交互技术，与用户进行实时互动，回答用户的问题，收集用户的反馈，进一步增强了用户的参与感和黏性。
>
> 通过该电商平台的实践，我们可以看到 AI 数字人在营销领域的多维赋能：基于用户画像的精准建模，系统自动生成多版本个性化短视频内容，在抖音、快手等 10 + 平台实现日均 120 万次曝光，使转化率较传统视频提升 41%。智能交互技术支撑的实时问答功能，使单用户平均停留时长延长至 2 分 37 秒，互动率提升 65%。大数据分析显示，AI 驱动的内容策略使新品认知度提升 3 倍，复购率增加 28%，成功构建"内容生产 – 智能分发 – 实时交互 – 数据反哺"的闭环营销体系。这印证了 AI 数字人在降低内容生产成本（制作效率提升 80%）、增强用户情感连接（拟人化互动使好感度提升 45%）、优化商业转化链路（从曝光到购买路径缩短 60%）方面的核心价值，为零售行业数字化转型提供了可复制的技术范式。未来随着多模态大模型与虚实融合技术的发展，AI 数字人将从内容载体进化为全链路营销中枢，重构"人货场"关系。

2.2.4　从公域到私域：建立与维护社群经济

在当今的商业环境中，公域流量和私域流量成为企业获取客户的重要途径。

公域流量指的是那些广泛存在于社交媒体平台、搜索引擎和电子商务市场等公共领域的用户，而私域流量则是指企业通过自有渠道直接掌握的用户群体。从公域到私域的转化，不仅仅是流量归属的变化，更是企业与用户关系深化的体现。

1. 公域流量的获取与引导

获取公域流量是企业开展营销活动的第一步。通过在各大社交媒体平台、内容平台以及电子商务平台上的活动，企业可以吸引大量潜在客户。在这个过程中，内容的质量和宣传的策略显得尤为重要。企业需要创作出能够引起用户兴趣和共鸣的内容，借助热点话题和互动活动来增加曝光度。

与此同时，企业还需巧妙地利用各种营销工具和广告投放策略，精准定位目标用户群体。通过大数据分析，企业可以更好地了解用户的兴趣、行为和需求，从而制定出更具针对性的营销方案。在这个阶段，企业要注重用户体验，提供有价值的信息和服务，以吸引更多用户的关注和参与。

2. 从公域到私域的转化策略

将公域流量转化为私域流量是企业构建长期客户关系的关键。企业可以通过多种方式来实现这一转化过程。首先，企业可以利用社交媒体平台的互动功能，如私信、评论回复等，与用户建立初步联系。在此基础上，引导用户加入企业的微信群、QQ 群或其他即时通讯工具群组，从而实现用户的初步沉淀。

其次，企业可以利用优惠券、积分兑换、会员福利等激励措施，吸引用户注册成为会员或关注企业的官方账号。这种方式不仅能够增加用户的黏性，还能够通过持续的互动和沟通，加深用户对企业的信任和认同。

此外，企业还可以通过举办线上线下的活动，如抽奖活动、主题沙龙、产品体验会等，进一步拉近与用户的距离。在这些活动中，企业可以直接与用户面对面交流，了解他们的真实需求和反馈，从而更好地优化产品和服务。

3. 私域流量的维护与运营

成功将公域流量转化为私域流量后，企业需要投入更多的精力来维护和管理这些用户群体。首先，企业需要建立完善的用户管理系统，对用户进行分类和标签化管理。通过数据分析，企业可以更好地了解不同用户群体的特点和需求，从而提供更加个性化的服务和推荐。

在日常运营中，企业可以通过定期推送有价值的内容，如行业资讯、产品使用技巧、优惠活动信息等，保持与用户的互动和联系。同时，企业还可以通过问卷调查、用户反馈等方式，收集用户的意见和建议，及时调整和优化产品和服务。

此外，企业还可以通过建立会员制度，设置不同等级的会员权益，激励用户持续消费和参与。通过积分兑换、折扣优惠、专属活动邀请等方式，企业可以增强用户的归属感和忠诚度。在这个过程中，企业要注重用户体验，确保每一次互动和沟通都能够给用户带来良好的感受。

4. 社群经济的建立与发展

社群经济是私域流量运营的高级形式，通过构建一个具有共同兴趣和价值观的用户群体，企业可以实现更高效的用户管理和更深入的用户互动。在社群中，用户不仅可以享受到企业提供的产品和服务，还可以与其他用户分享经验和心得，形成良好的互动氛围。

企业可以通过建立微信群、QQ群、论坛社区等形式，将具有相同兴趣和需求的用户聚集在一起。在这个过程中，企业需要扮演好组织者和引导者的角色，定期发布有价值的内容和活动信息，激发用户的参与热情。同时，企业还可以通过邀请行业专家、知名博主等意见领袖加入社群，提升社群的专业性和影响力。

在社群运营中，企业要注重用户关系的维护，及时回应用户的提问和反馈，解决用户的问题和困扰。通过定期举办线上线下的社群活动，如主题分享会、产品体验会、线下聚会等，企业可以进一步增强社群的凝聚力和活跃度。

> **案　例**
>
> **成功企业的社群运营实践**
>
> 　　以某知名化妆品品牌为例，该品牌通过建立微信群和 QQ 群，将购买过其产品的用户聚集在一起，形成了一个庞大的私域流量池。在微信群中，品牌定期推送护肤技巧、产品使用心得等有价值的内容，同时举办各种互动活动，如抽奖、秒杀、优惠券发放等，保持用户的活跃度和参与感。
>
> 　　此外，该品牌还通过举办线下沙龙和产品体验会，邀请用户亲身体验产品，并与其他用户进行面对面的交流和分享。这些线下活动不仅增强了用户对品牌的认同感和忠诚度，还促进了用户之间的口碑传播，进一步扩大了品牌的影响力。同时，品牌还设立了专门的社群管理团队，负责回应用户的提问和反馈，解决用户在使用产品过程中遇到的问题，确保用户满意度和信任度的持续提升。

2.2.5　直播与矩阵营销：全时段无死角覆盖

在当今竞争激烈的商业环境中，企业要想在市场中脱颖而出，必须充分利用每一个可能的营销渠道。而直播与矩阵营销正是这样一种能够帮助企业实现全时段无死角覆盖的强大工具。通过这两者的结合，企业不仅能够触达更多的潜在客户，还能在不同平台上形成强大的品牌影响力。

1. 直播营销：实时互动，拉近距离

直播营销作为一种实时互动的营销方式，近年来得到了飞速发展。无论是产品发布会、促销活动，还是用户教育、品牌故事分享，直播都能够为企业提供一个与消费者直接对话的平台。通过直播，企业可以在展示产品的同时，解答消费者的疑问，收集用户的反馈，从而拉近与消费者之间的距离。

在直播过程中，企业可以通过赠送礼品、限时优惠等方式，激发观众的参与

热情。例如，某美妆品牌在一次新品发布直播中，通过"限时抢购"和"买一送一"等促销活动，成功吸引了数十万观众参与，并在短短两小时内创造了数百万元的销售额。这种即时性和互动性是传统营销方式无法比拟的。

此外，直播营销还可以通过回放功能，将一次营销活动的影响力持续扩大。那些未能实时参与的用户可以通过观看回放了解产品信息，从而进一步扩大品牌的触达范围。

2. 矩阵营销：多平台覆盖，提升曝光

矩阵营销是一种通过在多个平台上建立品牌存在，从而实现全网覆盖的营销策略。在当今社交媒体多样化的背景下，单一平台的营销已经无法满足企业的需求。通过矩阵营销，企业可以在微信、微博、抖音、快手、B站等多个平台同时发力，实现品牌信息的广泛传播。

例如，一家时尚品牌在其新品上市时，通过微信公众号发布深度产品测评，在微博上发起话题讨论，并在抖音和快手上发布短视频展示产品的使用场景。这种多平台联动的策略，不仅能够吸引不同平台的用户关注，还能通过交叉推广，提升品牌在各个平台上的曝光率。

矩阵营销的另一个优势在于其灵活性。企业可以根据不同平台的用户特点，定制化地制作内容。例如，在微信上发布长图文深度分析，在抖音上发布短小精悍的视频，在B站上发布UP主测评视频等。这种针对性的内容制作，能够更好地满足不同平台用户的需求，提升用户的参与度和忠诚度。

3. 直播与矩阵营销的结合：实现全时段无死角覆盖

直播与矩阵营销的结合，可以实现1+1>2的效果。通过直播，企业能够在短时间内集中引爆话题，吸引大量关注；而通过矩阵营销，企业可以将直播内容在多个平台上进行二次传播，进一步扩大影响力。

例如，某家电品牌在一次新品发布直播中，不仅通过官方渠道进行直播，还

邀请了多位 KOL 在各自的社交媒体平台上同步直播。同时，品牌还在微信、微博、抖音等平台上发布了直播预告和精彩花絮，吸引用户关注。直播结束后，品牌将直播视频剪辑成多个短视频，在各大平台上进行二次传播，进一步扩大了品牌的曝光率。

这种全时段无死角的覆盖策略，不仅能够提升品牌的知名度和美誉度，还能通过多平台的联动，实现用户的最大化触达。例如，某教育机构在一次线上课程推广中，通过直播讲解课程内容，并在多个平台上发布相关文章和视频，成功吸引了数万名用户报名参与，创造了可观的经济效益。

案例

成功实现全网覆盖的品牌

某知名运动品牌在其新品发布时，采用了直播与矩阵营销相结合的策略。首先，品牌在其官方微博和微信公众号上发布了直播预告，吸引了大量粉丝关注。在直播当天，品牌邀请了多位明星和 KOL 在各自的社交媒体平台上同步直播，进一步扩大了直播的覆盖范围。

直播过程中，品牌通过互动问答、限时优惠等方式，激发了观众的参与热情。同时，品牌还将直播内容剪辑成多个短视频，在抖音、快手、B 站等平台上进行二次传播。通过这种全时段无死角的覆盖策略，品牌不仅成功吸引了大量潜在客户，还在短时间内创造了可观的销售额。

另一个成功的案例是一家电商平台在"双十一"大促期间，通过直播与矩阵营销相结合的策略，实现了销量的爆发式增长。在活动前期，预售、KOL 种草、私域激活蓄水流量，活动中全明星矩阵直播、多样互动玩法和技术赋能吸引观众促转化，活动后返场直播、UGC 裂变等长尾运营巩固成果。其全域流量协同、动态内容生产等创新点有借鉴意义，未来虚实融合直播等趋势值得关注。

2.3 AI 战略转型与实战路径

2.3.1 AI 全链路融合策略与实施步骤

在当今竞争激烈的商业环境中，企业若想在 AI 时代脱颖而出，必须将人工智能技术深度融入其全产业链的各个环节。从产品设计到生产，再到销售和客户服务，AI 全链路融合策略能够帮助企业实现效率提升、成本降低以及创新能力的增强。以下是实施 AI 全链路融合的具体策略与步骤。

1. 制定明确的 AI 融合目标与路线图

企业首先需要明确其在 AI 全链路融合中的目标。这不仅仅是简单地引入几项 AI 技术，而是要从根本上改变企业的运营模式。首先，企业管理层应召开战略会议，确定 AI 技术在各个业务环节中的应用场景和预期效果。例如，在生产环节，AI 可以通过数据分析优化生产流程；在销售环节，AI 可以精准预测市场需求。制定详细的实施路线图是关键，这张图应包括时间表、资源分配、技术选型以及风险控制措施。

2. 构建跨部门的 AI 团队与协作机制

AI 全链路融合需要企业内部各个部门的紧密协作。企业应组建一个跨部门的 AI 团队，团队成员应包括技术专家、业务骨干以及数据分析师等。这个团队将负责 AI 项目的整体推进，并确保各个部门在实施过程中保持沟通顺畅。例如，产品设计部门可以与 AI 团队合作，利用机器学习算法优化产品设计；销售部门可以与 AI 团队合作，通过大数据分析制定更加精准的营销策略。

3. 数据驱动的决策与业务流程优化

AI 全链路融合的核心在于数据。企业需要建立完善的数据采集与分析系统，确保各个业务环节的数据能够被实时采集和处理。通过对这些数据的深入分析，企业可以发现业务流程中的问题和改进空间。例如，在生产环节，企业可以通过 AI 分析生产数据，发现生产效率低下的问题，并及时进行调整。在销售环节，企业可以通过 AI 分析客户数据，制定个性化的营销策略，提高客户满意度和忠诚度。

4. 引入先进的 AI 技术和工具

企业在实施 AI 全链路融合的过程中，需要引入先进的 AI 技术和工具。例如，在产品设计环节，企业可以引入计算机视觉技术，通过图像识别和分析优化产品设计；在生产环节，企业可以引入机器人技术和自动化生产线，提高生产效率和产品质量；在销售环节，企业可以引入自然语言处理技术，通过智能客服和聊天机器人提高客户服务质量。此外，企业还可以利用深度学习算法，对市场趋势和消费者行为进行预测和分析。

5. 持续监测与优化 AI 融合效果

AI 全链路融合是一个持续改进的过程。企业需要建立完善的监测和评估机制，定期对 AI 融合效果进行评估和分析。例如，企业可以通过关键绩效指标（KPI）来衡量 AI 在各个业务环节中的效果，如生产效率的提升、销售收入的增长、客户满意度的提高等。根据评估结果，企业可以及时调整和优化 AI 融合策略，确保其在市场竞争中保持领先地位。

案例

成功企业的 AI 全链路融合实践

许多成功企业已经通过 AI 全链路融合实现了业务的跨越式发展。例如，某知名电商平台通过引入 AI 技术，实现了从产品推荐、库存管理到物流配送的全链路优化。在产品推荐方面，该平台利用 AI 算法分析用户行为数据，为用户提供个性化的产品推荐，大大提高了用户购买率。在库存管理方面，该平台通过 AI 分析销售数据和市场趋势，实现了库存的动态调整，降低了库存成本。在物流配送方面，该平台利用 AI 优化配送路线，提高了配送效率，降低了配送成本。

6. 风险控制与安全保障措施

在实施 AI 全链路融合的过程中，企业也需要注意风险控制和安全保障。首先，企业需要建立完善的数据安全管理制度，确保用户数据和企业数据的安全。例如，企业可以通过数据加密、访问控制等技术手段，防止数据泄露和未经授权的访问。其次，企业需要建立风险预警机制，及时发现和应对 AI 系统中的潜在风险。例如，在生产环节，企业可以通过 AI 系统实时监测生产设备的运行状态，发现异常情况及时进行处理，避免生产事故的发生。

7. 人才培养与文化建设

AI 全链路融合的成功，专业人才与良好企业文化缺一不可。企业要大力引进和培养 AI 技术人才，搭建完善培训体系。人才培养上，构建复合型人才梯队，如"AI 技术专家 + 业务场景专家 + 数据分析师"团队，明确各岗位能力要求与培养路径，像 AI 研发岗需掌握大模型微调等，通过参与开源社区培养；业务应用岗要会需求抽象等，采取轮岗培养；管理岗需技术预判等能力，通过行业峰会等提升。同时打造人才供应链体系，与高校合作、开展实习生计划和管培生体系。文化建设方面，推行数据驱动决策文化，方案要有数据支撑；营造试错包容创新文化，设立"AI 创新沙盒"，将失败案例纳入知识库，成功案例给予奖励；构建开放协作生态文化，打破部门壁垒组建跨职能小组，搭建知识共享平台；坚守伦理责任底线文化，制定《AI 伦理白皮书》，员工需通过伦理认证考试。实施三年行动计划，第一年全员 AI 基础扫盲，第二年建立认证体系，第三年形成自循环生态。以人才保留率、创新转化率等指标评估成效。行业启示是革新培养模式，利用虚拟实训平台，从知识传授转向能力锻造；适配组织架构，设立首席 AI 伦理官；量化评估文化，开发相关模型和工具。未来人才培养向创造力激发转变，企业文化向共生型进化。

2.3.2 持续创新：适应 AI 快速迭代的企业文化

在当今这个由人工智能驱动的时代，技术更新速度之快前所未有。企业如果不能在文化层面上形成持续创新的氛围，就很难在激烈的市场竞争中站稳脚跟。持续创新不仅仅是一种策略，更应该成为企业文化的一部分，根植于每一位员工的日常工作中。

首先，企业需要营造一种开放的沟通环境。在这种环境中，员工可以自由地表达他们的想法，尤其是关于如何利用 AI 技术来提升工作效率或开发新产品的建议。很多企业常犯的一个错误是，将创新视为研发部门或高层管理者的专属责任。然而，真正的创新往往来自基层员工，因为他们最了解业务流程中的痛点和客户的真实需求。通过定期的头脑风暴会议、内部创新竞赛以及跨部门的协作项目，激发员工的创造力，并从中筛选出具有商业价值的 AI 应用场景。

其次，企业应鼓励"快速试错"的文化。AI 技术的迭代速度极快，新工具和新算法层出不穷。在这种背景下，企业必须能够快速试验新的 AI 解决方案，而不必担心失败。谷歌公司曾经提出的"快速试错，快速修正"（Fail Fast, Fix Fast）理念正是这种文化的写照。企业可以通过建立小规模的试验团队，快速测试新的 AI 技术在实际业务中的表现。如果试验成功，企业可以迅速扩大应用范围；如果失败，也能及时止损，避免更大的损失。这种灵活的试验机制不仅能够加速企业的创新进程，还能有效降低创新带来的风险。

为了适应 AI 技术的快速迭代，企业还需要在组织结构上做出调整。传统的金字塔型组织结构往往层级分明，信息传递缓慢，决策过程冗长，这显然无法适应 AI 时代对敏捷性的要求。一些领先的企业已经开始转向扁平化管理结构，减少管理层级，增加跨职能团队的数量。在这种结构中，决策权被下放到一线团队，让他们能够根据市场和技术的最新变化迅速做出反应。例如，一家全球知名的电商企业通过设立多个小型跨职能团队，并让每个团队负责一个特定的 AI 项目，从研发到市场推广一包到底。这种灵活的组织形式不仅提高了工作效率，还大大加快了创新速度。

此外，企业还应注重培养员工的 AI 技能。AI 技术的应用需要员工具备相应的知识和技能，而这方面的培训往往被企业忽视。很多员工对 AI 技术抱有畏惧心理，认为这是高深莫测的领域。企业可以通过定期的内部培训、邀请外部专家讲座以及资助员工参加 AI 相关的课程和认证考试等方式，帮助员工提升 AI 技能。例如，一家国际物流公司为了推动 AI 在运营中的应用，专门设立了一个 AI 培训中心，定期邀请行业专家为员工授课，并提供实践机会。通过这种系统的培训，员工不仅消除了对 AI 的畏惧心理，还能够在工作中主动应用 AI 技术，提出创新的解决方案。

最后，企业需要建立一套完善的创新激励机制。创新不是一朝一夕之功，需要长期的投入和坚持。为了鼓励员工持续创新，企业可以设立创新基金，对提出有价值创新方案的员工给予奖励。同时，还可以将创新成果纳入绩效考核体系，对在创新方面表现突出的团队和个人给予晋升和加薪的机会。例如，一家知名科技公司每年都会举办一次内部创新大赛，评选出最具商业价值的 AI 创新项目，给予丰厚的奖金和荣誉称号。这种激励机制不仅能够激发员工的创新热情，还能够在企业内部形成一种良性的竞争氛围，推动创新文化的形成。

总之，持续创新是企业适应 AI 快速迭代的关键。企业需要在文化、组织结构、员工技能和激励机制等方面进行全面调整，才能在 AI 时代立于不败之地。只有将创新融入企业文化的每一个角落，企业才能在激烈的市场竞争中脱颖而出，实现可持续发展。

2.3.3 防范风险：在 AI 实战中应注意的问题

在 AI 实战的各个环节中，风险无处不在。企业或个人在应用 AI 技术时，必须保持高度的警觉，尤其是在以下几个方面，需要特别加以防范。

第一，数据隐私与安全问题是一个无法回避的重要风险。AI 技术依赖大量的数据进行训练和学习，而这些数据往往涉及用户的个人信息、行为习惯等隐私内容。如果企业在数据收集、存储和处理的过程中出现安全漏洞，不仅可能导致用户隐私的泄露，还可能引发法律纠纷。因此，企业需要建立完善的数据安全管理制度，采用先进的加密技术，确保数据在整个生命周期中的安全性。此外，还应遵循相关法律法规，如《中华人民共和国个人信息保护法》和《中华人民共和国数据安全法》，确保数据处理的合法性和合规性。

第二，AI 技术的决策透明性问题也是一个需要重点关注的风险。许多 AI 算法，尤其是深度学习模型，往往被视为"黑箱"，其决策过程难以解释。这种不透明性可能导致用户对 AI 系统产生不信任，尤其是在涉及重大决策时，如金融风险评估、医疗诊断等。因此，企业在应用 AI 技术时，必须重视算法的可解释性，尽可能采用透明度较高的模型，并建立相应的审核机制，确保 AI 决策的公正性和合理性。

第三，技术依赖风险也是企业在 AI 实战中需要防范的一个重要问题。过度依赖 AI 技术可能导致企业丧失自主决策能力，一旦 AI 系统出现故障或误判，可能带来严重的后果。因此，企业应在 AI 技术与人工决策之间找到一个平衡点，确保在 AI 系统出现问题时，能够及时切换到人工决策模式，避免因技术依赖而导致运营中断或决策失误。

第四，AI 技术的快速发展也带来了人才短缺的问题。AI 技术的应用需要大量的专业人才，如数据科学家、算法工程师等。然而，目前市场上具备这些技能的人才供不应求，导致企业难以招聘到合适的技术人员。这不仅增加了企业的运营成本，还可能影响 AI 项目的进度和质量。因此，企业需要制定完善的人才培养计划，通过内部培训和外部引进相结合的方式，建立一支高素质的 AI 技术团队。

第五，AI 技术的伦理问题同样不容忽视。AI 技术在应用过程中，可能涉及伦理道德方面的挑战，如算法歧视、隐私侵犯等。这些问题如果处理不当，可能引发公众的强烈反对，甚至导致企业声誉受损。因此，企业应在 AI 技术的设计和应用过程中，充分考虑伦理道德因素，建立相应的伦理审查机制，确保 AI 技术的应用符合社会道德标准。

第六，AI 技术的应用还可能带来社会责任问题。企业在利用 AI 技术提高效率、降低成本的同时，也应关注其对社会的影响，如就业问题、贫富差距等。AI 技术的广泛应用可能导致部分岗位消失，进而引发社会不稳定。因此，企业应积极承担社会责任，通过再培训和转岗等方式，帮助受影响的员工适应新的就业环境，减少 AI 技术对社会的负面影响。

综上所述，企业在 AI 实战中需要防范的风险多种多样，从数据隐私与安全，到技术依赖与伦理问题，每一个环节都可能对企业的运营和发展产生重大影响。因此，企业必须建立全面的风险管理机制，提前识别和评估可能出现的风险，制定相应的应对策略，确保 AI 技术的应用能够带来预期效益的同时，最大限度地降低风险。只有这样，企业才能在 AI 时代中立于不败之地，实现可持续发展。

2.3.4　AI 战略规划与竞争力分析

在当今快速变化的商业环境中，企业若想在 AI 时代脱颖而出，制定清晰的 AI 战略规划是至关重要的。战略规划不仅仅是选择几项 AI 技术那么简单，而是要将 AI 技术深度融入企业的整体战略，确保其在企业各个层面发挥最大效能。

1. 从企业愿景出发，制定 AI 战略目标

AI 战略规划的第一步，是明确企业的愿景和核心目标，并在此基础上确定 AI 技术的应用方向。例如，一家以客户体验为核心的企业可能会优先考虑如何利用 AI 提升客户服务质量，而一家制造型企业则可能更关注如何通过 AI 优化生产流程。无论是哪个行业，企业都必须首先回答一个关键问题：我们希望通过 AI 实现什么？这个问题不仅关乎企业的短期收益，更决定了企业未来几年的发展方向。

在制定 AI 战略目标时，企业需要考虑多方面的因素，如市场竞争态势、技术发展趋势、内部资源与能力等。例如，随着 DeepSeek 等 AI 技术的兴起，许多企业意识到，如果不能迅速将 AI 技术融入其业务流程，很可能会被竞争对手远远甩在身后。因此，企业必须制定一个既具前瞻性又切实可行的 AI 战略目标，既要考虑当下的市场需求，也要为未来的技术变革留出足够的空间。

2. 识别关键业务领域，优先应用 AI 技术

在明确了企业的 AI 战略目标之后，接下来的一步就是识别出哪些业务领域最适合应用 AI 技术。通常来说，企业可以从以下几个方面入手：首先是那些重复性高、人力成本高的业务流程，例如生产线上的质量检测、客户服务的自动化应答等；其次是那些数据量大、决策复杂度高的领域，例如市场营销中的用户行为分析、供应链管理中的需求预测等。

通过识别这些关键业务领域，企业可以将有限的资源集中在最具潜力的应用场景中，从而实现 AI 技术的最大化效益。例如，一家电商平台可以通过 AI 分析用户的浏览记录和购买行为，精准地推荐商品，提升用户的购买体验和平台的销售额。而一家制造企业则可以通过 AI 优化生产流程，减少生产停滞时间，提升整体生产效率。

3. 技术与业务的深度融合：构建 AI 赋能的组织文化

AI 战略规划的成功与否，不仅仅取决于技术的选型和应用，更取决于企业能否在组织内部构建一种 AI 赋能的文化。这意味着企业需要在各个层面推广 AI 技术的应用，从高层管理者到一线员工，人人都要对 AI 技术有一定的了解，并愿意尝试利用 AI 技术来改进自己的工作。

在这个过程中，企业需要进行大量的培训和宣传工作，让员工意识到 AI 技术的价值和潜力。例如，企业可以定期举办 AI 技术讲座和工作坊，邀请专家分享最新的 AI 应用案例和实践经验。此外，企业还可以通过内部竞赛和奖励机制，鼓励员工提出 AI 应用的创新想法，并将其付诸实践。

4. 数据驱动决策：构建强大的数据基础设施

AI 技术的核心在于数据，因此企业在进行 AI 战略规划时，必须高度重视数据基础设施的建设。这包括数据的收集、存储、处理和分析等各个环节。企业需要建立一个完善的数据管理系统，确保数据的准确性、完整性和及时性。同时，企业还需要配备先进的分析工具，通过数据挖掘和机器学习等技术，从海量数据中提取有价值的信息。

例如，一家零售企业可以通过构建一个全面的数据分析平台，实时监控各个门店的销售情况和库存水平，及时调整商品陈列和促销策略。而一家金融企业则可以通过数据分析，识别出潜在的欺诈交易，从而降低金融风险。

5. 持续优化与迭代：保持 AI 战略的灵活性

AI 技术的发展日新月异，企业需要保持足够的灵活性，及时调整和优化自己的 AI 战略。这意味着企业不仅要在初期制定一个切实可行的战略规划，还要在实施过程中不断进行评估和反馈，根据市场变化和技术进步，持续优化自己的 AI 应用。

例如，企业可以定期召开战略复盘会议，评估 AI 项目的实施效果，及时发现和解决存在的问题。同时，企业还需要密切关注 AI 技术的发展趋势，及时引入新的技术和工具，保持自己的竞争优势。例如，随着自然语言处理技术的不断进步，企业可以考虑引入最新的语言模型，提升客户服务的自动化水平。

6. 竞争力的提升：从技术优势到市场领先

通过科学的 AI 战略规划，企业不仅可以提升自身的技术水平，还可以在市场竞争中获得显著的竞争优势。首先，AI 技术能够帮助企业更精准地洞察市场需求。利用大数据分析和机器学习算法，企业可以挖掘消费者潜在的喜好和需求趋势，从而提前布局产品研发和服务优化。例如，电商平台通过 AI 分析用户浏览记录和购买行为，精准推送商品，提高了用户购买转化率。

其次，AI 在生产流程优化方面发挥着关键作用。智能自动化设备和系统能够实现生产过程的精细化控制，提高生产效率，降低次品率。像汽车制造企业引入 AI 驱动的机器人生产线，不仅加快了生产速度，还提升了产品质量的稳定性。

再者，AI 助力企业打造个性化的营销方案。通过对消费者行为数据的分析，企业可以为不同客户群体定制针对性的广告和促销活动。社交媒体平台上的精准广告投放就是利用 AI 技术根据用户兴趣和行为特征，将广告精准推送给目标受众，大大提高了营销效果。

此外，AI 在客户服务领域也有重要应用。智能客服可以 7x24 小时在线，快速回应客户咨询，解决常见问题，提高客户满意度。同时，通过对客户反馈数据的分析，企业能够及时改进产品和服务。

在供应链管理方面，AI 技术能够优化库存管理、物流配送等环节。预测性分析可以帮助企业合理安排库存，避免积压或缺货，而智能物流调度系统则能提高配送效率，降低成本。

总之，通过全面应用 AI 技术，企业在各个关键业务环节都能获得优化和创新，从而在市场竞争中脱颖而出，实现从技术优势到市场领先的转变。

案例分析

全链条 AI 融合的成功模式

在当今竞争激烈的商业环境中，企业要想立于不败之地，必须不断寻求创新与突破。全链条 AI 融合，即在设计、生产、销售和消费的每一个环节都深度应用人工智能技术，已经成为许多企业实现跨越式发展的关键策略。以下通过几个成功企业的案例，详细探讨它们如何通过全链条 AI 融合实现商业跃升。

案例一：某全球领先的电子产品制造商

这家电子产品制造商在行业内一直保持着技术创新的领先地位。然而，随着市场竞争的加剧和消费者需求的快速变化，他们意识到传统的生产和销售模式已经无法满足市场需求。于是，他们决定全面引入 AI 技术，从产品设计到消费者反馈的每一个环节都实现智能化。

在产品设计阶段，他们利用 AI 算法进行市场趋势分析和消费者需求预测，从而设计出更符合市场需求的产品。在生产阶段，通过引入智能机器人与物联网技术，他们实现了生产流程的自动化与优化，大幅度提高了生产效率和产品质量。

在销售环节，该公司通过 AI 技术分析消费者的购买行为和偏好，进行个性化推荐和精准营销。同时，他们还利用 AI 数字人生成热门短视频，在各大社交媒体平台上进行宣传，成功地将公域流量转化为私域流量，并通过精细化运营实现私域变现。

通过全链条 AI 融合，该公司不仅大幅度降低了运营成本，还显著提高了市场响应速度和消费者满意度，实现了销售额的持续增长。

案例二：某知名快消品企业

这家快消品企业在面对市场饱和和竞争加剧的挑战时，决定通过 AI 技术实现转型升级。他们在全链条中引入 AI 技术，从供应链管理到市场营销，每一个环节都进行了智能化改造。

在供应链管理方面，他们通过 AI 技术对供应链各环节进行实时监控和优化，从而提高了供应链的透明度和效率。在生产环节，他们引入了智能生产线，通过 AI 算法对生产过程进行精细化管理，从而大幅度提高了生产效率和产品质量。

在市场营销方面，他们利用 AI 技术进行消费者行为分析和市场趋势预测，从而制定了更加精准的营销策略。同时，他们还通过 AI 生成爆款文案和短视频内容，在各大社交媒体平台上进行广泛传播，成功吸引了大量潜在消费者。

通过全链条 AI 融合，这家快消品企业不仅提高了市场竞争力，还显著降低了运营成本，实现了利润的稳步增长。

案例三：某创新型电商平台

这家电商平台在创立之初就确立了以 AI 技术为核心的发展战略。他们在全链条中深度应用 AI 技术，从用户注册到购买行为的每一个环节都进行了智能化改造。

在用户注册阶段，他们通过 AI 技术对用户进行精准画像，从而为后续的个性化推荐奠定了基础。在商品推荐方面，他们利用 AI 算法对用户的历史购买行为和浏览记录进行分析，从而实现了商品的个性化推荐，显著提高了用户的购买转化率。

在销售环节，他们通过 AI 数字人生成热门短视频和直播内容，在各大社

第一步　率先使用AI，贯穿全产业链

交媒体平台上进行传播，成功地将公域流量转化为私域流量。同时，他们还利用AI技术进行用户行为分析，从而制定了更加精准的营销策略，实现了用户黏性的显著提升。

通过全链条AI融合，这家创新型电商平台不仅实现了用户数量的快速增长，还显著提高了用户的购买频次和客单价，实现了营业额的翻倍增长。

案例四：某传统制造企业的转型之路

这家传统制造企业在面对市场需求变化和竞争加剧的挑战时，决定通过AI技术实现转型升级。他们在全链条中引入AI技术，从产品设计到销售的每一个环节都进行了智能化改造。

在产品设计阶段，他们利用AI算法进行市场趋势分析和消费者需求预测，从而设计出更符合市场需求的产品。在生产阶段，他们引入了智能生产线，通过AI技术对生产过程进行精细化管理，从而大幅度提高了生产效率和产品质量。

在销售环节，他们通过AI技术进行消费者行为分析和市场趋势预测，从而制定了更加精准的营销策略。同时，他们还通过AI生成爆款文案和短视频内容，在各大社交媒体平台上进行广泛传播，成功吸引了大量潜在消费者。

通过全链条AI融合，这家传统制造企业不仅实现了市场竞争力的显著提升，还大幅度降低了运营成本，实现了利润的显著增长。

第二步

升级商业模式，发展会员与合伙人

3.1 构建会员体系：从消费者到合作伙伴

3.1.1 转型思路：打造社群经济与分享机制

在当今商业环境中，消费者的需求和行为正发生着深刻变化，传统的销售模式已经难以满足市场的需求。企业要想在竞争中脱颖而出，必须从根本上转变思路，从单纯的卖货模式向构建社群经济转型。社群经济的核心在于通过建立一个具有共同兴趣或相同价值观的用户群体，增强用户黏性，从而实现持续的商业价值。

要打造成功的社群经济，企业首先需要明确自身的核心价值主张，并以此为基础吸引目标用户。比如，一家专注于健康食品的企业可以通过倡导健康生活方式来吸引对健康有追求的消费者。在这个过程中，企业不仅仅是售卖产品，更重要的是传递一种生活理念，让消费者感受到品牌背后所代表的文化和价值观。

建立社群经济的第一步是搭建一个互动平台，让用户能够方便地交流和分享自己的经验和心得。这个平台可以是微信群、QQ群，或者是专门的App社区。通过这些平台，企业能够与用户建立起直接的联系，及时了解用户的需求和反馈。同时，企业还可以通过组织线上线下的活动，如健康讲座、产品体验会等，进一步增强用户的参与感和归属感。

在社群运营中，分享机制的建立尤为重要。企业需要激励用户主动分享自己的使用体验和心得，从而吸引更多潜在用户加入社群。这可以通过设置积分奖励、折扣优惠等方式来实现。比如，用户每分享一次产品使用心得或推荐一位新用户加入社群，都可以获得相应的积分，这些积分可以兑换产品或享受折扣。通过这样的分享机制，企业不仅能够扩大社群规模，还能够提高用户的忠诚度。

此外，企业还可以通过引入会员制度来进一步巩固社群经济。会员制度不仅能够为用户提供更多的专属权益，如优先购买新品、参加线下活动等，还能够通过分级制度激励用户不断提升自己的会员等级。在这个过程中，企业需要确保会员制度的透明和公正，让用户感受到实实在在的利益和尊重。

在实际操作中，一些企业已经通过成功的社群经济转型实现了商业突破。例如，某家新兴的美妆品牌通过建立微信群和线上社区，吸引了大量年轻女性用户。在社群中，用户不仅可以分享自己的美妆心得，还可以参与品牌的新品试用活动。通过这种互动方式，品牌不仅增强了用户的黏性，还通过用户的口碑传播实现了销量的快速增长。

在社群经济中，企业还需要注重数据的收集和分析。通过对用户行为数据的分析，企业能够更好地了解用户的需求和偏好，从而进行精准营销和产品优化。例如，一家在线教育机构通过分析社群中用户的讨论内容和反馈，发现了用户对某类课程的强烈需求，迅速调整了课程设置，从而抓住了市场机遇。

社群经济不仅仅是企业与用户之间的互动，更是用户与用户之间的连接。企业需要扮演好"连接者"的角色，通过搭建平台和机制，让用户能够在社群中找到志同道合的朋友，互相分享和共同成长。比如，一家健身品牌通过社群组织了线上打卡活动，用户可以分享自己的健身成果和心得，与其他用户互相鼓励和支持。通过这样的方式，企业不仅增强了用户的参与感，还提升了用户的满意度和忠诚度。

在社群经济中，企业还需要注重内容的质量和价值。通过提供有价值的内容，企业能够吸引更多用户加入社群，并增强用户的黏性。比如，一家旅游公司可以通过社群分享旅行攻略、目的地介绍等实用信息，让用户感受到社群的价值和意义。通过这样的内容运营，企业不仅能够提高用户的活跃度，还能够通过内容传播实现品牌影响力的扩大。

总之，打造社群经济与分享机制是一项系统工程，需要企业从理念、平台、机制、数据等多个方面进行全面布局。通过建立一个具有共同兴趣和相同价值观的用户群体，企业不仅能够实现用户的持续增长和忠诚度的提升，还能够通过用户的口碑传播和数据分析实现商业价值的最大化。在这个过程中，企业需要不断创新和优化运营策略，以适应市场的变化和用户的需求，从而在激烈的竞争中立于不败之地。

3.1.2 会员运营：忠诚度提升与价值最大化

在现代商业环境中，会员制已经成为企业与用户建立长期关系的重要手段。然而，仅仅拥有会员体系并不足够，关键在于如何通过有效的运营策略，提升会员的忠诚度并实现其价值的最大化。

1. 会员忠诚度提升策略

提升会员忠诚度首先需要从用户体验入手。企业可以通过个性化服务来增强会员的归属感。例如，根据会员的历史购买记录和浏览习惯，为其推荐符合其兴趣的产品或服务。这种量身定制的推荐不仅能增加购买的可能性，还能让会员感受到被重视。

其次，积分奖励制度是提升会员忠诚度的有效工具。通过消费积累积分，会员可以在未来购买中享受折扣或换取礼品。这种即时反馈机制能够激励会员持续消费。此外，企业还可以定期推出积分倍增活动，以刺激短期内的消费高峰。

会员专属活动也是增强会员忠诚度的重要手段。企业可以定期举办仅限会员参加的线下活动或线上直播，增加会员的参与感和互动性。这些活动不仅能加深会员与品牌之间的情感联系，还能通过社交分享扩大品牌影响力。

2. 会员价值最大化的实现

在提升会员忠诚度的基础上，企业还需关注如何实现会员价值最大化。首先，通过数据分析了解会员的需求和偏好，是实现会员价值最大化的前提。企业可以利用大数据技术，对会员的行为数据进行深度挖掘，从而制定更加精准的营销策略。

其次，会员升级制度可以有效提升会员的终身价值。通过设置不同的会员等级，并为高等级会员提供更多的专属权益，如优先购买权、专属客服、生日礼品等，激励会员向更高等级迈进。这不仅能增加会员的黏性，还能提高其消费频率和单次消费金额。

此外，跨界合作也是实现会员价值最大化的一种创新方式。企业可以与其他行业的品牌合作，共同推出联名产品或联合活动，为会员提供更多元化的福利。例如，一家电商平台可以与一家旅行社合作，为会员提供购买商品后享受旅行折扣的优惠，这种跨界合作不仅能增加会员的消费场景，还能提升整体消费体验。

案例

以某知名电商平台为例，该平台通过精准化的会员运营，成功提升了会员的忠诚度和价值。首先，平台根据会员的购物习惯，进行个性化推荐，使得会员在浏览商品时能够看到更多符合其兴趣的产品。

其次，平台的积分奖励制度设计得非常灵活，会员不仅可以通过购物积累积分，还可以通过每日签到、参与互动活动等方式获得额外积分。

此外，该平台还定期举办会员专属活动，如线下品鉴会、线上直播互动等，增强了会员的参与感和归属感。通过这些策略，平台不仅提升了会员的忠诚度，还实现了会员价值的最大化。数据显示，该平台的高等级会员年均消费金额是普通会员的三倍以上，会员体系的成功运营为平台带来了显著的业绩增长。

3. 持续优化与创新

会员运营是一个动态的过程，需要根据市场变化和会员反馈不断进行优化和创新。企业可以通过定期调研了解会员的需求变化，并据此调整运营策略。同时，关注行业趋势和技术发展，积极引入新的工具和方法，如人工智能客服、虚拟现实体验等，以不断提升会员体验。

总之，会员运营的核心在于通过个性化服务、积分奖励、专属活动等多种手段，提升会员的忠诚度和价值。同时，通过数据分析和跨界合作，实现会员价值的最大化。持续优化和创新是保持会员体系活力的关键，只有这样，企业才能在激烈的市场竞争中立于不败之地。

3.1.3 合伙人策略：激励与收益模式创新

在当前竞争激烈的商业环境中，传统的销售模式已经无法满足企业快速增长的需求。越来越多的企业开始探索新的商业模式，其中会员和合伙人模式逐渐成为一种主流趋势。通过这种模式，企业不仅能够扩大客户基础，还能激发用户的参与感和忠诚度，从而实现持续增长。

1. 合伙人模式的核心在于激励机制的设计

要吸引更多的人成为合伙人，并积极参与到产品的推广和销售中，企业必须设计出具有吸引力的激励机制。首先，企业需要明确合伙人的收益模式，确保其通过推荐新客户或销售产品获得可观的回报。例如，一些企业采用阶梯式的佣金制度，根据合伙人带来的销售额或客户数量，逐步提高佣金比例。这种制度不仅能够激励合伙人不断努力，还能增强他们的归属感和成就感。

此外，企业还可以通过提供额外奖励来激励合伙人。例如，设立月度或季度销售冠军奖，给予表现优异的合伙人额外奖金、礼品或旅游机会等。这种做法不仅能够激发合伙人的积极性，还能在合伙人之间营造良性竞争的氛围，进一步推动销售业绩的增长。

2. 创新的收益模式：多元化与可持续性

在设计合伙人收益模式时，企业需要考虑如何实现收益模式的多元化和可持续性。传统的单一佣金模式可能无法长期吸引和留住优秀的合伙人，因此企业需要探索多元化的收益方式。例如，企业可以引入股权激励机制，让优秀的合伙人有机会成为公司的股东，分享公司发展的红利。这种做法不仅能够增强合伙人的归属感和责任感，还能实现企业与合伙人的共赢。

另外，企业还可以通过提供增值服务来增加合伙人的收益。例如，为合伙人提供专业的培训和咨询服务，帮助他们提升销售技能和业务水平。这种做法不仅能够提高合伙人的工作效率和业绩，还能增加他们的满意度和忠诚度，从而实现长期合作。

> **案例**
>
> 某知名电商平台通过引入合伙人模式，成功实现了用户数量和销售额的双重增长。该平台设计了一套完善的激励机制，包括阶梯式佣金制度、月度销售冠军奖以及股权激励计划等。通过这些措施，平台吸引了大量用户成为合伙人，并积极参与到产品的推广和销售中。
>
> 在该模式下，合伙人不仅可以通过销售产品获得佣金，还能通过推荐新客户获得额外奖励。此外，平台还定期举办培训和交流活动，帮助合伙人提升销售技能和业务水平。这种做法不仅增强了合伙人的归属感和成就感，还在合伙人之间营造了良性竞争的氛围，进一步推动了销售业绩的增长。

3. 合伙人模式的挑战与对策

尽管合伙人模式具有诸多优势，但在实际操作中仍然面临一些挑战。例如，如何确保合伙人的积极性和忠诚度，如何有效管理和激励大量合伙人等。针对这些问题，企业可以采取以下对策：

首先，建立完善的管理和支持体系。企业需要设立专门的部门或团队，负责合伙人的招募、培训、管理和支持工作。通过提供专业的培训和咨询服务，帮助合伙人提升销售技能和业务水平，从而提高他们的工作效率和业绩。

其次，建立透明的沟通和反馈机制。企业需要定期与合伙人进行沟通，了解他们的需求和意见，及时解决他们在工作中遇到的问题和困难。通过建立透明的沟通和反馈机制，增强合伙人的信任感和满意度，从而实现长期合作。

最后，建立科学的考核和激励机制。企业需要设计一套科学的考核和激励机制，根据合伙人的业绩和贡献，给予合理的奖励和激励。通过这种方式，激发合伙人的积极性和忠诚度，从而实现企业与合伙人的共赢。

4. 总结

合伙人模式作为一种创新的商业模式，已经在许多企业中取得了显著成效。通过设计具有吸引力的激励和收益模式，企业不仅能够扩大客户数量，还能激发用户的参与感和忠诚度，从而实现持续增长。然而，企业在实际操作中仍然需要面对一些挑战，只有通过建立完善的管理和支持体系、透明的沟通和反馈机制，以及科学的考核和激励机制，才能真正实现合伙人模式的长远发展和企业的持续增长。

通过以上分析可以看出，合伙人策略的成功实施需要企业在激励机制、收益模式和管理支持等方面进行全面规划和细致执行。只有这样，企业才能在激烈的市场竞争中脱颖而出，实现跨越式发展。

3.1.4 AI助力：技术赋能的会员管理与拓展

在当今竞争激烈的商业环境中，传统的会员管理方式已经难以满足企业快速发展和用户需求多样化的挑战。而AI技术的引入，正在彻底改变会员管理的各个环节，从会员的获取、维护到价值的最大化，AI正在以一种前所未有的方式赋能企业。

第二步 升级商业模式，发展会员与合伙人

1. 会员获取：精准定位与个性化推荐

在会员的获取阶段，AI 技术通过大数据分析和机器学习算法，帮助企业精准定位潜在客户。例如，通过分析用户的浏览和购买记录以及社交媒体互动数据，AI 可以预测哪些用户更有可能成为忠实会员。这种精准的用户画像，使得企业能够在最合适的时机，通过最有效的渠道向目标用户推送个性化的入会邀请和福利。

不仅如此，AI 还可以根据用户的兴趣和需求，自动生成个性化的推荐内容。比如，一家电商平台可以通过 AI 分析用户的购物历史，推荐他们可能感兴趣的商品，并附带入会福利，吸引他们成为平台的会员。这种基于数据的个性化推荐，不仅提高了会员转化的效率，还大大增强了用户的入会体验。

2. 会员维护：智能互动与情感连接

会员维护是会员管理中至关重要的一环。传统的会员维护方式往往依赖于定期发送统一的促销邮件或短信，这种"一刀切"的方式不仅缺乏针对性，还容易让会员感到厌烦。而 AI 技术的应用，使得会员维护变得更加智能化和个性化。

通过自然语言处理技术，AI 可以自动分析会员的反馈和评论，了解他们的真实需求和情感倾向。例如，一家旅游公司可以利用 AI 分析会员在社交媒体上的评论和反馈，及时了解他们对某条旅游线路的真实看法，并根据这些反馈调整服务内容和促销策略。此外，AI 还可以通过智能聊天机器人，与会员进行实时互动，解答他们的疑问，提供个性化的旅游建议，从而增强会员的参与感和满意度。

情感连接是会员维护的另一个重要方面。AI 可以通过情感分析技术，识别会员在社交媒体上的情感变化，并根据这些变化提供个性化的关怀和福利。例如，一家健身房可以利用 AI 分析会员的运动数据和社交媒体动态，当发现某位会员最近运动频率下降时，可以自动发送鼓励信息，并附带一些特别的福利，如免费私教课或优惠券，以激励他们重新投入锻炼。

3. 会员价值最大化：数据驱动与动态调整

会员价值的最大化是会员管理的最终目标。AI 技术通过数据驱动的方式，帮助企业动态调整会员策略，实现会员价值的最大化。例如，通过分析会员的消费行为和偏好，AI 可以自动生成个性化的促销方案，如针对高价值会员的专属折扣、积分倍增活动等，从而激励他们进行更多的消费。

AI 还可以通过预测分析，帮助企业提前识别出会员的潜在需求。例如，一家在线教育平台可以利用 AI 分析会员的学习行为和兴趣爱好，预测他们可能会对哪些新课程感兴趣，并在这些课程上线时第一时间通知会员，从而增加课程的销售机会。

此外，AI 还可以通过动态调整会员等级和福利，激励会员不断提升自己的会员等级。例如，一家航空公司可以利用 AI 分析会员的飞行数据和消费行为，动态调整他们的会员等级和福利待遇，如优先登机、免费升舱等，从而增强会员的忠诚度和满意度。

4. 会员拓展：智能推荐与裂变营销

会员拓展是会员管理的重要一环。AI 技术通过智能推荐和裂变营销，帮助企业实现会员数量的快速增长。例如，通过分析现有会员的社交网络数据，AI 可以智能推荐潜在会员，并通过现有会员的推荐码或分享链接，吸引新会员加入。

裂变营销是一种通过现有会员带动新会员的营销方式。AI 可以通过分析会员的社交行为和互动数据，找到那些具有高影响力的会员，并通过他们进行裂变营销。例如，一家化妆品公司可以利用 AI 找到那些在社交媒体上具有高影响力的会员，邀请他们参与新品试用活动，并通过他们的分享和推荐，吸引更多的新会员加入。

AI 还可以通过游戏化的方式，激励会员进行分享和推荐。例如，一家电商平台可以利用 AI 设计一些有趣的游戏或挑战活动，会员通过参与同时和邀请好友参与这些活动，可以获得积分或优惠券，从而实现会员数量的快速增长。

> **案例**
>
> 以一家知名电商平台为例，他们通过引入 AI 技术，实现了会员管理的智能化和个性化。首先，通过大数据分析和机器学习算法，他们精准定位潜在会员，并通过个性化的推荐内容，吸引他们成为平台的会员，然后，利用 AI 对会员的购买行为、浏览偏好等数据进行深度分析，为会员提供个性化的商品推荐和专属优惠，增强会员黏性。同时，借助 AI 驱动的智能客服，及时回应会员咨询，快速解决问题，提升会员服务体验。
>
> 此外，通过 AI 预测会员流失风险，提前采取针对性的挽留措施。最终，这家电商平台通过 AI 赋能会员管理，有效提升了会员活跃度和忠诚度，带动了销售额的显著增长。

案例分析

会员合伙人模式下的创富路径

李明是一家中小型健康食品公司的创始人，在传统销售模式下，公司的产品虽然质量过硬，但因市场竞争异常激烈，利润空间不断被压缩。面对这种局面，李明决定尝试一种全新的商业模式——将会员制与合伙人机制相结合，借助 AI 技术的力量，实现业绩的快速增长。

构建会员体系，提升用户黏性

李明首先将公司原有的客户群体进行细分，根据消费频次和金额，将会员分为不同等级。每个等级都有相应的权益，比如高等级会员可以享受产品折扣、专属健康咨询服务以及新品优先试用等特权。为了增强会员的参与感，李明还通过 AI 分析会员的消费习惯和健康需求，精准推荐适合他们的产品与服务。

同时，李明利用 AI 技术搭建了一个智能会员管理系统。这个系统不仅可以自动追踪会员的消费行为，还能根据数据分析结果，定期向会员推送个性化的健康资讯和产品推荐。通过这种方式，会员感受到了被重视，黏性大大增强，复购率显著提升。

发展合伙人，实现裂变式增长

在会员体系逐渐成熟后，李明开始着手发展合伙人。他设计了一套激励机制，鼓励高等级会员成为公司合伙人。这些合伙人不仅可以享受产品销售的分成，还能通过推荐新会员获得额外奖励。为了帮助合伙人更好地开展业务，李明为他们提供了全套的 AI 工具支持。例如，合伙人可以使用公司开发的 AI 小程序，轻松管理自己的客户群体，并通过 AI 生成个性化的营销文案和推广素材。

此外，公司还定期举办线上培训，利用 AI 直播系统，邀请行业专家分享销售技巧和健康知识，提升合伙人的专业能力。

AI 赋能，实现精准营销

李明深知，要想在激烈的市场竞争中脱颖而出，必须依靠科技的力量。因此，他引入了一整套 AI 营销工具，从获客到转化，每个环节都实现了智能化。

首先，通过 AI 数据分析，李明能够精准定位潜在客户，并将他们引导至

第二步　升级商业模式，发展会员与合伙人

公司的线上平台。接着，利用 AI 生成爆款文案和短视频，李明和他的团队在各大社交媒体平台上进行了大规模的宣传。这些内容不仅有趣有料，还结合了当下的热点话题，迅速吸引了大量关注。

同时，李明还通过 AI 直播系统，实现了 365 天 × 24 小时不间断的直播带货。这种全天候的销售模式，不仅提升了产品的曝光率，还大大增加了成交量。此外，李明还利用 AI 技术，建立了多平台多账号的矩阵系统，实现了全网覆盖，让公司的产品信息无处不在。

数据变现，构建核心竞争力

随着会员和合伙人数量的不断增加，李明积累了大量的用户数据。为了充分利用这些数据资源，李明成立了一个数据分析团队，借助 AI 技术，对用户行为进行深度挖掘和分析。

通过数据分析，李明发现，不同地区的消费者对健康食品的需求存在明显差异。于是，他根据这些差异，调整了产品策略，推出了针对不同地区用户的产品组合。这种精准的产品定位，不仅满足了消费者的个性化需求，还大大提升了产品的市场竞争力。

此外，李明还将这些数据分析结果应用到公司的运营决策中。比如，通过分析会员的消费习惯，李明能够提前预判市场趋势，调整生产计划，避免库存积压。同时，他还利用数据指导新产品的研发，确保每一款新产品都能精准击中用户痛点。

生态共建，实现持续增长

在会员和合伙人模式逐渐成熟后，李明开始思考如何进一步扩大公司的业务版图。他意识到，单打独斗的时代已经过去，只有通过合作，才能实现共赢。

于是，李明积极寻求与其他企业的合作，共同构建一个健康产业的生态圈。他与其他健康产品公司、健身机构、医疗服务提供商等建立了战略合作伙伴关系，通过资源共享、优势互补，实现了生态共建。

在这个生态系统中，会员和合伙人可以享受到多元化的服务。比如，会员在购买健康食品的同时，还能享受到合作健身机构的优惠课程；合伙人则可以通过推荐这些服务，获得更多的分成收益。

通过这种生态共建的方式，李明的公司不仅实现了业务的多元化发展，还大大提升了品牌的影响力。在这个过程中，AI 技术再次发挥了重要作用，帮助李明和他的团队实现了对整个生态系统的智能化管理。

会员和合伙人模式成熟后，李明为扩大业务版图，积极与健康产品公司、健身机构、医疗服务提供商等合作构建健康产业生态圈，通过资源共享、优势互补实现生态共建，让会员和合伙人享受更多元服务，公司业务多元化且品牌影响力提升，过程中 AI 技术助力实现生态系统智能化管理。

3.2 拓展盈利渠道：AI 在推广和营销中的应用

3.2.1 AI 驱动：高效拓展市场与用户群

在当今竞争激烈的商业环境中，企业要想立于不败之地，必须不断寻求新的方式来拓展市场和扩大用户群体。而人工智能（AI）技术的快速发展，正好为企业提供了前所未有的机遇。通过 AI 驱动，企业能够更高效地识别潜在市场，精准定位用户需求，并以更低的成本实现大规模的市场拓展。

1. 市场拓展的 AI 利器

利用 AI 技术，企业可以对市场进行深度分析，挖掘出那些传统方法忽略的商机。首先，AI 可以通过大数据分析，帮助企业发现新兴市场和未被充分开发的用户群体。例如，通过分析社交媒体上的海量数据，AI 能够识别出消费者的兴趣变化和市场趋势，从而为企业制定市场进入策略提供有力支持。

其次，AI 在广告投放和品牌推广方面也展现出了巨大的潜力。通过机器学习算法，企业可以实现广告的精准投放，确保每一分钱都花在刀刃上。例如，AI 可以根据用户的历史浏览数据和购买记录，为他们推荐个性化的产品和服务，从而大幅提升广告的转化率。

2. 用户群扩展的 AI 策略

在用户群扩展方面，AI 同样扮演着关键角色。通过自然语言处理技术，企业可以更好地理解客户反馈和需求，从而优化产品和服务。例如，许多电商平台已经开始使用 AI 聊天机器人，为客户提供 24 小时在线客服服务。这些机器人不仅能够回答客户的常见问题，还能根据客户的购买历史和浏览习惯，推荐合适的产品，提升用户体验。

此外，AI 还可以通过情感分析技术，帮助企业了解客户对品牌和产品的真实看法。通过对社交媒体评论、产品评价等文本数据进行情感分析，企业可以及时掌握客户的需求和不满，从而快速调整策略，提升客户满意度。

3. AI 赋能的个性化体验

个性化体验是吸引和留住客户的重要手段，而 AI 正是实现这一目标的关键。通过深度学习技术，企业可以对用户数据进行更深入的分析，从而提供高度个性化的产品和服务。例如，流媒体平台利用 AI 分析用户的观看历史和喜好，为其推荐可能感兴趣的内容，大大提高了用户的黏性和忠诚度。

在零售行业，AI 还可以通过预测分析，帮助企业预判客户的需求。例如，基于用户的购买历史和浏览习惯，AI 可以预测他们可能需要的商品，并在合适的时机进行推荐，从而提高销售转化率。

4. AI 驱动的用户生命周期管理

用户生命周期管理是企业持续发展的核心之一，而 AI 技术可以帮助企业更好地管理这一过程。通过 AI 分析，企业可以识别出不同阶段的用户需求，从而制定相应的营销策略。例如，对于新用户，企业可以通过 AI 分析他们的偏好，提供个性化的欢迎礼包和首次购买优惠，以增强他们的品牌忠诚度。

对于老用户，AI 可以帮助企业识别出那些有可能流失的客户，并提前采取措施进行挽留。例如，通过分析用户的购买频率和互动数据，AI 可以预测哪些客户有可能流失，并为这些客户提供专属优惠或个性化推荐，以重新激起他们的购买欲望。

5. 结论

AI 技术的快速发展，为企业拓展市场和扩大用户群提供了强大的工具。通过 AI 驱动，企业可以更高效地识别潜在市场，精准定位用户需求，并提供个性化的产品和服务。同时，AI 还可以帮助企业更好地管理用户生命周期，提升用户的满意度和忠诚度。在这个 AI 驱动的时代，企业只有积极拥抱新技术，才能在激烈的市场竞争中立于不败之地。

案例

AI 驱动市场拓展的成功实践

某知名电商平台通过引入 AI 技术，成功实现了市场和用户群体的双重拓展。首先，该平台利用 AI 对海量用户数据进行分析，识别出多个新兴市场，并制定了针对性的市场进入策略。通过精准的广告投放和个性化的推荐系统，该平台在新市场中迅速站稳了脚跟。

其次，该平台还通过 AI 聊天机器人提供了全天候的客户服务，大大提升了用户的购物体验。同时，利用情感分析技术，该平台及时了解了客户的需求和反馈，从而优化了产品和服务。最终，该平台不仅成功拓展了市场，还大幅度提升了用户的黏性和忠诚度。

3.2.2 定制服务：AI个性化推荐与增值服务

在当今竞争激烈的市场环境中，消费者对于个性化体验的需求日益增长。传统的标准化产品与服务已经无法满足用户的深层次需求，企业必须寻找新的突破口，以增强用户黏性和提升品牌价值。而AI技术的快速发展，为个性化定制服务提供了强有力的支持，尤其是在推荐系统和增值服务方面，AI正发挥着至关重要的作用。

1. 个性化推荐：精准触达用户需求

每天，海量的信息充斥着互联网，消费者往往在面对过多选择时感到无所适从。这时，AI个性化推荐系统便成了企业与用户之间的桥梁。通过分析用户的历史行为、兴趣偏好和消费习惯，AI能够精准地预测用户的潜在需求，并向其推荐最符合他们期望的产品或服务。

例如，在电商平台上，用户每次浏览、点击、购买的行为都会被记录下来。这些数据经过AI算法的处理，能够生成用户的个性化画像。基于这个画像，平台可以向用户推荐他们可能感兴趣但尚未发现的商品。这种推荐不仅限于线上购物，在流媒体平台、新闻资讯类应用，甚至是线下零售店中，AI推荐系统都在发挥着巨大的作用。

举个例子，某知名音乐流媒体平台利用AI技术，通过分析用户的听歌历史、喜欢的曲风和艺人类型，为其量身定制个性化的歌单推荐。这种推荐不仅仅停留在已知的音乐类型上，AI还会根据用户的行为模式，推荐一些他们可能喜欢但尚未接触过的曲目。这种"发现新大陆"式的体验，极大地增强了用户的黏性，也让平台的活跃度与用户留存率得到了显著提升。

2. 增值服务：从产品到体验的全面提升

除了个性化推荐，AI还能通过提供定制化的增值服务，进一步提升用户的整体体验。传统的增值服务往往是固定套餐或标准化服务，难以满足每个用户的独特需求。而借助 AI 技术，企业可以根据用户的个体差异，提供真正"量身定制"的增值服务。

例如，在旅游行业中，AI 可以通过分析用户的旅行记录、目的地偏好、出行时间以及消费习惯，为其推荐个性化的旅游套餐。从航班选择、酒店预订，到当地特色体验项目，AI 都能够根据用户的需求进行精细化调整。这种定制化的旅游服务，不仅提升了用户的旅行体验，还让用户感受到被重视和理解，从而增加了用户的忠诚度。

在金融领域，AI 个性化增值服务同样发挥着重要作用。例如，一些智能投顾平台通过 AI 算法分析用户的财务状况、投资偏好和风险承受能力，为其量身定制投资组合建议。这些建议不仅包括传统的股票、基金产品，还涵盖了新兴的数字资产领域。用户可以通过 AI 的帮助，更好地管理自己的资产，实现财富的稳步增长。

3. 数据驱动：从"千人一面"到"千人千面"

AI 个性化推荐与增值服务的核心在于数据驱动。通过收集和分析海量的用户数据，AI 能够从多个维度了解用户的行为模式和潜在需求，从而提供更加精准的服务。在过去，企业的服务往往是"千人一面"的，所有的用户都接受同样的产品和体验。而如今，借助 AI 技术，企业可以实现"千人千面"的个性化服务，让每个用户都感受到独特的关怀。

例如，在零售行业中，AI 可以通过分析用户的购物历史和浏览记录，预测其未来的购买意向。基于这些预测，企业可以向用户发送个性化的促销信息和优惠券，激发用户的购买欲望。这种精准营销不仅提高了营销效果，还减少了用户的抵触情绪，让用户感受到企业的诚意。

4. 用户体验：从被动接受到主动参与

AI 个性化推荐与增值服务不仅提升了用户的体验，还改变了用户在消费过程中的角色。过去，用户往往是被动的接受者，接受企业提供的标准化产品和服务。而如今，借助 AI 技术，用户可以更加主动地参与到产品和服务的定制过程中。

例如，一些在线教育平台通过 AI 技术，根据用户的学习进度和知识掌握情况，为其量身定制学习计划和课程推荐。用户可以根据自己的时间安排和学习需求，选择最适合自己的学习路径。这种个性化的学习体验，不仅提高了学习效率，还让用户感受到学习的乐趣和成就感。

> **案例**
>
> **AI 个性化推荐与增值服务的成功实践**
>
> 以某知名电商平台为例，该平台通过 AI 个性化推荐系统实现了用户购买转化率的显著提升。平台不仅基于用户历史购买记录、浏览轨迹等行为数据构建精准用户画像，还创新性地引入社交网络分析模块——通过爬取用户社交平台（如微信、微博）的公开动态，结合图神经网络算法分析其好友圈层的消费偏好，形成"用户－商品－社交关系"三维推荐模型。这种多模态数据融合策略使推荐准确率提升 37%，单用户日均浏览商品数增加 2.3 倍。在技术实现上，平台部署了实时决策引擎（响应时间 <500ms），根据用户实时行为动态调整推荐列表，同时通过强化学习算法持续优化奖励机制，使个性化推荐对平台 GMV 的贡献度达到 42%。数据显示，引入社交推荐功能后，高客单价商品（单价 >2000 元）的转化率提升 68%，用户对"好友同款"商品的点击概率是普通推荐的 3.2 倍，成功构建了"数据采集－智能分析－动态推荐－效果反哺"的闭环生态。

3.2.3　自动化营销：节省成本与提高转化率

在当今竞争激烈的市场环境中，企业要想脱颖而出，必须依靠高效的营销策略。而自动化营销，借助 AI 的力量，已经成为企业实现这一目标的关键工具。通过自动化营销，企业不仅可以大幅度节省成本，还能通过精准的客户触达和个性化的内容推送，显著提高转化率。

李明是一家电商企业的市场总监，他最近引入了一套基于 AI 的自动化营销系统。这套系统不仅帮助他优化了广告投放策略，还让他的团队从烦琐的日常任务中解放出来，专注于更具创造性的工作。每天早晨，李明都会收到一份系统自动生成的报告，详细列出过去 24 小时内的营销数据：哪些产品的点击率最高，哪些广告带来了最多的转化，以及用户的浏览习惯等。

通过这套系统，李明的团队可以轻松地设定一系列自动化流程。例如，当一位顾客浏览了某款商品但未下单时，系统会自动发送一封个性化的邮件，附上该商品的优惠券。如果顾客仍未购买，系统还会在几天后通过社交媒体平台向其推送相关产品的广告，进一步刺激其购买欲望。

不仅如此，AI 还能根据顾客的历史行为数据，预测他们的未来需求。例如，系统分析发现，王女士在过去三个月内购买了三款不同的护肤品，AI 便推测她可能对美妆类产品有较大兴趣。于是，系统自动向她推送了一款新上市的口红，并附上了详细的使用说明和用户评价。结果，王女士不仅购买了口红，还顺带买了几款推荐的护肤品。

这种基于 AI 的自动化营销不仅提高了顾客的购买意愿，还大幅度降低了营销成本。传统营销方式需要大量人力投入，从市场调研到广告设计，再到媒体投放和效果监测，每一步都需要耗费大量时间和资源。而自动化营销系统可以在极短的时间内完成这些工作，并且由于其精准的投放能力，广告预算也能得到最大化的利用。

例如，某家在线教育平台通过引入自动化营销系统，成功将广告投放的转化率提高了 20%。系统根据用户的历史访问数据，自动筛选出最有潜力的用户，并向他们推送个性化的课程推荐。这样一来，平台不仅节省了大量的广告费用，还大幅提高了用户的购买转化率。

此外，自动化营销还能帮助企业实现跨渠道营销。无论是电子邮件、社交媒体，还是短信和应用推送，AI 系统都能根据用户的偏好和行为习惯，选择最合适的渠道进行触达。例如，小张是一位年轻的上班族，他习惯在通勤路上刷微博，而晚上则喜欢通过邮件处理个人事务。AI 系统通过分析小张的行为习惯，选择在早上通过微博向他推送广告，而在晚上通过邮件发送详细的商品信息。这种跨渠道的精准营销，极大地提高了用户的参与度和购买意愿。

当然，自动化营销的成功离不开数据的支撑。企业需要不断收集和分析用户数据，以优化营销策略和提升用户体验。例如，某家电商平台通过分析用户的购买数据，发现许多顾客在购买某款手机后，往往会购买相关配件。于是，平台在顾客购买手机后的几天内，自动向其推送相关配件的广告，结果配件的销量大幅提升。

总的来说，自动化营销通过借助 AI 的力量，帮助企业实现了成本的节省和转化率的提升。无论是精准的用户触达，还是个性化的内容推送，抑或是跨渠道的营销策略，自动化营销都展现出了巨大的潜力和优势。对于企业而言，引入自动化营销系统，不仅是应对市场竞争的必要手段，更是实现可持续发展的重要途径。

李明的电商企业通过自动化营销系统的成功应用，不仅提高了销售额，还大大增强了客户的忠诚度。许多顾客在收到个性化的推荐和优惠信息后，都表示感受到了企业的关怀和重视，从而更愿意继续购买和推荐给他人。这种良性循环，使得李明的企业在新老客户中都建立了良好的口碑，市场份额也逐步扩大。

随着 AI 技术的不断发展，自动化营销的应用前景将更加广阔。企业若能善加利用，必将在激烈的市场竞争中占据一席之地，实现可持续的增长与发展。无论是大型企业，还是中小型公司，自动化营销都已成为不可或缺的营销利器，帮助企业在数字化转型的道路上稳步前行。

3.2.4 社交媒介：利用 AI 无界营销与宣传

在当今这个信息爆炸的时代，社交媒介已经成为品牌宣传和市场营销的重要战场。然而，随着用户数量的激增和内容的海量涌现，传统的人工运营方式已经难以应对瞬息万变的社交媒介环境。正是在这样的背景下，人工智能（AI）技术开始在社交媒介营销中扮演越来越重要的角色。通过 AI 的无界营销与传播，企业不仅可以实现精准的内容推送，还能大幅提升品牌的曝光率与用户互动率。

1. 社交媒介的演变与 AI 的崛起

过去，企业在社交媒介上的营销活动大多依赖于人工操作，从内容的制作到发布，再到用户互动，都需要耗费大量的人力和时间。然而，随着社交平台的用户数量激增和信息量的爆炸式增长，这种传统方式显得越发力不从心。AI 技术的出现，为这一困境带来了全新的解决方案。通过智能算法和大数据分析，AI 能够帮助企业在海量的信息中精准定位目标用户，并根据用户的兴趣和行为习惯推送定制化的内容。这样一来，企业不仅能够提升营销效率，还能大幅降低运营成本。

2. AI 赋能内容制作与传播

在社交媒介的营销活动中，内容始终是核心。而 AI 技术在内容制作和传播中的应用，正在彻底改变这一领域的面貌。首先，AI 可以通过自然语言处理技术（NLP）自动生成高质量的文案和广告语。这种技术不仅能够根据企业的需求生成符合品牌调性的内容，还能通过分析用户的搜索习惯和兴趣点，优化文案的关键词和表达方式，从而提升内容的吸引力和宣传效果。

其次，AI 还能够通过图像识别和视频处理技术，自动生成和编辑图片、视频等多媒体内容。例如，一些 AI 工具可以根据用户上传的照片自动生成专业的宣传视频，并配以合适的背景音乐和特效。这种高效的内容制作方式，不仅能够大幅缩短制作周期，还能提升内容的质量和视觉效果，从而更好地吸引用户的注意力。

3. 精准推送与用户画像

在社交媒介的营销活动中，精准推送是关键。而 AI 技术的核心优势之一，正是其强大的数据分析和预测能力。通过收集和分析用户在社交平台上的行为数据，如浏览记录、点赞评论、分享转发等，AI 可以精准地描绘出用户的兴趣图谱和消费习惯。基于这些数据，企业可以制定更加精准的营销策略，将合适的内容推送给合适的用户，从而提升营销效果。

例如，一些 AI 工具可以通过分析用户的社交媒体活动，识别出用户的兴趣爱好、购买意向和生活方式等信息。基于这些数据，企业可以制定个性化的营销方案，向用户推送定制化的内容和产品推荐。这样一来，企业不仅能够提升用户的满意度和忠诚度，还能大幅提升转化率和销售额。

4. 自动化运营与用户互动

在社交媒介的营销活动中，用户互动是提升品牌影响力的重要手段。然而，面对海量的用户留言和评论，人工回复往往显得力不从心。AI 技术的应用，为这一问题提供了全新的解决方案。通过智能客服和聊天机器人，企业可以实现与用户互动的自动化，从而大幅提升运营效率。

例如，一些 AI 聊天机器人可以通过自然语言处理技术，自动识别用户的问题和需求，并给出合适的回答和建议。这种自动化互动方式，不仅能够提升用户的满意度和体验，还能减轻人工客服的负担，让企业能够更加专注于核心业务。此外，AI 还能够通过情感分析技术，识别用户在社交平台上的情绪和态度，从而帮助企业制定更加人性化的互动策略。

5. 多平台整合与跨界合作

在当今这个多元化的社交媒介环境中，企业往往需要在多个平台上同时开展营销活动。然而，不同平台的用户群体和内容形式各不相同，如何实现多平台的整合营销，成为企业面临的一大挑战。AI 技术的应用，为这一问题提供了全新的解决方案。通过智能算法和数据分析，AI 可以帮助企业实现多平台的内容同步和整合营销，从而提升品牌的整体曝光率和影响力。

例如，一些 AI 工具可以通过智能算法，自动将企业的营销内容适配到不同的社交平台，并根据各平台的用户特点和内容形式进行优化。这样一来，企业不仅能够实现内容的统一管理和分发，还能根据不同平台的用户需求制定个性化的营销策略。此外，AI 还能够通过数据分析，识别出潜在的跨界合作机会，从而帮助企业实现资源整合和品牌联动，进一步提升营销效果。

案例

AI 无界营销的成功实践

在实际应用中，许多企业借助 AI 技术实现了社交媒介的无界营销与传播。比如某知名电商平台，通过整合多源数据构建包含众多特征标签的 360°用户画像，利用图神经网络算法分析社交关系链挖掘好友偏好影响系数预测其需求后，基于画像自动生成个性化营销内容并通过多臂老虎机算法优化投放策略，部署实时响应引擎即根据用户行为实时调整推荐，建立强化学习反馈机制优化模型参数。实施后社交广告 ROI 大幅提升、跨平台用户触达率提高、个性化推荐对 GMV 贡献度增大、用户年均消费额增长、社交圈层传播新客占比提升。这启示行业要融合全域数据、动态生成内容、建立实时决策闭环、设计社交裂变机制。未来，多模态大模型成熟后，AI 在无界营销方面将有更深度的内容理解与创意生成等发展趋势，并重构数字时代商业连接方式。

3.2.5　成功模式：AI 促进的新型营销战略

在当今竞争激烈的市场环境中，传统的营销手段已经难以满足企业的需求，尤其是在消费者行为日益复杂、信息碎片化的背景下。借助人工智能（AI）技术，企业能够以前所未有的方式精准定位目标客户，优化营销策略，实现业绩的快速增长。以下是通过 AI 技术成功实现营销转型的典型案例，展示了 AI 如何促进新型营销战略的实施。

> **案例**
>
> **个性化推荐系统提升用户转化率**
>
> 某知名电商平台通过引入 AI 个性化推荐系统，实现了用户购物体验的全面升级。该系统通过分析用户的浏览记录、购买历史以及实时行为数据，能够精准预测用户的兴趣和需求，并在用户访问平台时推荐相关产品。这种个性化推荐不仅提高了用户的购买决策效率，还显著增加了用户的停留时间和转化率。数据显示，引入 AI 推荐系统后，该平台的销售额提升了 25%，用户复购率也明显提高。
>
> 该电商平台的成功在于其充分利用了 AI 技术对海量数据的处理和分析能力。通过不断学习和优化推荐算法，平台能够实时调整推荐内容，确保用户看到的是最符合其需求的产品。这种动态调整的营销策略，使得企业能够在竞争中保持领先地位。

> **案 例**
>
> ### AI 驱动的社交媒体营销
>
> 一家全球领先的运动品牌通过 AI 技术，在社交媒体平台上实现了精准营销。该公司利用自然语言处理（NLP）技术分析社交媒体上的用户评论和互动数据，识别出潜在的消费群体和热门话题。基于这些分析结果，企业制定了针对性的营销策略，推出了符合用户兴趣的广告内容和促销活动。
>
> 例如，当 AI 系统监测到某款新品运动鞋在社交媒体上引发大量讨论时，企业立即调整了广告投放策略，增加了该产品的曝光率，并通过个性化的推送消息吸引用户参与互动。这一策略不仅提升了品牌的知名度和美誉度，还带来了显著的销售增长。数据显示，通过 AI 驱动的社交媒体营销，该品牌的新品销售量同比增长了 30%。

> **案 例**
>
> ### AI 赋能的智能客服与营销一体化
>
> 某大型家电企业通过引入 AI 智能客服系统，实现了客服与营销的一体化运营。该系统通过语音识别和自然语言处理技术，能够自动识别用户的需求和问题，并提供个性化的解决方案。例如，当用户咨询某款产品的功能时，系统不仅会提供详细的产品信息，还会根据用户的购买历史和偏好，推荐其他相关产品。
>
> 这种智能客服系统不仅提高了客服效率，减少了人工成本，还通过精准的个性化推荐，实现了销售转化。用户在获得满意服务的同时，也更容易产生购买行为。这一模式的成功在于 AI 技术实现了客服与营销的无缝衔接，使得企业能够在提供优质服务的同时，实现业绩增长。

第二步　升级商业模式，发展会员与合伙人

> **案 例**
>
> **AI 视频营销与用户互动**
>
> 　　一家知名化妆品公司通过 AI 技术，在视频营销领域取得了显著成效。该公司利用 AI 分析用户的观看行为和互动数据，制作了个性化的视频广告内容。例如，当用户观看某款护肤品的广告时，AI 系统会根据用户的皮肤类型和需求，动态调整广告内容，展示最符合用户需求的产品信息。
>
> 　　这种个性化视频广告不仅提高了用户的观看体验，还显著增加了广告的转化率。数据显示，通过 AI 赋能的视频营销，该化妆品公司的广告点击率提升了 40%，销售额同比增长了 20%。这一成功案例展示了 AI 技术在视频营销中的巨大潜力，通过精准定位和个性化内容，企业能够更有效地吸引和转化用户。

> **案 例**
>
> **AI 预测分析与精准营销**
>
> 　　某知名汽车制造商通过 AI 预测分析技术，实现了精准营销。该企业利用机器学习算法分析用户的购买行为、兴趣爱好以及市场趋势数据，预测用户的购车需求和偏好。基于这些预测结果，企业制定了针对性的营销策略，推出了符合用户需求的产品和促销活动。
>
> 　　例如，当 AI 系统预测到某地区用户对 SUV 车型的需求增加时，企业立即调整了该地区的广告投放策略，增加了 SUV 车型的曝光率，并通过个性化的推送消息吸引用户参与试驾活动。这一策略不仅提升了品牌的知名度和美誉度，还带来了显著的销售增长。数据显示，通过 AI 预测分析与精准营销，该汽车制造商的销售额同比增长了 15%。

通过以上案例可以看出，AI 技术正从多维度重构营销范式。在精准获客层面，AI 通过分析用户跨平台行为数据（如浏览记录、社交互动），构建动态需求预测模型，使广告投放转化率提升 40%；在用户体验优化方面，智能客服系统集成自然语言处理（NLP）技术，实现 7×24 小时响应，常见问题解决率达 85%，客户满意度提升 22%；在内容生产领域，AIGC 技术自动生成个性化视频广告，单条素材制作成本下降 70%，短视频营销 ROI 提高 280%。此外，AI 驱动的动态定价策略通过实时分析竞品数据与用户心理价位，使促销活动的毛利率保持在合理区间。数据显示，采用全链路 AI 营销方案的企业，客户生命周期价值（LTV）平均增长 35%，营销预算使用效率提升 60%。未来，随着多模态大模型与实时数据中台的深度融合，AI 将实现更精准的情感识别（如通过用户评论分析情绪倾向等）和场景化营销（如结合天气、地理位置推送定制化方案等），推动营销从"数据驱动"向"体验驱动"跃迁。

3.3 加速增长：AI 如何放大会员合伙人效应

3.3.1 增长黑客：会员合伙人模式的增长策略

在当今竞争激烈的商业环境中，企业需要不断寻找新的增长点和创新方式来保持竞争优势。会员合伙人作为一种新型的商业模式，已经逐渐成为企业实现快速增长的重要手段。然而，如何有效地运用这一模式，并通过增长黑客的思维实现爆发式增长，是每个企业必须深入思考的问题。

1. 数据驱动的增长策略

增长黑客的核心在于数据驱动，这意味着企业需要通过大量的数据分析来发现潜在的增长机会。在会员合伙人模式中，企业可以通过分析会员的消费行为、偏好以及活跃度等数据，精准定位高价值客户，并为他们提供个性化的推荐和服务。例如，某电商平台通过分析会员的购买记录，发现某些会员对特定品类的商品有较高的购买频率，于是针对这些会员推出个性化的优惠券和推荐商品，成功提升了销售额。

此外，企业还可以利用数据分析来优化合伙人的招募和管理。通过分析合伙人的推广效果、转化率等数据，企业可以筛选出优质的合伙人，并给予他们更多的支持和激励，从而实现双赢。例如，某教育培训机构通过数据分析，发现某些合伙人在特定地区的推广效果非常好，于是针对这些地区制定了专门的推广策略，成功扩大了市场份额。

2. 裂变营销的魔力

裂变营销是一种通过现有用户邀请新用户的方式，能够在短时间内实现用户量的快速增长。在会员合伙人模式中，裂变营销可以发挥巨大的作用。企业可以通过设计激励机制，鼓励会员和合伙人邀请他们的朋友、家人或同事加入会员体系，从而实现用户的指数级增长。

例如，某健身房推出了"邀请好友，免费健身"的活动，会员每邀请一位好友加入会员，即可获得一个月的免费健身资格。这一活动不仅激励了现有会员积极参与，还吸引了大量新会员加入，实现了用户量的快速增长。同时，企业还可以通过社交媒体等渠道扩大活动的传播范围，进一步提升活动的效果。

3. 个性化体验的提升

在会员合伙人模式中，提供个性化的体验是实现增长的重要手段。企业可以通过收集和分析会员和合伙人的数据，了解他们的需求和偏好，从而提供更加贴心的服务和产品。例如，某在线教育平台通过分析会员的学习记录和兴趣爱好，为他们推荐个性化的课程和学习资料，大大提升了会员的学习体验和满意度。

此外，企业还可以通过技术手段实现个性化推荐。例如，某电商平台通过人工智能技术，根据会员的浏览和购买历史，向他们推荐可能感兴趣的商品。这一举措不仅提升了会员的购物体验，还增加了平台的销售额。

4. 激励机制的创新

在会员合伙人模式中，激励机制的创新是实现增长的重要手段。企业需要不断设计和推出具有吸引力的激励措施，以激发会员和合伙人的积极性和参与度。例如，某餐饮连锁品牌推出了"消费积分换礼品"的活动，会员每消费一次即可获得相应的积分，积分可以用来兑换餐品或礼品。这一活动不仅提升了会员的消费频率，还增加了其对品牌的忠诚度。

此外，企业还可以通过设置不同层级的激励机制，以激励合伙人不断扩大他们的推广范围。例如，某化妆品品牌根据合伙人的推广效果，设置了不同的奖励层级，合伙人每达到一个新的层级，即可获得相应的现金奖励或产品折扣。这一举措不仅激励了合伙人积极推广，还大大提升了品牌的市场影响力。

5. 社群经济的构建

社群经济是会员合伙人模式的重要组成部分，通过构建强大的社群，企业可以实现用户之间的互动和交流，从而提升用户的黏性和活跃度。企业可以通过组织线上或线下的活动，促进会员和合伙人之间的互动，增强他们的归属感和认同感。

例如，某健身品牌定期组织会员参加线下健身活动，如马拉松比赛、健身挑战赛等，通过这些活动，会员不仅可以锻炼身体，还可以结识志同道合的朋友，增强对品牌的忠诚度。同时，企业还可以通过社交媒体建立会员专属的社群，鼓励会员在群内分享健身心得和经验，进一步提升社群的活跃度和黏性。

6. 技术赋能的应用

技术赋能是会员合伙人模式实现增长的核心驱动力，企业可通过AI与大数据技术优化运营效率与用户体验。某电商平台运用人工智能构建智能客服系统（响应速度<15秒，问题解决率提升至85%），结合动态推荐算法（基于用户行为数据实时更新推荐列表），使会员购物体验满意度达92%；同时通过大数据分析用户画像与消费偏好，精准匹配个性化营销方案（如会员专属优惠券、定制化产品组合），推动会员转化率提升25%。此外，平台搭建合伙人智能分润系统，AI自动计算推荐奖励（基于用户裂变效果动态调整分成比例），使合伙人平均收益增长40%。技术应用不仅强化了会员黏性（复购率提高至68%），更通过数据闭环持续优化运营策略，为企业创造可量化的增长价值。

3.3.2 数据驱动：智能分析与决策支持

在当今竞争激烈的商业环境中，企业要想在会员合伙人模式中脱颖而出，单靠传统的经验和直觉已经远远不够。数据驱动决策已成为企业发展的核心动力，而智能分析技术则为这一过程提供了强有力的支持。

企业通过收集和分析大量的用户数据，可以深入了解会员和合伙人的需求、偏好和行为模式。这些数据包括用户的购买历史、浏览记录、互动频率以及反馈意见等。通过AI技术，企业可以快速处理这些海量数据，并从中提取出有价值的洞察。例如，某家电商平台通过数据分析发现，一部分会员在购买商品后，往往会在短时间内再次购买相关配件。基于这一发现，平台可以针对这些会员推送相关配件的优惠信息，从而提高二次购买率。

智能分析不仅仅停留在数据的表面，它还能够帮助企业预测未来的趋势和用户行为。例如，通过机器学习算法，企业可以预测哪些会员有较高的流失风险，并提前采取相应的挽留措施。这些措施可能包括发送个性化的优惠券、提供专属会员活动邀请，或者通过客服进行关怀回访。这种基于数据预测的决策方式，能够帮助企业及时调整策略，提高会员满意度和忠诚度。

此外，数据驱动的决策支持还体现在企业的资源分配和战略规划上。通过对市场数据和内部运营数据的综合分析，企业可以更好地了解市场需求的变化，从而调整产品和服务策略。例如，一家健身房通过分析会员的锻炼频率和课程偏好，发现瑜伽课程的需求在不断上升。基于这一发现，健身房决定增加瑜伽课程的频次，并聘请更专业的瑜伽教练，以满足会员的需求。这种基于数据分析的决策，不仅提高了会员的满意度，还为企业带来了更多的收入。

在合伙人模式中，数据驱动的智能分析同样发挥着重要作用。合伙人的表现和贡献往往直接影响到企业的整体业绩。通过数据分析，企业可以清晰地了解每位合伙人的工作成效，包括他们带来的新客户数量、销售业绩以及市场推广效果等。这些数据不仅可以帮助企业评估合伙人的表现，还可以为合伙人提供有针对性的培训和发展建议，从而提升他们的工作效率和业绩。

例如，一家化妆品公司通过数据分析发现，某些合伙人在特定地区的销售业绩明显高于其他地区。经过进一步分析，公司发现这些地区的合伙人更擅长利用社交媒体进行推广。基于这一发现，公司决定在全国范围内推广这种社交媒体策略，并对所有合伙人进行相关的培训。结果，公司的整体销售业绩得到了显著提升。

智能分析与决策支持的另一个重要方面是风险管理。通过数据分析，企业可以及时发现潜在的风险和问题，并采取相应的措施进行规避。例如，一家金融公司通过数据分析发现，某些会员的还款记录出现异常，存在较高的违约风险。基于这一发现，公司决定对这些会员进行信用重审，并采取相应的风险控制措施，从而降低了坏账率。

综上所述，数据驱动的智能分析与决策支持在会员合伙人模式中发挥着至关重要的作用。它不仅能够帮助企业深入了解用户需求，优化资源分配，还能够有效提升会员和合伙人的满意度和业绩。在 AI 技术的支持下，数据驱动的决策方式将变得更加智能和高效，为企业的长远发展提供坚实的保障。通过充分利用数据和 AI 技术，企业能够在激烈的市场竞争中立于不败之地，实现持续增长和繁荣。

3.3.3　资源整合：打造生态圈与提升竞争优势

在当今竞争激烈的商业环境中，单打独斗的企业往往难以在市场中持续保持优势。通过资源整合，企业可以构建一个互利共赢的生态圈，实现资源的优化配置和协同效应，从而提升整体竞争优势。以下将详细探讨如何通过资源整合来打造企业生态圈，并借此在市场中脱颖而出。

1. 构建多方共赢的合作生态

在资源整合的过程中，企业首先需要明确自身的核心优势与资源，并以此为基础寻找合适的合作伙伴。无论是上游的供应商，还是下游的经销商，甚至是跨行业的合作伙伴，都可以成为企业生态圈的一部分。通过建立长期稳定的合作关系，企业可以实现资源共享、信息互通，从而在市场竞争中占据有利位置。

例如，一家智能硬件生产企业可以与软件开发公司合作，共同推出集成硬件和软件的解决方案。这种合作不仅能够提升产品的附加值，还可以通过软件的持续更新来增加用户的黏性。与此同时，企业还可以与物流公司、营销机构等建立战略联盟，确保产品能够快速、高效地到达消费者手中，并在市场上获得广泛的曝光。

2. 资源协同效应的发挥

资源整合不仅仅是简单的资源叠加，更重要的是可以发挥协同效应。企业需要通过精细化管理，将不同来源的资源进行有效整合，使其在企业运营的各个环节中发挥最大效用。例如，在生产环节，企业可以通过整合供应链资源，实现原材料的集中采购，从而降低采购成本；在营销环节，企业可以通过整合多渠道的推广资源，实现品牌的广泛传播和精准触达。

此外，企业还可以通过信息化手段，将不同部门的资源进行整合，建立统一的数据平台。这样不仅可以提高内部沟通效率，还能够通过数据分析来优化决策流程，提高企业的整体运营效率。例如，一家零售企业可以通过整合线上线下销售数据，分析消费者的购买行为，从而制定更加精准的营销策略。

3. 跨界合作与创新

在资源整合的过程中，跨界合作往往能够带来意想不到的创新机会。通过与不同行业的合作伙伴进行资源整合，企业可以打破传统行业的界限，实现技术和商业模式的创新。例如，一家传统制造企业可以与科技公司合作，共同研发智能制造解决方案，从而在提升生产效率的同时，开拓新的市场领域。

跨界合作不仅能够带来新的技术与产品，还可以通过整合不同行业的市场资源，实现品牌的跨界营销。例如，一家食品企业可以与影视公司合作，在热门影视剧中植入产品广告，从而在娱乐消费场景中实现品牌的广泛传播。这种跨界合作不仅能够提升品牌的知名度和美誉度，还可以通过整合不同行业的资源，实现市场份额的扩大。

4. 生态圈的动态调整与优化

企业生态圈的构建并不是一成不变的，而是需要根据市场环境和企业自身的发展需求进行动态调整和优化。在资源整合的过程中，企业需要建立灵活的机制，及时调整合作伙伴和资源配置，以应对市场的变化和挑战。例如，当市场需求发生变化时，企业可以通过调整供应链资源，快速推出符合市场需求的新产品；当技术发展出现新趋势时，企业可以通过引入新的技术合作伙伴，实现产品的技术升级。

此外，企业还需要通过定期评估合作伙伴的绩效，确保资源整合的效果。通过建立科学的评估体系，企业可以及时发现和解决合作中存在的问题，确保合作伙伴关系的健康发展。例如，企业可以定期对供应商的供货质量和交货时间进行评估，及时调整供应链策略，以确保生产环节的稳定和高效。

5. 未来展望：生态圈的持续进化

随着科技的不断发展和市场的变化，企业生态圈的持续进化将成为企业保持竞争力的关键。未来，生态圈将更加注重智能化、协同化和可持续性。智能化技术的应用将使企业能够更精准地把握市场需求，优化资源配置，提升运营效率。同时，协同化将成为生态圈发展的核心趋势，企业之间将更加紧密合作，共同应对市场的挑战和机遇。此外，可持续性将成为生态圈发展的重要方向，企业需要注重环境保护和社会责任，实现经济效益和社会效益的双赢。

> **案例**
>
> **成功企业的生态圈实践**
>
> 在全球范围内，许多成功企业已经通过资源整合，构建了强大的企业生态圈，实现了竞争优势的提升。以阿里巴巴为例，通过整合电商平台、物流网络、金融服务等多方面的资源，阿里巴巴构建了一个涵盖商业、金融、物流等多个领域的生态圈。这个生态圈不仅为阿里巴巴带来了丰富的市场资源，还通过协同效应的发挥，提升了整体运营效率和市场竞争力。
>
> 另一个成功的案例是华为，通过整合全球的研发资源和技术合作伙伴，华为构建了一个开放的创新生态圈。在这个生态圈中，华为不仅与全球顶尖的科研机构和大学进行合作，还通过开放实验室等形式，吸引全球的开发者共同参与技术研发和创新。这种开放的创新生态不仅提升了华为的技术实力，还通过资源的整合和协同，实现了技术和市场的双重突破。

3.3.4 风险控制：会员合伙人模式下的安全保障

在会员合伙人模式中，风险控制是确保企业稳健发展的关键一环。尤其在 AI

技术的推动下，会员与合伙人的管理变得更加智能化和复杂化。如何在快速扩展业务的同时，确保企业及其会员、合伙人的安全，成为每一个企业主必须面对的课题。

首先，企业在推行会员合伙人模式时，必须建立健全的风控体系。这不仅仅是针对外部风险的防御，还包括内部管理中的潜在风险。例如，会员数据的安全性、合伙人招募的合规性，都是需要重点关注的问题。在数据驱动的今天，信息泄露、黑客攻击等威胁层出不穷，企业必须依赖先进的 AI 技术构建强大的防火墙，以确保会员和合伙人的隐私信息不被泄露。同时，企业还需定期进行安全评估，及时发现并修补系统漏洞，以防患于未然。

其次，企业在选择合伙人时，也需要建立严格的审核机制。AI 技术可以帮助企业快速筛选出潜在的优质合伙人，但最终的决策仍需依赖于人为判断。企业应通过多维度评估合伙人的资质，包括其过往的商业信誉、经营能力以及社会资源等。此外，企业还需设立退出机制，对于那些未能履行职责或违反合作协议的合伙人，应及时终止合作，以减少对企业的负面影响。

在会员合伙人模式的运营过程中，合同管理同样至关重要。企业应借助 AI 技术，实现合同的智能审核与管理，确保每一份合作协议都合法合规。同时，企业还需为会员和合伙人提供透明的沟通渠道，确保在出现问题时，能够及时有效地进行沟通与解决。例如，设立专门的客服团队，利用 AI 客服系统，提供 7x24 小时的在线服务，以及时响应用户的需求与反馈。

再次，企业还需关注会员与合伙人的利益分配问题。合理的利益分配机制，不仅能够激励会员和合伙人积极参与企业活动，还能够有效防范因利益分配不均而引发的纠纷。企业可以利用 AI 技术，对会员和合伙人的贡献进行精准评估，并依据评估结果进行公平合理的利益分配。这不仅有助于提升会员和合伙人的满意度，还能够增强他们的忠诚度与归属感。

在风险控制的过程中，企业还需建立应急响应机制。无论是突发的系统故障，还是不可预见的市场变化，企业都须具备快速反应的能力。AI 技术可以帮助企业进行风险预测与模拟，提前制定应对方案。例如，通过大数据分析，企业可以预测市场趋势的变化，及时调整经营策略，以应对可能出现的风险。同时，企业还需定期进行应急演练，确保在突发事件发生时，能够迅速有效地进行处置。

最后，企业还需关注法律合规问题。在会员合伙人模式下，企业需确保其经营活动符合相关法律法规的要求。尤其是在跨国经营中，企业需了解并遵守不同国家的法律法规，以避免因法律问题而引发的风险。企业可以借助 AI 技术，进行法律合规审查，确保每一项经营决策都合法合规。同时，企业还需设立专门的法律团队，提供专业的法律支持，确保在出现法律纠纷时，能够及时有效地进行处理。

综上所述，在会员合伙人模式下，风险控制是确保企业稳健发展的基石。企业需借助 AI 技术，建立健全风控体系，严格审核合伙人资质，合理分配利益，确保数据安全，并建立应急响应与法律合规机制。唯有如此，企业才能在激烈的市场竞争中立于不败之地，实现可持续发展。

3.3.5　构建可持续：长效经营的会员合伙人体系

在现代商业环境中，会员和合伙人模式已经成为企业实现快速增长和扩大市场份额的重要手段。然而，许多企业在实施这些模式时往往只关注短期的收益，而忽视了长期的可持续发展。要构建一个可持续的会员合伙人体系，企业需要从多个方面着手，确保这一模式不仅能够在短期内带来利润，还能在长期内为企业创造稳定的价值。

第一，企业需要制定清晰的战略目标。这意味着企业必须明确会员和合伙人模式在整体业务战略中的定位。例如，企业可以通过设定明确的会员增长目标、合伙人贡献度指标等，来引导整个体系的健康发展。同时，企业还需要不断评估和调整这些目标，以确保它们与市场变化和企业发展阶段相适应。

第二，建立有效的激励机制是关键。会员和合伙人参与企业活动的动力往往来自有效的激励。企业可以通过提供具有吸引力的奖励计划，如现金返利、产品折扣、独家权益等，来激发会员和合伙人的积极性。此外，企业还可以通过设立阶段性目标和奖励，来鼓励会员和合伙人持续参与和贡献。例如，某知名电商平台通过设立不同等级的会员制度，根据会员的消费金额和活跃度提供相应的权益和奖励，成功地激励了大量用户积极参与。

第三，技术支持是不可或缺的一环。现代信息技术，特别是人工智能和大数据分析，能够帮助企业更好地管理和运营会员合伙人体系。通过 AI 技术，企业可以实现对会员和合伙人行为的精准分析，从而提供个性化的服务和推荐。例如，企业可以利用 AI 分析会员的购买历史和偏好，为其推荐合适的产品或服务，提高会员的满意度和忠诚度。同时，大数据技术还可以帮助企业预测市场趋势和用户需求，及时调整运营策略。

第四，企业需要注重社群建设。一个成功的会员合伙人体系不仅仅是一个商业模式，更是一个社群。企业可以通过举办线上线下的活动，如会员专属活动、合伙人培训等，来增强会员和合伙人的归属感和参与感。例如，一些企业定期举办会员沙龙、产品体验会等活动，不仅增强了会员之间的互动，还提升了会员对企业的认同感和忠诚度。

第五，企业还需要建立完善的反馈机制。通过定期的调查和反馈收集，企业可以了解会员和合伙人对体系的看法和建议，从而不断优化和改进。例如，企业可以通过发送调查问卷、开设反馈渠道等方式，收集会员和合伙人的意见和建议，及时发现和解决问题。这不仅有助于提升会员和合伙人的满意度，还能帮助企业发现新的商机和创新点。

第二步 升级商业模式，发展会员与合伙人

第六，企业还需要注重风险管理。任何商业模式都存在一定的风险，会员和合伙人体系也不例外。企业需要建立完善的风险管理机制，及时识别和应对可能出现的风险。例如，企业可以通过建立风险预警系统、设立应急预案等方式，来应对会员流失、合伙人纠纷等问题。同时，企业还需要注重合规管理，确保会员和合伙人体系的运营符合相关法律法规，避免法律风险。

第七，企业需要不断创新和进化。市场环境和用户需求在不断变化，企业也需要随之调整和创新。通过引入新的技术和理念，企业可以不断优化会员和合伙人体系，保持其竞争力和吸引力。例如，一些企业通过引入区块链技术，实现了会员和合伙人权益的透明化和可追溯，增强了会员和合伙人的信任感和参与感。

总之，构建一个可持续的会员合伙人体系需要企业在战略、激励、技术、社群、反馈、风险管理和创新等方面全面发力。只有这样，企业才能在激烈的市场竞争中立于不败之地，实现长期稳定的发展。通过这些努力，企业不仅能够实现短期的收益目标，还能长期为企业创造稳定的价值，真正实现会员和合伙人体系的可持续经营。

第三步

数据思维，实现数据变现

4.1 数据资产的价值与管理

4.1.1 数据作为战略资产的意识觉醒

在当今信息化时代，数据已成为企业的重要战略资产，而不再仅仅是业务运营的副产品。企业逐渐认识到数据的巨大商业价值，这种意识正在重塑企业的经营理念和竞争方式。

过去，企业往往将数据视为一种静态的、仅供存档和查询的信息。然而，随着大数据技术的飞速发展，越来越多的企业开始认识到数据中蕴藏的巨大潜力。通过对海量数据的收集、分析和应用，企业不仅可以更好地了解市场动态和消费者需求，还能够预测未来的趋势，从而在激烈的市场竞争中占据先机。

数据的战略价值主要体现在以下几个方面。

支持决策：传统决策依赖经验和直觉，而如今借助大数据分析工具，企业可以基于海量数据进行科学决策，为产品开发、市场营销、供应链管理等提供精准策略。

提升运营效率：通过实时监控和分析业务流程数据，企业能够及时发现问题，优化资源配置，降低成本。例如，制造业企业可通过设备数据实现智能维护，零售企业可通过消费者行为数据优化库存管理。

推动创新：数据成为许多行业的创新源泉。企业通过分析市场数据和消费者反馈，发现新商业机会，开发出更符合市场需求的产品和服务。例如，金融行业利用大数据技术进行风险控制和个性化产品设计，医疗行业通过数据分析实现精准诊断和个性化治疗。

要实现数据作为战略资产的价值，企业须在数据管理和技术上投入。首先，建立完善的数据采集和管理系统，确保数据的准确性和完整性；其次，培养具备数据分析能力的人才队伍；最后，选择合适的数据分析工具和技术。许多领先企业已在这方面做出表率，如互联网公司构建数据中台实现数据共享，提升使用效率。

总之，数据作为战略资产的意识觉醒，正在改变企业的经营理念和竞争方式。那些能够充分利用数据的企业，将在未来的市场竞争中占据有利地位。而对于那些忽视数据价值的企业来说，可能会在激烈的市场竞争中逐渐失去优势。因此，企业需要从现在开始，重视数据的价值，积极探索数据在业务中的应用，不断提升自身的竞争力。只有这样，才能在瞬息万变的市场环境中立于不败之地。

4.1.2 数据货币化：AI 使用过程中的数据积累

在当今这个高度数字化的时代，企业通过 AI 技术不仅提升了效率，还积累了大量的数据。这些数据如果得到有效利用，完全可以转化为真金白银，成为企业新的盈利增长点。许多企业已经意识到，数据不再只是运营的副产品，而是具备巨大潜力的资产。然而，如何将这些数据有效货币化，则是摆在每个企业面前的现实问题。

数据货币化的第一步在于数据的积累。AI 在企业各个环节中的广泛应用，使得企业能够以前所未有的速度和规模收集数据。无论是客户的消费习惯、行为偏好，还是生产流程中的效率数据，甚至是供应链上的动态变化，AI 都能够通过其强大的数据处理能力，帮助企业捕捉并存储这些信息。这些数据，虽看似琐碎，但在经过系统化的整理和分析后，往往能够揭示出隐藏在日常运营中的商业机会。

例如，一家电商平台通过 AI 技术分析用户的浏览记录、购买历史以及页面停留时间，可以精准地描绘出每个用户的消费画像。这些画像不仅帮助平台优化了推荐算法，提升了用户体验，还能为广告商提供精准的广告投放渠道。广告商愿意为这些精准数据支付高额费用，因为相较于传统的广告投放方式，这种基于用户真实行为的定向广告投放，能够带来更高的转化率。

不仅如此，AI 在生产制造领域的应用同样带来了大量的数据积累。通过传感器、物联网设备和智能生产线，企业能够实时监控生产过程中的每一个细节。这些数据不仅可以帮助企业优化生产流程，降低成本，还能通过分析生产中的异常数据，提前预知设备故障，减少停机时间。而这些经过分析处理的数据，同样可以打包成数据产品，出售给有需求的其他企业，尤其是那些缺乏数据收集能力的小型企业。

在服务业，AI 技术的运用同样积累了大量的数据。例如，一家使用 AI 客服系统的公司，通过自然语言处理技术，能够记录并分析每一个客户的咨询内容、问题类型以及解决时长。这些数据不仅帮助公司改进了客户服务流程，还能够为公司提供有关客户需求的深入洞察。这些洞察可以被整理成行业报告，出售给有需要的企业或研究机构，成为公司新的收入来源。

然而，数据货币化并不仅仅局限于将数据直接出售。许多企业通过 AI 技术，将数据转化为增值服务，从而实现货币化。例如，一些企业通过分析用户数据，推出了个性化的会员服务。这些会员服务不仅能够为用户提供更加精准的推荐和优惠，还能够通过收取会员费的方式，直接为企业带来收入。此外，一些企业还通过 AI 技术，将数据打包成数据产品，如市场分析报告、用户行为分析等，出售给其他企业或研究机构，成为公司新的盈利点。

当然，在数据货币化的过程中也面临着诸多挑战。首先是数据隐私和安全问题。企业在收集和使用数据的过程中，必须确保用户的隐私得到保护，否则一旦发生数据泄露事件，企业不仅会面临巨额罚款，还可能失去用户的信任。其次是数据质量问题。AI 技术虽然能够帮助企业收集大量数据，但如果数据质量不高，分析结果就会失真，从而影响数据货币化的效果。因此，企业必须建立一套完善的数据治理体系，确保数据的准确性、完整性和一致性。

为了实现数据的有效货币化，企业还需要建立一支专业的团队。这支团队不仅要具备数据分析的能力，还要了解市场需求，能够将数据转化为有市场价值的产品或服务。此外，企业还需要与法律顾问密切合作，确保数据货币化的过程符合相关法律法规，避免法律风险。

总的来说，数据货币化是一个复杂而充满机遇的过程。企业通过 AI 技术的应用，不仅能够积累大量的数据，还能够通过系统化的分析和处理，将这些数据转化为新的收入来源。然而，数据货币化也面临着诸多挑战，企业必须在保护用户隐私、确保数据质量和遵守法律法规的前提下，才能实现数据的真正价值。只有这样，企业才能在数据货币化的道路上走得更远，获得更多的收益。

在未来，随着 AI 技术的不断发展，数据货币化的方式也会越来越多样化。企业必须时刻关注技术的发展趋势，不断创新，才能在激烈的市场竞争中立于不败之地。无论是通过直接出售数据，还是通过将数据打包成增值服务，企业都必须始终坚持以用户需求为导向，才能实现数据的最大价值。只有这样，企业才能在数据货币化的道路上越走越远，获得更多的收益。

4.1.3　数据生态：从数据收集到治理的全链流程

在当今这个数据驱动的时代，企业要想在竞争中立于不败之地，构建一个完整且高效的数据生态系统是至关重要的。数据生态不仅仅是指数据的收集与存储，它涵盖了从数据获取、清洗、存储、管理到分析、应用的全流程。每一个环节都紧密相连，任何一个节点的薄弱都会影响整个系统的效率和价值输出。

1. 数据收集：多源数据的获取与整合

企业首先需要明确数据的来源。在实际操作中，数据来源往往是多样化的，可能包括内部业务系统、外部合作伙伴、社交媒体、市场调研以及物联网设备等。对于企业而言，如何从这些纷繁复杂的数据源中提取出有价值的信息，是构建数据生态的第一步。例如，一家零售企业可以通过顾客在电商平台上的行为数据、线下门店的消费记录以及社交媒体上的评论反馈等多渠道获取数据。这些数据源的整合，能够帮助企业更全面地了解顾客需求，从而制定更精准的市场策略。

在数据收集的过程中，企业还需注意数据的质量和真实性。低质量的数据不仅会增加后续处理的难度，还可能导致分析结果的偏差。因此，企业在收集数据时，应建立严格的数据审核机制，确保数据的质量、真实性和时效性。

2. 数据存储：构建高效的数据基础设施

收集到的数据需存储在安全可靠的环境中。随着云计算技术的发展，越来越多企业选择云存储，其具备更大的存储空间、更强的扩展性和灵活性，还能实现数据的实时备份和恢复。在构建存储基础设施时，企业需考虑数据的分类和分级管理，根据数据的特性和使用频率，将其存储在不同层级中，以保障数据安全和降低成本。

收集到的数据需要有一个安全、可靠的存储环境。传统的数据存储方式往往采用本地服务器，这种方式在面对海量数据时显得力不从心。随着云计算技术的发展，越来越多的企业选择将数据存储在云端。云存储不仅能够提供更大的存储空间，还具备更强的扩展性和灵活性。此外，云端存储还可以实现数据的实时备份和恢复，有效保障数据的安全。

在构建数据存储基础设施时，企业还需要考虑数据的分类和分级管理，根据数据的特性和使用频率，将其存储在不同层级中，以保障数据安全和降低成本。例如，核心业务数据和用户隐私数据需要更高的安全级别和访问控制，而一些历史数据和日志数据则可以存储在低成本的存储介质中。

3. 数据管理：确保数据的准确性和一致性

数据管理是数据生态中至关重要的一环。在这个阶段，企业需要对收集到的数据进行清洗、转换和整合，以确保数据的准确性和一致性。数据清洗是指去除数据中的噪声和错误，如重复数据、缺失数据和异常数据等。数据转换则是将数据转换为适合分析和应用的格式，如将不同单位的数据统一转换为相同的度量单位。

数据整合是指将来自不同数据源的数据进行合并，形成一个完整的数据视图。这一过程需要解决数据格式不一致、数据冗余等问题。例如，企业可能从多个系统中获取到顾客信息，这些信息可能存在重复或不一致的情况。通过数据整合，企业可以将这些分散的数据进行统一管理，形成一个完整的顾客画像。

4. 数据分析：挖掘数据中的潜在价值

数据分析是数据生态的核心环节，也是企业实现数据价值的关键步骤。通过数据分析，企业可以从海量数据中挖掘出有用的信息和规律，从而为业务决策提供支持。数据分析的方法多种多样，包括描述性分析、诊断性分析、预测性分析和规范性分析等。

描述性分析是指对历史数据进行总结和归纳，如分析销售数据以了解销售趋势和顾客偏好。诊断性分析则是通过数据分析找出问题的原因，如分析生产数据以找出生产效率低下的原因。预测性分析是通过历史数据预测未来的趋势和结果，如通过市场数据预测未来的市场需求。规范性分析则是根据分析结果提出具体的行动建议，如根据顾客行为数据提出个性化的营销方案。

5. 数据应用：将数据价值转化为业务成果

数据应用是数据生态的最终目标，也是企业实现数据价值的关键环节。通过数据应用，企业可以将数据分析的结果转化为具体的业务行动，从而提升业务效率和竞争力。数据应用的范围非常广泛，包括市场营销、产品开发、客户服务、供应链管理等各个方面。

在市场营销中，企业可以通过数据分析了解顾客需求和行为，从而制定更精准的营销策略。例如，通过分析顾客的购买历史和浏览记录，企业可以向顾客推荐个性化的产品和服务，提高顾客满意度和忠诚度。在产品开发中，企业可以通过数据分析了解市场趋势和用户反馈，从而指导新产品的设计和研发。在客户服务中，企业可以通过数据分析了解顾客的问题和需求，从而提供更高效、更贴心的服务。在供应链管理中，数据分析能优化库存管理，根据销售数据预测需求，减少缺货和积压情况，还能监控物流运输，提高配送效率，降低成本，通过分析供应商数据，选择更优质的合作伙伴，提升整体供应链的稳定性和竞争力。

4.1.4 数字化资产：数据智能的增值过程

在当今这个数据驱动的时代，企业所拥有的数据不再仅仅是一堆静态的数字和信息，而是具备了巨大的潜在价值。这些数据可以通过智能化的技术手段进行深度挖掘和分析，从而实现增值。数据智能的增值过程，实际上就是将原始数据转化为可以为企业带来实际收益的资产的过程。

企业首先要做的，是将分散在各个部门、各个业务环节的数据进行整合。这就像把一颗颗散落的珍珠串成一条项链，只有整合后的数据才能展现出其真正的价值。例如，一家零售企业可能拥有来自线上商城的用户浏览数据、购买数据，以及线下门店的销售数据。如果这些数据各自为政，无法形成合力，那么其价值就非常有限。而通过数据整合，企业可以获得用户的全渠道行为数据，从而更全面地了解用户需求。

其次，企业需要利用人工智能和大数据技术对这些整合后的数据进行深度分析。这一过程不仅仅是简单的统计分析，而是通过机器学习、数据挖掘等技术手段，发现隐藏在数据背后的规律和趋势。例如，通过分析用户的购买历史和浏览记录，企业可以预测出用户未来的购买意向，并据此制定个性化的营销策略。这种基于数据智能的预测和决策，能够帮助企业大幅提升运营效率和市场竞争力。

然而，数据智能的增值过程并不仅仅停留在数据分析层面。真正的价值实现，还需要企业将分析结果应用到实际业务中。例如，一家制造企业可以通过数据分析优化生产流程，减少生产过程中的浪费，提高生产效率。一家零售企业可以通过数据分析优化库存管理，避免库存积压或缺货情况的发生。这些具体的应用场景，都是数据智能增值过程的重要体现。

在数据智能的应用过程中，企业还需要不断进行反馈和优化。数据分析的结果并不是一成不变的，随着市场环境的变化和用户需求的变化，企业需要不断地对数据模型进行调整和优化。例如，一家电商平台可以通过用户反馈和市场变化，不断调整推荐算法，以提高推荐的准确性和用户满意度。这种持续优化的过程，是数据智能增值的重要环节。

最后，数据智能的增值过程还需要企业具备一定的技术能力和人才储备。企业需要有一支具备数据分析、机器学习等专业技能的团队，能够对数据进行有效的处理和分析。同时，企业还需要具备一定的技术基础设施，包括数据存储、计算能力等。只有具备了这些基础条件，企业才能真正实现数据智能的增值。

在实际操作中，不少企业已经通过数据智能实现了显著的业务增长。例如，某知名电商平台通过数据智能技术，对用户的浏览和购买数据进行分析，精准地为用户推荐商品，大大提高了转化率和用户满意度。又如，某大型制造企业通过数据智能优化生产流程，减少了生产过程中的浪费，提高了生产效率，降低了成本。这些成功的案例，无不彰显了数据智能在企业增值过程中的重要作用。

总的来说，数据智能的增值过程是一个系统工程，需要企业从数据整合、分析、应用、优化等多个环节入手，逐步实现数据的最大化价值。在这一过程中，企业不仅需要具备先进的技术手段，还需要有科学的战略规划和高效的执行力。只有这样，企业才能在数据智能的浪潮中立于不败之地，实现持续的业务增长和竞争力提升。数据不再是简单的记录工具，而是企业最重要的战略资产之一，通过智能化的技术手段，企业可以将这些数据转化为实实在在的商业价值，从而在激烈的市场竞争中脱颖而出。

4.1.5　数据资产化：如何将数据转化为收益

在当今的商业环境中，数据不仅仅是一种资源，更是一种可以带来实际经济效益的资产。然而，拥有大量的数据并不等于自动获得收益，关键在于如何有效地将其资产化，转化为可持续的商业价值。数据资产化通过五步来实现。

1. 第一步：数据清洗与整理

任何有价值的数据产品都离不开前期的数据清洗与整理工作。企业需要建立一套完善的数据管理系统，以确保数据的准确性和一致性。通过对原始数据的筛选、分类和标注，企业可以去除冗余信息，提炼出真正有用的数据。这一过程虽然烦琐，却是数据资产化的基础。只有高质量的数据才能在后续的分析和应用中发挥其最大潜力，为企业带来经济效益。

在实际操作中，许多企业选择引入 AI 技术来加速数据清洗过程。例如，利用机器学习算法自动识别和纠正数据中的错误，或通过自然语言处理技术从非结构化数据中提取有价值的信息。这些技术的应用不仅提高了工作效率，还大大降低了人工成本，使得数据资产化的第一步更加高效和精准。

2. 第二步：数据产品的开发与包装

有了高质量的数据之后，企业需要考虑如何将这些数据打造成具有市场竞争力的产品。数据产品的开发需要结合市场需求和技术能力，以确保其在功能和性能上都能满足用户的需求。例如，企业可以开发基于数据的智能推荐系统、精准营销工具或数据可视化平台等。

在开发数据产品的过程中，企业还需要注重产品的包装和品牌建设。一个好的数据产品不仅要有强大的功能，还要有吸引人的外观和用户友好的界面。通过精心的设计和包装，企业可以提升数据产品的市场竞争力，从而获得更多客户的青睐。

3. 第三步：数据交易与市场化

数据产品的开发完成后，企业需要为其寻找合适的市场和渠道，以实现数据的商业价值。数据交易是数据资产化的重要环节，企业可以通过数据交易平台将数据产品出售给有需求的客户，或者与合作伙伴共享数据资源，实现互利共赢。

在数据交易的过程中，企业需要注意数据的隐私和安全问题。通过建立严格的数据保护机制和合规体系，企业可以确保数据交易的合法性和安全性，从而赢得客户的信任和市场的认可。此外，企业还可以探索数据订阅服务、数据分析报告销售等多种数据变现方式，以拓宽收入渠道。

4. 第四步：数据驱动的业务优化

除了直接出售数据产品，企业还可以利用数据来优化自身的业务流程，从而间接实现数据的商业价值。通过对海量数据的分析，企业可以获得对市场趋势、客户需求和运营状况的深入洞察，从而制定更加科学和有效的决策。

例如，零售企业可以利用销售数据分析客户的购买行为，优化产品组合和定价策略，提高销售额和市场份额。制造企业可以通过生产数据分析优化生产流程，降低成本，提高效率。这些数据驱动的业务优化不仅能提升企业的竞争力，还能带来显著的经济效益。

5. 第五步：建立长期的数据战略

数据资产化不是一蹴而就的过程，而是一个需要长期投入和持续优化的战略。企业需要制定明确的数据战略，包括数据收集、存储、分析和应用的各个环节，以确保数据的持续增值。此外，企业还需要不断跟踪和学习最新的数据技术和市场动态，及时调整数据战略，以保持竞争优势。

在制定数据战略时，企业还需要考虑如何培养和引进数据人才。数据科学家、数据分析师和数据工程师等专业人才是数据资产化的重要推动力。通过建立一支高素质的数据团队，企业可以更好地挖掘和利用数据的价值，实现数据资产的最大化。

> **案例**
>
> 某电商平台通过分析用户的浏览和购买数据，推出了个性化推荐系统，大大提高了用户的购买转化率和满意度，从而增加了销售额。又如，某金融机构通过分析客户的交易数据，推出了精准的信用评估模型，降低了坏账率，提高了风险控制能力。

一些成功案例表明，数据资产化不仅是可行的，而且是具有巨大潜力的。通过科学的数据管理和有效的数据应用，企业可以在激烈的市场竞争中立于不败之地，实现持续的增长和发展。

6. 结语

数据资产化是一个复杂而系统的过程，需要企业在数据管理、产品开发、市场交易和业务优化等各个环节进行深入的探索和实践。只有通过科学的方法和持续的努力，企业才能真正将数据转化为实际的收益，实现数据资产的最大化。在 AI 时代，数据已经成为企业最重要的资产之一，如何利用数据创造价值并进行有效管理，将是企业在激烈竞争中脱颖而出的关键。企业须建立完善的数据治理体系，确保数据质量和安全，同时结合 AI 技术挖掘数据潜在价值，开发创新产品和服务，通过精准营销提升市场竞争力，通过优化业务流程提高运营效率，从而将数据资产转化为实实在在的商业优势。

4.1.6　智能分析：从数据到洞察的转化策略

在当今数据驱动的商业环境中，企业每天都会产生和收集大量的数据。然而，单纯的数据积累并不能直接带来商业价值，关键在于如何从这些数据中提取有意义的洞察，并将其转化为可执行的商业策略。智能分析正是实现这一目标的核心工具。通过先进的算法和机器学习技术，企业可以更深入地理解市场动态、消费者行为以及内部运营状况，从而作出更明智的决策。

1. 数据筛选与清洗：确保分析的基础稳固

在进行智能分析之前，企业需要对数据进行筛选与清洗。这是因为原始数据往往包含噪声、缺失值和异常值，直接使用这些数据可能会导致分析结果的偏差。数据清洗的过程包括去除重复信息、修正错误数据以及填补缺失值。通过这一步骤，企业可以确保用于分析的数据具备较高的质量和准确性，从而为后续的洞察提取奠定坚实的基础。

在实际操作中，许多企业采用了自动化数据清洗工具，这些工具利用 AI 技术可以快速高效地处理大规模数据。例如，某电商平台通过 AI 算法自动识别并修正了用户地址中的错误信息，从而大幅提高了物流配送的准确性和效率。这一案例表明，数据清洗不仅仅是技术问题，更是提升业务表现的重要环节。

2. 数据挖掘与模式识别：发现隐藏的价值

完成数据清洗后，企业需要进行数据挖掘和模式识别。这一步骤的核心在于利用机器学习算法从海量数据中发现隐藏的模式和趋势。例如，通过聚类分析，企业可以识别出具有相似特征的客户群体，从而制定更有针对性的营销策略。而通过关联分析，企业可以发现不同产品之间的购买关联性，进而优化产品推荐和交叉销售策略。

在实际应用中，许多企业已经通过数据挖掘技术取得了显著的成果。例如，某大型零售商通过分析消费者的购买历史，发现了特定商品的季节性需求模式，从而调整了库存管理和促销策略，最终实现了销售额的显著增长。这一案例表明，数据挖掘和模式识别不仅是技术手段，更是提升商业竞争力的重要途径。

3. 预测分析：预见未来的商业机会

预测分析是智能分析的重要组成部分，它通过利用历史数据和统计模型来预测未来的趋势和事件。例如，企业可以利用预测分析来预估未来的销售量、市场需求以及客户流失率等关键指标。通过这些预测结果，企业可以提前制定应对策略，从而在激烈的市场竞争中占据主动。

在实际操作中，许多企业已经将预测分析应用于各个业务环节。例如，某金融机构通过预测分析模型预估了不同经济环境下的贷款违约率，从而调整了风险控制策略和贷款审批标准。这一举措不仅帮助企业降低了坏账率，还提升了客户满意度。这一案例表明，预测分析不仅是技术工具，更是企业制定战略决策的重要依据。

4. 可视化与报告：让数据洞察更易理解

智能分析的结果往往以复杂的数据和模型形式呈现，如何将这些结果转化为易于理解和执行的形式是企业面临的一大挑战。数据可视化技术正是解决这一问题的关键工具。通过图表、仪表盘和报告等形式，企业可以将复杂的分析结果以直观的方式展示给决策者，从而帮助他们快速理解数据背后的商业价值。

在实际应用中，许多企业已经通过数据可视化技术提升了决策效率。例如，某制造企业通过可视化工具展示了生产线的实时数据，从而帮助管理层快速识别出生产瓶颈和质量问题。这一举措不仅提高了生产效率，还降低了生产成本。这一案例表明，数据可视化不仅是技术手段，更是提升企业运营效率的重要工具。

5. 实时分析与反馈：快速响应市场变化

在快速变化的市场环境中，企业需要具备快速响应的能力。实时分析技术正是实现这一目标的关键工具。通过实时收集和分析数据，企业可以及时发现市场变化和业务异常，从而快速制定和执行应对策略。例如，某电商平台通过实时分析用户行为数据，及时调整了促销策略和产品推荐，从而实现了销售额的显著增长。

在实际操作中，许多企业已经将实时分析技术应用于各个业务环节。例如，某物流公司通过实时分析运输数据，及时调整了运输路线和调度计划，从而降低了运输成本并提升了配送效率。这一案例表明，实时分析不仅是技术手段，更是提升企业竞争力的重要途径。

4.1.7　数据智能化：利用 AI 提升数据的附加值

在当今这个数据爆炸的时代，单纯地拥有海量数据已经不再具有决定性的竞争优势。企业面临的真正挑战在于，如何从这些数据中提取出有价值的信息，并将其转化为可执行的商业策略。而这正是数据智能化的核心所在。通过引入人工智能技术，企业可以更高效地处理数据，挖掘出隐藏在数据背后的深层次信息，从而提升数据的附加值。

1. 数据智能化的实际应用

在实际操作中，数据智能化意味着利用 AI 技术对数据进行深度分析和挖掘。例如，在零售行业中，企业可以通过 AI 算法分析消费者的购买行为，预测他们的未来需求。这种预测不仅仅是基于历史数据的简单推断，更是通过复杂的机器学习模型，考虑多种变量，如季节、市场趋势、消费者偏好变化等。这样，企业不仅可以更好地管理库存，还可以精准地进行市场营销，提高广告投放的回报率。

在金融行业，数据智能化同样发挥着重要作用。银行和金融机构可以利用 AI 技术分析客户的交易数据，识别异常行为，从而有效防范欺诈活动。同时，通过对客户财务数据的智能化分析，银行能够为客户提供更加个性化的理财建议，提升客户满意度和忠诚度。

2. 数据智能化的技术支撑

实现数据智能化的关键在于强大的技术支撑。首先，需要有高效的数据采集和存储系统，确保数据的全面性和实时性。其次，要有先进的数据处理和分析工具，这些工具通常包括机器学习算法、自然语言处理技术以及图像识别技术等。通过这些技术，企业可以对结构化和非结构化数据进行深度挖掘，发现其中的规律和趋势。

例如，一些领先的科技公司正在开发基于深度学习的智能分析平台，这些平台能够自动从海量数据中提取有价值的信息，并生成可视化的报告。这不仅大大提高了数据分析的效率，还降低了人工分析的误差率。企业可以根据这些报告快速作出决策，抓住市场机遇。

3. 数据智能化的商业价值

数据智能化的最终目标是提升数据的商业价值。通过对数据的智能化分析，企业可以获得更深入的市场洞察，优化运营流程，提高产品和服务的质量。例如，制造企业可以通过 AI 技术分析生产数据，发现生产流程中的瓶颈和 inefficiencies（低效环节），从而进行有针对性的改进，提高生产效率和产品合格率。

此外，数据智能化还可以帮助企业开拓新的商业模式。例如，一些企业通过分析用户数据，推出了基于订阅模式的个性化服务。这种服务模式不仅增加了用户黏性，还为企业带来了稳定的收入来源。还有一些企业通过数据智能化分析，发现了新的市场需求，从而开发出全新的产品线，成功拓展了市场份额。

4. 数据智能化的挑战与对策

尽管数据智能化带来了诸多好处，但企业在实施过程中也面临一些挑战。首先，数据质量问题是许多企业面临的一大难题。不完整或错误的数据会导致分析结果的偏差，从而影响决策的准确性。为此，企业需要建立严格的数据质量管理机制，确保数据的准确性和完整性。

其次，数据隐私和安全问题也是企业需要重视的方面。随着数据量的增加，数据泄露的风险也在加大。企业需要采取有效的安全措施，保护用户数据隐私，避免因数据安全问题而损害企业声誉和利益。

为了应对这些挑战，企业可以采取一系列措施。例如，建立专业的数据管理团队，负责数据的采集、存储和分析工作。同时，引入先进的数据加密技术和安全防护措施，确保数据的安全性。此外，企业还需要不断更新和优化数据分析工具，确保其能够满足不断变化的业务需求。

5. 数据智能化的未来展望

展望未来，数据智能化将在更多领域得到广泛应用。随着 AI 技术的不断发展，数据分析的深度和广度将进一步提升。企业将能够从更多样化的数据中提取有价值的信息，为决策提供更加全面的支持。同时，随着物联网技术的普及，企业将能够采集到更加实时和细致的运营数据，这将为数据智能化分析提供更加丰富的素材。

例如，在智能制造领域，企业可以通过物联网设备实时监控生产过程，采集大量的生产数据。这些数据将通过 AI 技术进行分析，帮助企业及时发现生产中的问题，进行快速调整，确保生产过程的稳定和高效。在医疗行业，数据智能化将帮助医生更准确地诊断疾病，制定个性化的治疗方案，提高医疗服务的质量和效率。

总的来说，数据智能化是提升企业竞争力的重要手段。通过引入 AI 技术，企业可以更高效地处理和分析数据，挖掘出其中的深层次价值，为决策提供有力支持。在未来的发展中，数据智能化将在更多领域展现其强大的潜能，推动企业乃至整个行业的创新与变革。企业应积极拥抱这一趋势，加大在数据智能化方面的投入，培养相关人才，不断优化数据驱动的业务模式，以适应快速变化的市场环境，抓住新的发展机遇，在数字化浪潮中占据先机。

案例分析

AI 在数据价值链上的应用分析

在全球范围内，越来越多的企业开始意识到数据作为战略资产的重要性，而人工智能（AI）则在其中扮演了关键角色，帮助企业从海量数据中挖掘出潜在的商业价值。以下通过几个真实的企业案例，分析 AI 在数据价值链上的具体应用及其带来的商业变革。

沃尔玛的智能化供应链管理

沃尔玛作为全球最大的零售商之一，其供应链管理一直被视为行业标杆。然而，面对全球范围内成千上万的供应商和数以亿计的商品，如何高效管理库存、优化供应链、预测需求成为沃尔玛面临的巨大挑战。为了解决这些问题，沃尔玛引入了 AI 技术，通过数据驱动的决策来优化整个供应链。

首先，沃尔玛利用 AI 技术对历史销售数据、市场趋势、季节性因素以及天气预报等数据进行综合分析，从而精准预测不同地区的商品需求。例如，在飓风季节，沃尔玛的 AI 系统会根据气象数据提前预测某些地区对应急物资（如瓶装水、手电筒等）的需求激增，从而提前调配库存，确保商品供应充足。

其次，沃尔玛还通过 AI 对供应链各环节的数据进行实时监控，从供应商的生产进度到物流配送的每一个细节，AI 系统能够自动识别潜在的延迟风险，并及时调整供应链策略，确保商品能够按时到达各个门店。这种基于数据智能的供应链管理，不仅帮助沃尔玛降低了库存成本，还大幅提升了供应链的响应速度和灵活性。

Netflix 的个性化推荐系统

作为全球最大的流媒体平台之一，Netflix 的成功离不开其强大的数据分析和 AI 技术。Netflix 通过收集用户的观看历史、评分数据、搜索记录以及观看时长等海量数据，利用 AI 算法对这些数据进行深度分析，从而为每个用户提供个性化的内容推荐。

Netflix 的推荐系统基于协同过滤算法和深度学习技术，能够根据用户的兴趣和行为模式，推荐其可能感兴趣的影片或电视剧。例如，如果一个用户经常观看科幻类影片，并且对某类导演或演员的作品有较高的评价，Netflix 的 AI 系统将会自动推荐类似题材或相同导演、演员的作品。这种个性化推荐不仅提升了用户体验，还大大增加了用户的黏性和观看时长。

此外，Netflix 还利用 AI 技术对用户数据进行细分和分析，从而制定更加精准的营销策略。例如，通过分析不同地区用户的观看习惯，Netflix 能够为不同市场定制专属的内容和推广活动，从而最大化地提升市场份额。

阿里巴巴的智能客服系统

阿里巴巴作为中国最大的电子商务平台，每天需要处理数以百万计的客户咨询和投诉。为了提升客服效率，降低人工成本，阿里巴巴引入了 AI 技术，开发了智能客服系统——阿里小蜜。

阿里小蜜基于自然语言处理（NLP）和机器学习技术，能够自动识别用户提出的问题，并根据问题的类型提供相应的解决方案。例如，用户询问商品的物流信息，阿里小蜜会自动从后台系统中提取该订单的物流数据，并实时反馈给用户。对于一些复杂的问题，阿里小蜜还能够自动转接到人工客服，确保问题得到及时解决。

通过 AI 技术的应用，阿里巴巴不仅大幅提升了客服效率，还显著降低了客服成本。据统计，阿里小蜜每天能够处理超过90%的常规客服问题，只有不到10%的问题需要人工介入。这不仅减轻了客服团队的工作压力，还提升了用户的满意度。

特斯拉的自动驾驶技术

特斯拉作为全球领先的电动汽车制造商，其自动驾驶技术一直备受瞩目。特斯拉的自动驾驶系统——Autopilot，正是基于AI技术对海量数据进行分析和学习，从而实现车辆的自动驾驶功能。

特斯拉通过车辆上安装的传感器和摄像头，实时收集道路状况、交通信号、车辆位置和速度等数据，并将这些数据上传至云端进行分析和处理。AI系统会根据这些数据进行深度学习，不断优化自动驾驶算法，提升车辆的驾驶安全性和智能化水平。

例如，在遇到复杂的交通状况时，特斯拉的AI系统能够根据实时数据和历史数据，自动调整车辆的行驶速度和方向，确保安全驾驶。此外，特斯拉还通过OTA（Over-the-Air）技术，定期向车辆推送最新的自动驾驶软件更新，确保车辆的自动驾驶功能始终处于最佳状态。

通过AI技术的应用，特斯拉不仅大幅提升了车辆的智能化水平，还显著提升了车辆的安全性能。据统计，特斯拉的自动驾驶系统能够有效减少交通事故的发生率，提升驾驶安全性。

4.2 数据驱动：商业决策与运营优化

4.2.1 数据决策：用数据思维重新定义企业战略

在当今这个数据爆炸的时代，企业若想在竞争中立于不败之地，就必须学会用数据思维来重新定义其战略方向。传统的商业决策往往依赖于经验和直觉，然而，这种模式在快速变化的市场环境中逐渐显得力不从心。数据决策，顾名思义，就是通过收集、分析和利用海量数据，从中提炼出有价值的洞察，进而指导企业的战略制定和执行。

企业高管逐渐意识到，数据不仅仅是一种技术工具，更是一种战略资产。通过数据，企业可以更好地理解市场趋势、消费者需求以及竞争对手的动向。例如，一家零售企业可以通过分析消费者购买行为的数据，精准地预测下一季度的流行趋势，从而调整其产品线和营销策略。这种基于数据的决策方式，不仅提高了决策的准确性，也大大缩短了决策周期，使企业能够迅速响应市场变化。

在实际操作中，数据决策要求企业建立一套完善的数据收集和分析体系。企业需要明确其业务目标，并确定哪些数据对实现这些目标最为关键。接着，通过各种数据采集工具和平台，企业可以获取海量的原始数据。这些数据可能来源于企业的内部系统，如销售记录、客户关系管理（CRM）系统，也可能来自外部渠道，如社交媒体、市场调研报告等。

一旦数据收集完毕，企业需要对其进行清洗、整理和分析。这一过程通常需要借助先进的数据分析工具和技术，如大数据分析平台、机器学习算法等。通过这些工具，企业可以从海量数据中发现隐藏的模式和趋势，从而为决策提供有力支持。例如，一家电子商务公司可以通过分析用户浏览和购买历史数据，发现某些产品之间的关联性，进而优化其推荐算法，提高交叉销售的机会。

数据决策的另一个重要方面是数据的视觉化呈现。通过图表、仪表盘等可视化工具，企业高管可以直观地了解数据分析的结果，从而更容易作出明智的决策。例如，一家制造企业可以通过生产数据的实时监控仪表盘，及时发现生产线上的瓶颈和问题，从而迅速采取措施加以解决。

然而，数据决策并非一蹴而就，它需要企业文化的转变和员工技能的提升。企业需要培养一种数据驱动的文化，鼓励员工在日常工作中积极利用数据进行决策。同时，企业还需要为员工提供必要的培训和资源，帮助他们掌握数据分析的技能和工具。

在数据决策的过程中，企业还需注意数据的质量和安全性。低质量的数据可能导致错误的决策，而数据泄露则可能给企业带来严重的法律和声誉风险。因此，企业需要建立严格的数据管理和安全机制，确保数据的准确性、完整性和安全性。

许多成功企业的案例表明，数据决策不仅能够提高企业的运营效率和市场竞争力，还能够激发创新和创造力。例如，一家知名的在线流媒体公司通过分析用户观看数据，不仅优化了内容推荐算法，还从中发现了新的商业机会，如自制内容的制作和发行。这种基于数据的创新模式，使企业能够在激烈的市场竞争中脱颖而出。

综上所述，数据决策是企业在新经济环境中获取竞争优势的关键。通过建立完善的数据收集和分析体系，培养数据驱动的企业文化，并确保数据的质量和安全，企业可以更好地理解市场和消费者需求，从而制定出更加精准和有效的战略。在这个数据为王的时代，只有那些善于利用数据的企业，才能在激烈的市场竞争中立于不败之地。

4.2.2 数据化运营：AI 在日常管理中的应用

在现代企业的日常管理中，AI 技术的应用已经渗透到了各个环节，从人力资源管理到财务控制，再到供应链优化，数据化运营正在重新定义企业的运作方式。通过 AI 技术，企业能够以更高的效率和更低的成本完成复杂的管理任务，实现精细化运营。

1. 人力资源管理的智能化

在人力资源管理方面，AI 技术的应用极大地提高了招聘、培训和员工管理的效率。AI 可以通过自然语言处理技术自动筛选简历，根据岗位要求匹配候选人的技能和经验，从而大幅减少人力资源部门的工作量。例如，一家中型企业在招聘时，通常会收到数百份简历，人工筛选不仅耗时，而且容易出现遗漏。而通过 AI 技术，企业可以在短时间内筛选出最合适的候选人，极大地提高了招聘效率。

不仅如此，AI 还可以用于员工培训和发展。通过数据分析，AI 能够识别员工的技能缺口，并推荐相应的培训课程。这不仅帮助员工提升了个人能力，也使企业整体的竞争力得到了增强。例如，某家科技公司利用 AI 分析员工的技能数据，发现大多数员工在某一特定技术领域存在不足，于是迅速组织了相关培训，使员工的技能水平得到了显著提升。

2. 财务管理的精细化

在财务管理方面，AI 技术的应用同样表现出了巨大的潜力。通过机器学习算法，AI 可以对企业的财务数据进行深度分析，发现隐藏的成本节约机会和潜在的财务风险。例如，某制造企业通过 AI 分析其供应链数据，发现某些原材料的采购成本过高，于是调整了采购策略，成功降低了生产成本。

此外，AI 还可以用于财务预测和预算管理。通过分析历史数据和市场趋势，AI 能够准确预测企业未来的财务状况，帮助管理层作出更为科学的决策。例如，一家零售企业利用 AI 技术对其销售数据和市场趋势进行了分析，成功预测了下一季度的销售高峰期，从而提前做好了库存和人员安排，避免了因准备不足而导致的销售损失。

3. 供应链管理的优化

在供应链管理方面，AI 技术的应用同样不可或缺。通过 AI 技术，企业可以实现对供应链各个环节的实时监控和优化，从而提高整体运营效率。例如，某物流公司通过 AI 技术对其运输路线进行了优化，不仅缩短了运输时间，还降低了燃油消耗和运输成本。

AI 还可以用于需求预测和库存管理。通过分析历史销售数据和市场趋势，AI 能够准确预测未来的市场需求，帮助企业合理安排生产和库存。例如，一家食品企业通过 AI 分析其销售数据，发现某些产品在特定季节的需求量较大，于是提前增加了这些产品的生产和库存，确保了市场供应，避免了因缺货而导致的销售损失。

4. 客户关系管理的智能化

在客户关系管理方面，AI 技术的应用同样表现出了巨大的优势。通过 AI 技术，企业可以实现对客户数据的深度分析，发现客户的需求和偏好，从而提供更为个性化的服务。例如，某电商平台通过 AI 分析其客户数据，发现某些客户对特定品类的商品有较高的购买意愿，于是向这些客户推送了相关的促销信息，成功提高了销售转化率。

不仅如此，AI 还可以用于客户服务。通过自然语言处理技术，AI 能够自动处理客户的咨询和投诉，提供 24 小时不间断的服务。例如，某家电企业通过 AI 技术建立了智能客服系统，不仅能够自动回复客户的常见问题，还能够根据客户的具体情况为其提供个性化的解决方案，极大地提高了客户满意度。

5. 风险管理的科学化

在风险管理方面，AI 技术的应用同样表现出了巨大的潜力。通过 AI 技术，企业可以实现对各类风险的实时监控和预警，从而采取有效的应对措施。例如，某金融企业通过 AI 技术对其交易数据进行了分析，发现某些交易存在较高的风险，于是及时采取了相应的风险控制措施，避免了潜在的财务损失。

此外，AI 还可以用于合规管理。通过分析法律法规和企业内部数据，AI 能够识别潜在的合规风险，并提出相应的改进建议。例如，一家制药企业通过 AI 技术对其研发数据和临床试验数据进行了分析，发现某些实验数据存在合规风险，于是及时进行了整改，避免了因合规问题而导致的法律纠纷。

6. 综合应用与未来展望

总的来说，AI 技术在企业日常管理中的应用已经覆盖了人力资源、财务、供应链、客户关系和风险管理等各个方面。通过数据化运营，企业能够实现精细化管理，提高整体运营效率，降低成本，提升竞争力。

未来，随着 AI 技术的不断发展和完善，其在企业管理中的应用将会更加广泛和深入。企业需要不断学习和适应这些新技术，积极探索 AI 与业务的融合点，培养具备 AI 知识和技能的人才队伍。同时，企业也要关注 AI 应用可能带来的风险和挑战，如数据隐私保护、算法偏见等问题，制定相应的策略和措施加以应对。只有这样，企业才能在数字化时代充分利用 AI 技术的优势，实现可持续发展，在激烈的市场竞争中立于不败之地，创造更多的价值和社会效益。

4.2.3　用户洞察：基于数据驱动的用户关系深化

在当今这个数据爆炸的时代，企业面临的最大挑战之一就是如何从海量的数据中提取有价值的信息，并利用这些信息来深化与用户的关系。用户洞察，简单来说，就是通过分析用户的行为数据，了解他们的需求、偏好和痛点，从而制定更加精准的营销策略和服务方案。

许多企业已经意识到，传统的用户分析方法，如问卷调查和焦点小组讨论，虽然仍然有效，但往往只能触及用户表面的需求，难以深入挖掘用户内心深处的想法和潜在需求。而数据驱动的用户洞察则能够通过分析用户在各个触点上的行为数据，帮助企业获得更为全面和深入的理解。

1. 通过多维度数据了解用户

要实现深层次的用户洞察，企业需要收集和整合多维度的用户数据。这包括用户的浏览记录、购买历史、社交媒体互动情况、客户服务记录等。通过这些数据，企业可以构建出一个完整的用户画像，不仅能够了解用户的基本人口统计信息，还能掌握他们的兴趣爱好、消费习惯以及对品牌的忠诚度。

例如，一家电子商务公司可以通过分析用户的浏览和购买记录，发现某些用户对特定品类的商品表现出浓厚的兴趣。基于这些数据，企业可以向这些用户推送相关的促销信息和新品推荐，从而提高用户的购买转化率。

2. 预测用户需求

数据驱动的用户洞察不仅能够帮助企业了解用户当前的需求，还能通过分析历史数据和行为模式，预测用户未来的需求。这种预测能力对于企业制定精准的营销策略和库存管理方案至关重要。

例如，一家零售企业可以通过分析过去几年的销售数据和季节性趋势，预测出下一个季度哪些商品将会热销。基于这些预测，企业可以提前进行库存准备和市场推广，从而抓住市场机遇，提高销售额。

3. 个性化体验提升用户满意度

在当今竞争激烈的市场环境中，用户体验已经成为企业赢得竞争优势的关键因素之一。通过数据驱动的用户洞察，企业可以为用户提供个性化的体验，从而提升用户的满意度和忠诚度。

例如，一家在线教育平台可以通过分析用户的学习行为数据，了解他们的学习进度、兴趣领域和学习偏好。基于这些洞察，平台可以为用户推荐个性化的学习路径和课程内容，从而提高用户的学习效果和满意度。

4. 实时响应与动态调整

用户的需求和行为往往是动态变化的，因此，企业需要具备实时响应和动态调整的能力。通过数据驱动的用户洞察，企业可以实时监控用户的行为变化，并迅速做出相应的调整。

例如，一家旅游公司可以通过分析用户的搜索和预订数据，发现某些用户对特定目的地的兴趣突然增加。基于这些数据，企业可以迅速调整市场推广策略，推出针对这些目的地的特价旅游产品，从而吸引更多用户预订。

5. 用户生命周期管理

数据驱动的用户洞察不仅能够帮助企业了解和预测用户的需求，还能帮助企业进行有效的用户生命周期管理。通过分析用户在整个生命周期中的行为数据，企业可以制定有针对性的营销和服务策略，从而延长用户的生命周期价值。

例如，一家金融服务公司可以通过分析用户的开户、交易和投资行为，了解用户在不同生命周期阶段的需求和风险偏好。基于这些洞察，企业可以为用户提供个性化的金融产品和服务，从而提高用户的满意度和忠诚度。

案例

某电商平台的用户洞察实践

某知名电商平台通过数据驱动的用户洞察，成功实现了用户关系的深化和销售额的提升。该平台通过整合用户的浏览、搜索、购买和评价数据，构建了全面的用户画像。基于这些数据，平台能够为用户提供个性化的商品推荐和促销信息。

例如，平台发现某用户经常浏览和购买健身相关产品，便向其推送健身器材和健身课程的优惠信息。同时，平台还通过分析用户的购买频率和金额，预测其未来的消费需求，并提前进行库存准备和市场推广。

此外，平台还通过实时监控用户的行为数据，及时发现用户需求的变化。例如，平台发现某用户对某品牌的商品表现出浓厚的兴趣，但迟迟没有下单，便通过短信和邮件向其推送该品牌的限时折扣信息，最终成功促成交易。

通过这些数据驱动的用户洞察实践，该电商平台不仅提高了用户的购买转化率，还大大提升了用户的满意度和忠诚度，实现了用户生命周期价值的最大化。

6. 结论

总的来说，数据驱动的用户洞察是企业深化用户关系、提升用户体验和实现业务增长的重要手段。通过多维度数据的收集和分析，企业能够更准确地理解用户需求，预测用户行为，从而提供更加个性化的服务和产品。这种以用户为中心的策略，不仅有助于提升用户满意度和忠诚度，还能有效促进企业的业务发展和市场竞争力。因此，在未来的商业环境中，数据驱动的用户洞察将成为企业不可或缺的核心竞争力之一。

4.2.4 个性化营销：AI 打造的数据导向的产品策略

在当今竞争激烈的市场环境中，消费者的需求变得越来越多元化和个性化。传统的"一刀切"营销策略已经无法满足现代消费者的期望，而人工智能（AI）技术的快速发展，为企业提供了个性化营销的强大工具。通过 AI 技术，企业可以深入分析消费者的行为数据，从而制定出更加精准的营销策略，推出符合个体需求的产品和服务。

1. 数据驱动的消费者洞察

企业通过各种渠道收集消费者数据，包括他们的浏览记录、购买行为、社交媒体互动等。这些数据经过 AI 算法的分析，可以揭示出消费者隐藏的需求和偏好。例如，一个在线零售平台可以利用 AI 分析用户的点击流数据，识别出哪些产品被频繁浏览但未被购买，进而推测出用户可能在寻找更具性价比的选择。这种洞察力帮助企业更好地理解消费者，并为他们量身定制产品推荐和促销活动。

2. 个性化推荐系统的应用

在电商平台，个性化推荐已经成为提升用户体验和增加销售额的重要手段。通过机器学习算法，平台可以根据用户的历史行为和偏好，推荐他们可能感兴趣的商品。这种推荐不仅限于商品页面，还包括邮件营销、App 推送通知等多种渠道。例如，某知名电商平台通过 AI 分析用户的购物车和浏览记录，向用户推荐相关或类似的商品，大大提高了转化率。

3. 动态定价策略

AI 还可以帮助企业制定动态定价策略，根据市场需求、竞争情况和用户行为实时调整商品价格。例如，在旅游和酒店预订行业，AI 可以通过分析历史价格数据、季节性趋势和实时库存情况，为不同用户提供个性化的报价。这种策略不仅能最大化企业的利润，还能提升用户的购买满意度，因为他们感觉自己得到了最优惠的价格。

4. 定制化产品与服务

随着消费者对个性化产品需求的增加，越来越多的企业开始提供定制化服务。AI 技术使得大规模定制成为可能，企业可以通过数据分析了解消费者的个性化需求，进而提供定制化的产品设计。例如，某运动鞋品牌利用 AI 技术，允许消费者在线设计自己的鞋款，从颜色、材质到鞋带类型都可以自由选择。这种个性化定制不仅增强了用户的参与感，还提升了品牌忠诚度。

5. 精准营销活动

AI 技术还可以帮助企业设计和执行更加精准的营销活动。通过分析消费者的数据，企业可以识别出高价值客户和潜在流失客户，进而制定有针对性的营销策略。例如，某化妆品公司通过 AI 分析用户的购买记录和使用频率，识别出可能即将用完产品的客户，并向他们推送相关产品的促销信息。这种精准营销不仅提高了营销效率，还增加了用户的复购率。

6. 个性化内容营销

在内容营销方面，AI 同样可以发挥重要作用。通过分析用户的行为数据，企业可以了解用户感兴趣的内容类型和主题，进而为他们提供个性化的内容推荐。例如，某新闻媒体平台通过 AI 分析用户的阅读习惯和兴趣标签，向他们推荐相关的新闻和文章，大大提高了用户的阅读时长和满意度。

7. 用户体验优化

AI 技术还可以帮助企业优化用户体验，通过数据分析识别出用户在使用产品或服务过程中的痛点和需求，进而提供更加个性化的解决方案。例如，某在线教育平台通过 AI 分析学生的学习进度和知识掌握情况，为他们提供个性化的学习路径和推荐课程，大大提高了学习效果和用户满意度。

8. 实时互动与反馈

AI 技术还可以帮助企业实现实时互动与反馈，通过智能客服系统和聊天机器人，企业可以及时响应用户的需求和问题。例如，某电商平台通过 AI 客服系统，可以 24 小时不间断地为用户提供咨询服务，解答他们的疑问并提供购买建议。这种实时互动不仅提升了用户体验，还提高了用户的购买决策速度。

9. 数据安全与隐私保护

在个性化营销中，数据的安全和隐私保护同样至关重要。企业需要通过 AI 技术确保用户数据的安全，防止数据被泄露和滥用。例如，某金融科技公司通过 AI 技术对用户数据进行加密和匿名化处理，确保用户的隐私得到保护，同时还能利用这些数据提供个性化的金融产品和服务。

> **案 例**
>
> 以某知名咖啡品牌为例，他们通过 AI 技术分析用户的购买记录和偏好，向用户推送个性化的优惠券和促销活动。例如，如果某用户经常购买拿铁，AI 系统会向他推送拿铁相关的优惠信息，并结合天气情况和季节特点为其推荐不同口味的拿铁。比如在炎热的夏天，推荐冰拿铁以及带有清爽水果风味的拿铁新品，还可能附上一些搭配的点心建议；在寒冷的冬天，则推送热拿铁的优惠，搭配温暖口感的甜品，同时根据用户的购买频率和时间，适时提醒用户可以购买咖啡卡以享受更多折扣，增加用户的消费频次和忠诚度，进一步提升品牌的市场占有率和销售额。

4.2.5 数据变现：打通数据的价值实现路径

在当今数据驱动的商业环境中，企业拥有海量的数据资源，但如何将这些数据转化为实际的商业价值，是每个企业面临的重要课题。数据变现不仅仅是将数据卖出去，更是通过多种途径和策略，将数据转化为利润增长点，从而在激烈的市场竞争中占据一席之地。

1. 数据变现的核心思路

数据变现的首要任务是明确数据的商业价值。许多企业虽然拥有大量的用户数据、交易数据和行为数据，但往往缺乏有效的分析和挖掘手段，导致数据沉睡在数据库中，无法发挥其应有的作用。因此，企业需要构建以数据为核心的商业模式，通过数据洞察市场趋势、优化运营流程、提升用户体验，最终实现利润增长。

在实际操作中，企业可以通过多种方式实现数据变现。企业可以通过数据分析，优化自身的产品和服务。例如，电商平台可以根据用户的浏览和购买记录，精准推荐商品，提高转化率；金融公司可以通过用户信用数据，优化风控模型，降低坏账率。通过这种方式，数据直接为企业带来了经济效益。

2. 数据产品化：将数据打造成商品

除了通过内部优化实现数据变现，企业还可以将数据本身打造成商品，直接销售给其他企业或个人。这种模式在广告、金融、医疗等行业尤为常见。例如，一些数据公司专门收集和整理消费者的购物行为数据，并将其出售给广告公司，用于精准广告投放。这种方式不仅为数据拥有者带来了直接的收入，还为购买数据的企业提供了有价值的商业信息，实现了双赢。

然而，数据产品化并非简单的数据打包和出售。企业需要对数据进行深度加工和分析，提炼出有价值的信息，并以易于使用和理解的形式呈现给客户。例如，一些数据公司会将原始数据进行可视化处理，制作成数据报告或分析工具，供客户参考和使用。这种方式不仅提高了数据的商业价值，还增加了客户的购买意愿。

3. 数据共享与合作：构建数据生态圈

在数据变现的过程中，企业还可以通过数据共享与合作，构建数据生态圈，实现共赢。例如，一些大型企业会与中小型企业分享数据资源，共同开发新产品和服务。这种方式不仅可以帮助中小企业降低数据获取成本，还可以帮助大型企业拓展新市场，实现业务增长。

在实际操作中，企业可以通过建立数据联盟或数据平台，实现数据的共享和交换。例如，一些电商平台会与物流公司、金融机构共享用户数据，优化整个供应链的效率。这种方式不仅提升了整个行业的运行效率，还为参与数据共享的企业带来了实际的经济效益。

4. 数据驱动的创新商业模式

数据变现不仅限于传统行业的优化和升级，还可以通过创新商业模式，开辟新的利润增长点。例如，一些企业通过数据分析，发现了新的市场需求，推出了基于数据的创新产品和服务。例如，一些健康管理公司通过分析用户的运动和饮食数据，推出了个性化的健康管理方案，并通过订阅模式获取持续收入。这种方式不仅为企业带来了新的收入来源，还提升了用户的黏性和满意度。

在创新商业模式的过程中，企业需要充分发挥数据的潜力，不断探索和尝试新的商业机会。例如，一些企业通过数据分析，发现了新的市场空白，推出了基于数据的智能硬件产品，如智能手环、智能家居等。这种方式不仅为企业带来了新的收入来源，还提升了企业的市场竞争力。

5. 数据安全与合规：保障数据变现的可持续性

在数据变现的过程中，数据安全和合规是企业必须重视的问题。随着数据隐私保护法律法规的不断完善，企业需要确保数据采集、存储和使用过程中的合规性，避免因数据泄露或滥用而面临法律风险。

在实际操作中，企业可以通过建立完善的数据安全管理制度，采用先进的数据加密和防护技术，保障数据的安全性和隐私性。同时，企业还需要定期进行数据审计和风险评估，及时发现和解决潜在的安全隐患。只有确保数据的安全和合规，企业才能实现数据变现的可持续发展。

> **案例**
>
> **成功实现数据变现的企业**
>
> 在数据变现的实践中，许多企业已经通过多种途径实现了数据的商业价值。例如，某知名电商平台通过数据分析，优化了推荐算法，提高了用户转化率和客单价，实现了显著的收入增长。又如，某金融科技公司通过数据分析，推出了个性化的信用贷款产品，降低了坏账率，提升了公司的盈利能力。
>
> 这些成功案例表明，数据变现不仅是可行的，而且是企业实现利润增长的重要途径。通过明确数据的商业价值，将数据产品化，共享与合作，企业能够开拓新的收入来源，提升市场竞争力。未来，企业应进一步加强数据治理，提高数据质量，利用先进的数据分析技术挖掘更多潜在价值。同时，要注重数据安全和隐私保护，在合规的前提下开展数据变现活动。还需积极探索与不同行业、不同规模的企业进行合作，实现数据资源的最大化利用，共同打造互利共赢的数据生态系统，推动企业持续健康发展，为经济增长注入新动力。

4.3 AI赋能下的数据产品开发与市场化

4.3.1 数据产品化：转化数据为有形市场产品

在当今数据驱动的商业环境中，企业所拥有的海量数据不再仅仅是运营的副产品，而是可以被深度挖掘和转化的宝贵资产。数据产品化，简而言之，就是将原始数据或数据分析结果转化为可以直接面向市场的产品或服务。这个过程不仅仅是技术的实现，更是商业模式的创新与重塑。

许多企业已经意识到，数据不仅是支撑决策的工具，而且它本身也可以成为盈利的核心。以金融行业为例，银行和金融机构通过分析用户的交易数据、信用记录等信息，不仅可以优化自身的风险控制模型，还可以将这些数据打包成征信服务产品，出售给其他有需求的机构。这种模式让数据从辅助角色跃升为创收主力，实现了数据价值的最大化。

在零售行业，数据产品化的应用同样广泛。大型电商平台通过用户浏览、购买行为的数据积累，能够精准刻画消费者的购物偏好和需求。这些数据经过分析和处理，可以转化为个性化推荐引擎，不仅能提升用户体验，还能有效提高平台的销售额。更进一步，这些数据产品还可以对外输出，帮助其他中小企业进行精准营销和用户管理，从而形成新的收入来源。

然而，数据产品化并非简单地将数据打包出售。成功的数据产品化往往需要经过几个关键步骤。首先是数据的采集与清洗。企业需要确保所收集的数据具有高质量和准确性，因为低质量的数据不仅无法产生价值，还可能带来误导和风险。其次是数据的分析与建模，企业需要通过先进的数据分析技术，从海量数据中提取有意义的模式和洞察。最后是产品的设计与包装，企业需要根据市场需求和用户反馈，将数据分析结果转化为易于使用和理解的产品形式。

以一家智能家居公司为例，他们通过家庭设备收集用户的使用数据，如电器使用频率、能耗情况等。这些数据不仅可以帮助公司优化产品设计，提升用户体验，还可以被加工成家庭能耗分析报告，提供给有节能需求的用户。更进一步，公司还可以与能源供应商合作，将数据打包成能效管理解决方案，提供给商业客户使用。这样，数据不仅在内部提升了运营效率，还通过外部市场实现了货币化。

在数据产品化的过程中，企业还需要关注数据安全与隐私保护。随着数据泄露和隐私侵犯事件的频发，用户对数据安全的关注度日益提升。企业必须建立严格的数据保护机制，确保用户数据不被滥用或泄露。同时，还需要遵循相关法律法规，确保数据产品在合法合规的框架内运营。

此外，数据产品化还需要有与时俱进的创新精神。市场需求和用户偏好在不断变化，企业需要持续更新和优化数据产品，以满足用户不断变化的需求。例如，一家在线教育平台通过分析学生的学习行为数据，开发了一款智能学习助手，帮助学生制订个性化学习计划。随着用户反馈和数据积累，平台不断优化算法和产品功能，最终推出了更高效的学习方案，赢得了用户的青睐和市场的认可。

数据产品化的成功案例不仅限于大型企业，许多中小企业也在积极探索数据产品化的路径。例如，一家初创的健康管理公司通过智能穿戴设备收集用户的健康数据，如心率、步数、睡眠质量等。这些数据经过分析处理，不仅可以帮助用户改善健康状况，还可以被加工成健康报告，提供给保险公司和医疗机构使用。通过这种模式，公司不仅实现了数据的货币化，还建立了稳定的收入来源。

总的来说，数据产品化是一项复杂而又充满潜力的工程。它要求企业不仅具备先进的数据分析技术，还需要有敏锐的市场洞察力和创新精神。通过将数据转化为有形的市场产品，企业可以在激烈的市场竞争中占据一席之地，实现数据价值的最大化。未来，随着数据技术的不断发展和市场需求的变化，数据产品化必将迎来更加广阔的发展空间。企业只有不断探索和实践，才能在数据驱动的商业世界中立于不败之地。

4.3.2 数据市场：交易平台与数据流通生态

在当今这个数据驱动的时代，企业与个人都在不断积累海量的数据。然而，数据本身并不会自动产生价值，只有通过有效的市场机制和流通生态，数据才能够真正转化为资产，并为持有者带来收益。数据市场的形成与发展，正逐渐成为全球数字经济的重要组成部分。

1. 数据交易平台的崛起

数据交易平台应运而生，成为连接数据供应方与需求方的关键桥梁。这些平台通过提供安全、透明和高效的交易环境，促进了数据的自由流通。例如，在一些发达国家，如 Datarade、Dawex 等数据交易平台已经逐渐成熟，吸引了众多企业参与其中。而在中国，诸如上海数据交易中心等平台也在快速发展，为各行各业提供数据交易服务。

这些平台不仅为企业提供了丰富的数据资源，还通过技术手段确保了数据交易的合规性和安全性。例如，区块链技术的应用可以有效防止数据被篡改和泄露，确保交易各方的合法权益。此外，智能合约的引入也大大提高了交易效率，降低了人为干预的风险。

2. 数据流通生态的构建

数据市场的繁荣离不开一个健康、稳定的数据流通生态。在这个生态系统中，数据供应方、需求方、交易平台、技术服务商等各类角色相互依存，共同推动数据的流动与价值的实现。

首先，数据供应方需要不断挖掘和整理自身的数据资源，确保数据的质量和完整性。例如，电商平台可以通过整理用户的浏览、购买和评价数据，形成高质量的数据集，提供给有需求的企业。这些数据不仅可以帮助企业了解市场趋势，还可以用于精准营销和产品开发。

其次，数据需求方则需要明确自身的数据需求，并通过合法合规的途径获取数据。例如，一些初创企业可能缺乏足够的数据资源，但通过数据交易平台，它们可以获取到所需的数据，从而快速进入市场并展开竞争。

技术服务商在这个生态系统中扮演着重要的角色。它们提供数据存储、处理、分析等一系列技术服务，确保数据在流通过程中能够被有效利用。例如，一些大数据公司通过开发先进的数据分析工具，帮助企业从海量数据中提取有价值的信息，从而指导决策和优化业务流程。

3. 数据市场的挑战与机遇

尽管数据市场的发展前景广阔，但也面临着诸多挑战。首先，数据隐私和安全问题一直是各方关注的焦点。在数据交易过程中，如何确保用户隐私不被侵犯，如何防止数据被泄露和滥用，是亟待解决的问题。例如，欧洲的《通用数据保护条例》（GDPR）对数据交易提出了严格的要求，企业必须在合规的前提下进行数据交易。

其次，数据市场的标准化问题也需要引起重视。由于数据种类繁多、格式各样，如何制定统一的标准和规范，确保数据在流通过程中的兼容性和可操作性，是一个复杂的课题。例如，不同国家和地区的数据标准可能存在差异，这给跨国数据交易带来了不小的障碍。

然而，挑战往往伴随着机遇。随着技术的不断进步和市场的逐渐成熟，数据市场的潜力将得到进一步释放。例如，人工智能技术的应用可以帮助企业更高效地分析和利用数据，从而挖掘出更多的商业价值。此外，区块链技术的引入也可以进一步提升数据交易的透明度和安全性，促进数据市场的健康发展。

4. 数据市场的未来展望

展望未来，数据市场将朝着更加开放、智能和多元化的方向发展。首先，随着数据交易平台的不断完善，数据的获取和交易将变得更加便捷和高效。例如，一些新兴的技术如联邦学习，可以在不泄露数据隐私的前提下，实现数据的共享和联合分析，从而打破数据孤岛，促进数据价值的最大化。

其次，数据市场的参与者将更加多元化，不仅包括传统企业和技术服务商，还会有更多的个人和中小企业加入。例如，一些个人可以通过提供自身的数据资源，参与到数据市场中，从而获得收益。而中小企业也可以通过数据交易平台，获取到所需的数据资源，提升自身的竞争力和市场份额。

最后，数据市场的国际化趋势将越发明显。随着全球经济一体化的深入推进，跨国数据交易将变得更加频繁。例如，一些跨国企业可以通过数据交易平台，获取到全球各地的市场数据，从而制定更加精准的全球战略。此外，国际数据合作和交流也将不断加强，推动数据市场的全球化发展。

> **案例**
>
> **数据市场的实践与成效**
>
> 在全球范围内，已经有一些企业在数据市场中取得了显著的成效。例如，美国的 Palantir 公司通过整合和分析海量数据，帮助政府和企业解决了复杂的业务问题。该公司不仅提供了先进的数据分析工具，还通过数据交易平台，获取了大量的数据交易收入。同时，其数据驱动的决策支持服务帮助客户优化业务流程，提升了运营效率，进一步巩固了客户合作关系，带来了更多的业务拓展机会。Palantir 的成功示范了数据变现的多元路径，包括数据产品销售、基于数据洞察的解决方案收费以及数据共享交易等模式。其他企业可以从中借鉴，根据自身业务特点挖掘数据潜力，加强数据安全管理和隐私保护措施，打造符合自身的可持续数据变现策略，在数字化浪潮中实现竞争力的跃升和业务的创新发展。

4.3.3 数据合规与安全：保障数据价值链的稳健

在当今大数据和人工智能快速发展的时代，企业通过收集、处理和分析海量数据来驱动业务决策和创新。然而，随着数据价值的不断提升，数据合规与安全问题也越发显得重要。数据一旦出现泄露或不合规使用，不仅会导致企业面临巨额罚款，还可能对企业的声誉造成毁灭性打击。因此，如何在数据价值链的各个环节中确保合规与安全，已成为每个企业在数字化转型过程中必须面对的重大课题。

1. 数据合规：法律与道德的双重约束

在全球范围内，各国对于数据隐私和安全的法律法规日趋严格。以欧盟的《通用数据保护条例》（GDPR）和中国的《中华人民共和国个人信息保护法》（PIPL）为代表，这些法规对数据的收集、存储、处理和共享提出了明确的要求。企业必须确保其数据处理活动符合相关法律法规，否则将面临严厉的处罚。例如，根据 GDPR，企业如果违反数据保护条例，可能会被处以全球营业额 4% 的罚款。而 PIPL 同样规定了对违法处理个人信息行为的严惩措施。

除了法律层面的要求，企业在处理数据时还需考虑道德层面的约束。数据的收集和使用不应仅仅以商业利益为导向，还应尊重用户的知情权和选择权。许多企业已经意识到，在数据处理过程中，透明的隐私政策和明确的用户授权是建立用户信任的关键。企业需要通过明确的告知和授权机制，确保用户了解他们的数据将被如何使用，并给予他们随时撤回授权的权利。

2. 数据安全：技术与管理的协同作战

数据安全问题不仅仅是一个技术问题，更是一个管理问题。在技术层面，企业需要采用多种手段来保护数据安全，包括数据加密、访问控制、身份验证等。加密技术可以有效防止数据在传输和存储过程中被窃取或篡改。访问控制和身份验证则确保只有经过授权的人员才能访问敏感数据。

然而，仅仅依靠技术手段并不足以保障数据安全。企业在管理层面也需要建立完善的数据安全管理制度。首先，企业需要明确数据安全的责任人和管理流程。数据安全责任应落实到具体的部门和个人，并建立相应的考核机制。其次，企业需要定期进行数据安全培训，提高员工的数据安全意识和技能。最后，企业还应制定数据安全事件应急预案，确保在发生数据泄露或安全事件时能够迅速响应并处理。

3. 数据共享与流通中的合规与安全挑战

在数据价值链中，数据共享与流通是一个重要的环节。通过数据共享，企业可以实现资源互补，提升数据的价值。然而，数据共享也带来了新的合规与安全挑战。企业在共享数据时，需要确保数据的来源合法、使用目的明确，并采取必要的技术和管理措施来保护数据安全。

首先，企业在共享数据时需要明确数据的权属关系和使用范围。数据的所有权和使用权应在合同中明确约定，避免因权属不清导致的法律纠纷。其次，企业需要对数据共享的合作伙伴进行严格的审查和评估，确保其具备相应的数据安全保护能力。最后，企业还应建立数据共享的监控和审计机制，及时发现和纠正数据共享过程中的违规行为。

4. 数据跨境传输的风险与应对

随着全球化进程的加快，数据跨境传输已成为许多跨国企业日常运营的一部分。然而，数据跨境传输也带来了新的合规与安全风险。不同国家和地区对于数据跨境传输的规定各不相同，企业需要确保其数据传输活动符合相关法律法规。

例如，欧盟的 GDPR 规定，向非欧盟国家传输个人数据时，必须确保该国家或地区具备与 GDPR 同等水平的数据保护措施。中国的 PIPL 也规定，个人信息出境须经过安全评估或获得相关主管部门的批准。企业需要建立完善的数据跨境传输合规制度，确保数据传输活动合法合规。

为了应对数据跨境传输的风险，企业可以采取多种措施。首先，企业可以采用数据本地化策略，将数据存储和处理活动限制在特定国家和地区。其次，企业可以采用加密技术和安全传输协议，确保数据在传输过程中不被窃取或篡改。最后，企业还可以与数据接收方签订数据保护协议，明确双方在数据保护方面的责任和义务。

5. 数据合规与安全的未来展望

随着技术的不断发展，数据合规与安全问题也在不断演变。企业需要时刻关注法律法规的变化和技术发展的趋势，及时调整数据合规与安全策略。人工智能、区块链、物联网等新技术的不断涌现，为企业数据合规与安全带来了新的挑战和机遇。例如，人工智能技术的广泛应用，虽然提高了数据处理和分析的效率，但也带来了数据隐私和算法歧视等问题。区块链技术虽然可以确保数据的不可篡改性和透明度，但在数据共享和跨链交互方面仍存在技术难题。物联网技术的普及，使得数据收集和传输的节点大大增加，也增加了数据被泄露和攻击的风险。

因此，企业需要紧跟技术发展步伐，不断探索和应用新技术，同时加强数据合规与安全的管理和监控。通过建立完善的数据合规与安全体系，企业可以更好地应对未来的挑战和机遇，确保数据的合规性和安全性，为企业的可持续发展提供有力保障。

案例分析

数据智能转化为市场竞争力

在全球商业竞争日益激烈的今天，如何将数据智能有效地转化为市场竞争力，已成为企业必须面对的重要课题。以下通过几个真实的企业案例，详细展示它们如何通过数据智能的应用，在市场中脱颖而出，获得显著的竞争优势。

Netflix 的数据驱动内容推荐

Netflix 作为全球最大的流媒体平台之一，其成功离不开数据智能的深度应用。Netflix 通过收集和分析用户的观影数据，如观看时长、暂停次数、观影时间段等，构建了强大的推荐算法。该算法不仅能根据用户的观影历史推荐个性化的内容，还能预测用户的观影偏好，提前布局自制剧的制作和采购。

通过这一数据智能策略，Netflix 不仅提升了用户体验，还大幅增加了用户的黏性和留存率。数据显示，Netflix 超过 75% 的观看内容是由推荐系统推送的。这不仅帮助 Netflix 在竞争激烈的流媒体市场中占据了领先地位，还为其自制内容提供了精准的数据支持，降低了内容制作和采购的风险。

星巴克的数据驱动门店选址

星巴克作为全球最大的咖啡连锁品牌，其门店选址一直是其成功的关键因素之一。近年来，星巴克利用数据智能技术，通过分析地理位置、人流量、消费能力、周边竞争情况等多维度数据，优化门店选址策略。

星巴克利用其会员系统和移动应用收集的大量用户数据，结合第三方数据源，通过机器学习算法分析出最优的门店位置。这一策略不仅帮助星巴克在新市场开拓中占据有利位置，还为其现有门店的优化提供了数据支持。例如，星巴克通过数据分析发现，在某些高人流量区域增加移动订单取货点，可以大幅提升销售额和用户满意度。

沃尔玛的供应链数据优化

沃尔玛作为全球最大的零售商，其供应链管理一直是其核心竞争力之一。近年来，沃尔玛通过数据智能技术，优化其供应链管理，提升了供应链效率，降低了运营成本。

沃尔玛利用其庞大的销售数据和库存数据，通过数据分析和机器学习算法，预测商品需求，优化库存管理。例如，沃尔玛通过分析历史销售数据和天气数据，提前预测节假日和恶劣天气对商品需求的影响，从而提前备货，避免缺货或过剩。

此外，沃尔玛还通过数据智能技术，优化其物流配送网络，通过分析运输路线、交通状况、配送时间等多维度数据，选择最优的配送路径，降低了运输成本，提升了配送效率。

阿里巴巴的数据智能营销

阿里巴巴作为中国最大的电商平台，其成功离不开数据智能在营销中的应用。阿里巴巴通过其平台收集的海量用户数据，如浏览记录、购买记录、搜索记录等，构建了强大的用户画像系统。

通过这一系统，阿里巴巴能够为每个用户提供个性化的商品推荐和营销活动。例如，在"双十一"购物节期间，阿里巴巴通过数据智能技术，分析用户的购物偏好和历史数据，为每个用户推送个性化的优惠券和促销信息，提升了用户的购买意愿和平台的销售额。

此外，阿里巴巴还通过数据智能技术，优化其广告投放策略，通过分析用户行为和广告效果数据，选择最优的广告投放时间和渠道，提升了广告的转化率和投放效果。

UPS 的物流数据优化

UPS 作为全球最大的物流公司之一，其物流网络的高效运转离不开数据智能的应用。UPS 通过在其运输车辆、配送中心和飞机上安装传感器，收集了大量的物流数据，如车辆运行状态、包裹重量、运输时间等。

通过数据智能技术，UPS 能够实时监控其物流网络的运行状态，预测和发现潜在的问题，如车辆故障、交通拥堵等，从而采取相应的措施，保证物流网络的高效运转。例如，UPS 通过数据分析发现，某些路线的交通拥堵情况严重，影响了配送效率。为此，UPS 通过优化运输路线，选择避开高峰时段和拥堵路段，提升了配送效率，降低了运输成本。

此外，UPS 还通过数据智能技术，优化其包裹分拣和配送流程，通过分析包裹的重量、体积、目的地等数据，选择最优的分拣和配送路径，提升了分拣效率和配送速度，降低了运营成本。

通过以上案例可以看出，数据智能在不同行业和领域中的应用，不仅提升了企业的运营效率和用户体验，还为其在市场竞争中赢得了显著的竞争优势。企业通过收集和分析海量数据，构建数据驱动的决策模型和业务流程，能够更精准地把握市场需求，优化资源配置，降低成本，提高服务质量。未来，随着技术的不断进步，数据智能的应用场景将更加广泛，企业应积极拥抱数字化转型，加大在数据智能方面的投入，培养专业人才，加强数据安全管理，充分挖掘数据价值，以适应不断变化的市场环境，实现可持续发展和创新突破，在全球经济格局中占据更有利的地位。

4.3.4　战略布局：数据智能时代的前瞻思维

在数据智能时代，企业要想在激烈的市场竞争中立于不败之地，必须具备前瞻性的战略思维。这种思维不仅仅是对当前市场环境的应对，更是对未来趋势的预判与布局。数据智能的核心在于通过数据的收集、分析与应用，帮助企业优化决策、提升效率，并发现新的商业机会。然而，如何将这些数据价值转化为可持续的竞争优势，则需要企业在战略层面上进行深刻的思考与布局。

第一，企业需要构建一个以数据为核心的生态系统。这个系统不仅仅是技术层面的，更是战略层面的。企业应将数据智能融入企业的每一个环节，从产品研发、市场营销到客户服务，甚至是企业内部的管理与运营。通过建立数据驱动的决策机制，企业能够更加敏捷地应对市场变化，发现潜在的商业机会。例如，一些领先的零售企业通过分析消费者的购买行为数据，精准预测市场趋势，提前布局产品线，从而在竞争中占据先机。

第二，企业应具备开放的合作心态，积极寻求跨界合作与资源整合。数据智能时代，单打独斗难以取得成功，企业需要与行业伙伴、技术公司以及其他数据提供商建立紧密的合作关系。通过共享数据资源与技术能力，企业可以构建一个协同共赢的生态系统，从而提升整体竞争力。例如，一些大型互联网公司通过与传统制造业企业合作，共同开发智能硬件产品，不仅拓展了业务领域，也实现了数据的跨界流动与价值最大化。

第三，企业需要建立长效的数据治理机制，确保数据的质量与安全。数据智能时代，数据是企业最宝贵的资产，但同时也带来了数据治理的挑战。企业需要制定严格的数据管理制度，确保数据的采集、存储与使用符合相关法律法规，并建立完善的数据安全防护体系，防止数据泄露与滥用。例如，一些金融企业通过建立数据加密与访问控制机制，确保客户数据的安全与隐私，从而赢得了客户的信任。

第四，企业应持续关注技术前沿，积极探索新兴技术与商业模式。数据智能技术日新月异，企业需要保持敏锐的洞察力，及时跟进最新的技术发展，并将其应用于实际业务中。例如，一些领先的科技公司通过引入人工智能与区块链技术，不仅提升了数据处理的效率与安全性，也开拓了新的商业模式。此外，企业还应鼓励内部创新，通过设立创新实验室或孵化器，支持员工进行技术探索与商业实践，从而保持企业的创新活力。

第五，企业需要注重人才培养与文化建设，打造数据智能时代的核心竞争力。数据智能的应用离不开专业的人才队伍，企业需要通过内部培养与外部引进相结合的方式，建立一支具备数据分析、技术开发与商业洞察能力的复合型人才团队。同时，企业应营造开放包容的文化氛围，鼓励员工积极拥抱变化，勇于尝试新事物，从而形成持续创新的企业文化。例如，一些科技公司通过定期举办技术交流会与创新大赛，激发员工的创造力与创新精神，从而保持了企业的竞争力。

第六，企业应具备全球化视野，积极拓展国际市场。数据智能时代，市场竞争已经超越了地域限制，企业需要具备全球化视野，积极开拓国际市场，寻求更大的发展空间。通过建立国际化的业务网络与合作伙伴关系，企业可以获取更多的市场信息与技术资源，从而提升全球竞争力。例如，一些中国企业通过在海外设立研发中心与分支机构，不仅提升了技术研发能力，也拓展了国际市场份额。

综上所述，数据智能时代的前瞻性战略布局，需要企业从构建数据生态系统、跨界合作、数据治理、技术探索、人才培养以及全球化发展等多个方面进行全面考量与实践。只有通过系统性的战略布局，企业才能在数据智能时代抓住机遇，实现可持续发展，并在激烈的市场竞争中立于不败之地。

第四步

销售 AI 应用，开拓副业增收

5.1 AI 产品服务的市场需求与趋势

5.1.1 AI 市场分析：需求爆发与市场潜力

近年来，人工智能（AI）技术的发展已经从实验室走向了实际应用，渗透进了各个行业，并引发了巨大的市场需求爆发。从金融、医疗、制造到零售、教育和娱乐，几乎每一个行业都在积极寻求通过 AI 技术来提升效率、降低成本和创造新的商业模式。这种需求的爆发并非偶然，而是多种因素共同作用的结果。

首先，随着大数据技术的成熟，企业积累了海量的数据资源，而 AI 技术正是处理和分析这些数据的最佳工具。企业逐渐意识到，通过 AI 技术可以挖掘出隐藏在海量数据中的商业价值，进而作出更加精准的决策。例如，在金融行业，AI 可以通过对用户数据的深度分析，帮助银行和金融机构更好地评估风险，提供个性化的金融产品。在医疗领域，AI 可以通过分析病历数据和医学影像，辅助医生进行诊断，甚至在某些特定领域超越人类医生的诊断准确率。

其次，计算能力的提升和云计算的普及为 AI 技术的广泛应用提供了强有力的支撑。过去，AI 模型的训练需要耗费大量的时间和计算资源，而如今，借助云计算平台，企业可以快速获取所需的计算资源，大大缩短了 AI 应用的开发周期。例如，亚马逊 AWS、微软 Azure 和谷歌云等云服务提供商都推出了专门针对 AI 的计算服务，使得企业无须投入巨资自建基础设施，就可以享受到高效的 AI 计算服务。

最后，AI 技术的开源和普及也加速了市场需求的爆发。诸如 TensorFlow、PyTorch 等开源 AI 框架的推出，降低了企业进入 AI 领域的门槛，使得更多的中小企业也能够参与到 AI 技术的应用和开发中来。开源社区的繁荣不仅促进了技术的快速迭代和优化，还催生了一大批 AI 创业公司和创新应用，进一步推动了市场的繁荣。

市场研究机构的数据也印证了这一趋势。根据 IDC 的报告，全球 AI 市场的规模在未来几年将保持高速增长，预计到 2025 年，市场规模将突破 2000 亿美元。其中，中国市场表现尤为抢眼，成为全球AI技术应用和创新的重要推动力。中国政府对AI技术的发展给予了大力支持，先后出台了一系列政策文件，推动AI技术的研发和产业化。与此同时，中国的互联网巨头如阿里巴巴、腾讯、百度等也纷纷加大了在AI领域的投入，不断推出新的AI产品和服务。

总的来说，AI市场的需求爆发和市场潜力是多方面因素共同作用的结果。从技术成熟度、计算能力提升到政策支持和应用场景的不断拓展，AI技术已经成为推动各行各业发展的重要力量。未来，随着技术的不断进步和市场的进一步成熟，AI技术的应用范围和市场规模还将继续扩大，为企业和个人带来更多的发展机遇和商业价值。在这一过程中，那些能够率先掌握和应用AI技术的企业和个人，无疑将在这场AI浪潮中占据领先地位，实现财富的快速增长。

延伸阅读

DeepSeek 效应：低成本 AI 应用的商机

随着 AI 技术的飞速发展，DeepSeek 的横空出世无疑为各行各业带来了巨大的冲击和机遇。DeepSeek 作为一款功能强大且成本低廉的 AI 工具，其广泛的应用场景和高效的处理能力，正在改变传统商业模式，并为中小企业及创业者提供了前所未有的商机。

在过去，AI 技术的应用往往受限于高昂的成本和复杂的技术门槛，使得很多中小企业和个人创业者望而却步。然而，DeepSeek 的出现大幅降低了 AI 技术的使用成本，使得更多企业能够以较低的投入享受到 AI 带来的红利。这一"DeepSeek 效应"首先体现在其广泛的适用性上。无论是在零售、制造、医疗还是在金融领域，DeepSeek 都能通过其强大的数据处理和分析能力，帮助企业优化运营流程，提升效率。

此外，DeepSeek 的低成本优势还体现在其易于集成和部署上。传统的 AI 系统往往需要企业投入大量的人力和物力进行定制开发和系统集成，而 DeepSeek 则以其模块化和灵活的架构，使得企业能够快速部署并应用。这种快速上线、快速见效的特点，使得 DeepSeek 成为中小企业快速响应市场变化、提升竞争力的利器。

与此同时，DeepSeek 的广泛应用还催生了一系列新兴商业模式和创业机会。许多创业者通过 DeepSeek 提供的低成本 AI 工具，开发出了各种创新的产品和服务。例如，一些初创公司利用 DeepSeek 开发智能客服系统，为企业提供高效的客户服务解决方案；还有一些公司则利用 DeepSeek 进行图像识别和处理，开发出了智能安防和智能医疗等应用。

不仅如此，DeepSeek 的低成本优势还吸引了大量投资者的关注。许多风投机构和天使投资人纷纷将目光投向 AI 初创企业，寻找下一个独角兽。在这种背景下，越来越多的创业者选择借助 DeepSeek 的力量，踏上 AI 创业的征程。他们通过 DeepSeek 提供的强大技术支持，快速验证商业模式，抢占市场先机。

然而，DeepSeek 带来的商机远不止于此。随着其不断迭代和优化，DeepSeek 在未来还将具备更强的学习和适应能力，为企业提供更加智能化和个性化的解决方案。例如，在客户关系管理方面，DeepSeek 可以通过深度学习算法，帮助企业更好地理解客户需求，提供个性化的产品和服务推荐。在供应链管理方面，DeepSeek 可以通过预测分析，帮助企业优化库存管理和物流调度，从而降低运营成本，提高效率。

此外，DeepSeek 还在推动跨行业合作和创新方面发挥着重要作用。通过其开放的平台和丰富的 API 接口，DeepSeek 促进了不同行业之间的数据共享和协同创新。例如，在医疗和金融领域，DeepSeek 可以帮助医疗机构和银行通过数据分析，发现新的商业机会和合作模式。这种跨行业的合作不仅能够带来新的商业价值，还能推动整个产业链的升级和转型。

总的来说，DeepSeek 效应正在以不可逆转的趋势改变着商业世界的格局。其低成本、高效率、易部署的特点，为中小企业及创业者提供了前所未有的商机。在 DeepSeek 的助力下，越来越多的企业开始借助 AI 技术提升竞争力，实现业务的快速增长。而对于那些敏锐把握这一趋势的创业者来说，DeepSeek 无疑是他们打开财富之门的金钥匙。

在这个 AI 技术迅速普及的时代，DeepSeek 的出现不仅降低了企业应用 AI 技术的门槛，还为各行各业的创新和发展注入了新的活力。无论是传统企业还是新兴创业者，只要能够充分利用 DeepSeek 的优势，抓住这一波低成本 AI 应用的商机，就有可能在激烈的市场竞争中脱颖而出，实现财富的快速积累和企业的可持续发展。

因此，对于每一个希望在 AI 时代占据一席之地的企业和创业者来说，DeepSeek 无疑是一个不可或缺的工具。通过深入挖掘 DeepSeek 的潜力，企业不仅能够提升自身的运营效率和竞争力，还能够在未来的商业世界中立于不败之地。在这个充满机遇和挑战的时代，DeepSeek 效应正在为每一个有梦想的创业者铺就通向成功的道路。

5.1.2 市场机制：AI 产品与服务的商业模式

在 AI 技术快速发展的今天，企业要想在激烈的市场竞争中脱颖而出，就必须深刻理解并掌握适合 AI 产品与服务的商业模式。这不仅仅是为了提升产品的市场竞争力，更是为了在快速变化的科技浪潮中找到可持续发展的路径。

首先，AI 产品的市场机制与传统产品有显著不同。传统商业模式往往依赖于实体产品的销售，而 AI 产品更多依赖于软件、算法、数据以及后续的服务支持。例如，许多 AI 企业通过"软件即服务"（SaaS）的模式来提供产品。这种模式不仅能够为企业带来持续的收入来源，还可以通过订阅和升级服务来增强客户黏性。例如，某家提供 AI 客服解决方案的公司，通过按月收取服务费的方式，不仅降低了客户的初始使用门槛，还能通过不断优化和升级系统来保持客户的长期使用。

其次，个性化定制和解决方案的提供也是 AI 产品的重要商业模式之一。在 AI 时代，客户的需求千差万别，尤其是不同行业对 AI 技术的应用场景和要求各不相同。因此，企业需要根据客户的具体需求，提供量身定制的解决方案。例如，某 AI 公司在金融领域推出了专门针对银行的反欺诈系统，而在医疗领域则推出了帮助医生诊断疾病的辅助系统。这种根据不同行业、不同企业甚至不同部门提供定制化解决方案的商业模式，不仅提高了客户的满意度，还增强了企业的市场竞争力。

最后，数据作为 AI 技术的核心驱动力，也成了商业模式中的重要组成部分。许多 AI 企业通过收集和分析海量数据，从中挖掘出有价值的商业信息，并将其转化为新的盈利点。例如，一些 AI 公司通过为客户提供数据分析服务，帮助他们优化运营决策，甚至预测市场趋势。这种商业模式不仅让企业从单一的产品销售转向多元化的服务，还大大提升了企业的盈利能力。

与此同时，AI 技术的快速迭代也促使企业不断调整和优化自己的商业模式。例如，许多 AI 初创企业通过与大企业合作，借助大企业的资源和市场渠道来快速推广自己的产品。这种"借船出海"的合作模式，不仅帮助 AI 初创企业降低了市场推广的成本和风险，还加速了技术的落地和应用。例如，某 AI 初创公司与一家大型零售企业合作，通过提供智能推荐系统，不仅帮助零售企业提升了销售额，还借助大企业的市场影响力快速打开了市场。

在市场推广方面，AI 企业也逐渐摸索出了一套行之有效的商业模式。例如，通过举办行业峰会、技术论坛和产品展示会等活动，不仅能够提升企业的品牌影响力，还能够直接接触到潜在客户，了解他们的需求和痛点。此外，一些 AI 企业还通过与高校和科研机构合作，共同研发新技术和新产品，借助学术界的科研力量来推动企业的技术创新。

当然，AI 产品与服务的商业模式并非一成不变。随着技术的不断进步和市场的不断变化，企业需要灵活调整自己的商业模式，以适应新的市场环境。例如，随着消费者对隐私和数据安全的关注度不断提高，一些 AI 企业开始探索如何在保护用户隐私的前提下，继续提供高效的数据分析服务。这种对商业模式的不断优化和调整，不仅能够帮助企业应对市场的变化，还能够提升企业的抗风险能力。

总的来说，AI 产品与服务的商业模式是一个动态变化的过程，企业需要根据市场需求、技术发展和竞争环境的变化，不断调整和优化自己的商业模式。通过提供个性化的解决方案、借助数据的力量、加强与大企业的合作以及灵活应对市场变化，AI 企业才能在激烈的市场竞争中立于不败之地，实现可持续发展。在这个过程中，企业不仅要关注技术的创新，还要注重商业模式的创新，只有这样才能在 AI 时代抓住机遇，实现财富的快速增长。

5.2 构筑 AI 销售平台：技术推广与销售渠道

5.2.1 AI 产品展示：打造互动式销售体验

在当今竞争激烈的市场环境中，AI 产品的展示方式直接影响着消费者的购买决策。如何让潜在客户对 AI 产品产生兴趣并迅速建立信任，是每个企业面临的重要课题。通过打造互动式的销售体验，企业不仅能够展示产品的功能，还能让客户亲身感受 AI 技术带来的便利与惊喜。

1. 创造沉浸式的产品体验

当客户走进一家体验店或者登录一个线上展示平台，第一印象至关重要。为了吸引客户的注意力，企业需要通过视觉、听觉甚至触觉等多感官的刺激，让客户感受到 AI 产品的独特魅力。例如，在一家智能家居体验馆中，客户可以亲眼看到 AI 如何通过语音控制调节室内灯光、温度和家电设备。这种沉浸式的体验不仅让客户感受到科技的魅力，还能激发他们对未来智能生活的向往。

2. 互动演示：让客户成为参与者

传统的产品展示往往是单向的，客户被动地接受信息，而互动式的 AI 产品展示则打破了这一局限。通过互动演示，客户可以亲自操作 AI 产品，成为整个体验过程的参与者。例如，在一款 AI 健康管理产品的展示中，客户可以输入自己的健康数据，实时看到 AI 如何分析这些数据并给出个性化的健康建议。这种互动不仅增加了客户的参与感，还让他们对产品的功能有了更直观的理解。

3. 个性化推荐：精准满足客户需求

AI 技术的优势在于其强大的数据分析能力，企业可以利用这一优势为客户提供个性化的产品推荐。通过分析客户的浏览记录、购买历史和兴趣爱好，AI 可以精准地推荐符合客户需求的产品。例如，在一家在线商城，客户在浏览了一款智能音箱后，系统可以根据其兴趣推荐相关的智能家居产品，如智能灯泡、智能插座等。这种个性化的推荐不仅提高了客户的购物体验，还增加了产品的销售机会。

4. 虚拟现实：打破时空限制

随着虚拟现实（VR）技术的发展，企业可以利用这一技术为客户打造身临其境的 AI 产品展示体验。通过 VR 设备，客户可以在家中体验逼真的产品展示，无论是智能汽车的驾驶体验，还是智能厨房的操作演示，都可以通过 VR 技术实现。这种打破时空限制的展示方式，不仅扩大了产品的受众范围，还提升了客户的参与感和购买欲。

5. 实时反馈：提升客户满意度

在互动式的 AI 产品展示中，实时反馈是提升客户满意度的重要环节。通过 AI 技术，企业可以实时收集客户的反馈信息，并根据这些信息调整产品的展示方式和功能介绍。例如，在一款 AI 教育产品的展示中，客户可以实时对课程内容和教学方式进行评价，系统会根据客户的反馈自动调整推荐的课程和学习路径。这种及时的反馈机制不仅让客户感受到被重视，还提升了他们对产品的信任度和满意度。

6. 社交分享：扩大产品影响力

互动式的 AI 产品展示不仅要让客户感受到产品的魅力，还要鼓励他们将这种体验分享给更多的潜在客户。通过社交媒体平台，客户可以将自己体验 AI 产品的过程分享给朋友，这种口碑传播不仅增加了产品的曝光度，还提升了品牌的影响力。例如，在一场 AI 产品发布会上，客户可以通过社交媒体实时分享自己体验新产品的感受，这种真实的用户体验分享往往比传统的广告宣传更具说服力。

> **案例**
>
> **成功企业的互动展示策略**
>
> 许多成功企业已经通过互动式的 AI 产品展示获得了市场的认可。以某知名智能家居品牌为例，他们在各大商场设立了智能家居体验馆，客户可以亲身体验智能灯光、智能安防、智能家电等产品。通过沉浸式的体验和个性化的推荐，该品牌不仅提升了客户的购买欲，还建立了良好的口碑。另一个例子是某在线教育平台，他们通过 AI 技术为客户提供个性化的课程推荐和实时反馈，大大提升了客户的学习体验和满意度。

7. 未来展望：互动式展示的无限可能

随着 AI 技术的不断发展，互动式的产品展示方式也将迎来更多的创新和突破。未来，企业可以通过更加先进的 AI 技术，如增强现实（AR）、混合现实（MR）等，为客户打造更加丰富和多样化的产品体验。同时，随着 5G 技术的普及，企业还可以通过高速网络实现更加流畅和逼真的互动展示。这些技术的应用不仅会进一步提升客户的购物体验，还会为企业带来更多的商业机会。

通过打造互动式的 AI 产品展示体验，企业不仅能够吸引更多的客户，还能提升他们的满意度和忠诚度。在 AI 技术的加持下，未来的产品展示将不再是被动的信息传递，而是主动的互动体验。这种创新的展示方式，将为企业带来前所未有的竞争优势。客户将不再只是被动地接收产品信息，而是能够积极地参与到产品的体验中，通过互动和反馈，形成与品牌的深度连接。

5.2.2　渠道建设：构建 AI 产品与服务的销售网络

在 AI 产品和服务的市场推广过程中，渠道建设扮演着至关重要的角色。一个强大且高效的销售网络，能够帮助企业迅速占领市场，提升品牌影响力，并实现持续的盈利增长。然而，AI 技术与传统产品不同，它具有高度的专业性和技术壁垒，因此在渠道建设上需要更加精准和灵活的策略。

1. 构建多层次的渠道体系

首先，企业需要构建一个多层次的渠道体系。这意味着不仅要依赖传统的经销商和代理商，还需要引入一些新兴的渠道合作伙伴，如技术集成商、行业解决方案提供商等。这些合作伙伴往往具备丰富的行业经验和客户资源，能够帮助 AI 企业快速打开市场。例如，一家专注于 AI 医疗解决方案的公司，可以与各大医院、诊所和医疗设备供应商建立合作关系，通过他们的渠道将产品推广到更广泛的医疗机构中。

其次，企业还可以通过建立线上线下的混合渠道来扩大销售网络。线上渠道包括自建电商平台、入驻大型电商平台以及利用社交媒体进行产品推广。线下渠道则包括参加行业展会、举办产品发布会和组织线下体验活动等。通过线上线下的结合，企业能够覆盖更多的潜在客户，并提供更加全面的服务体验。

2. 渠道伙伴的选择与管理

在选择渠道伙伴时，企业需要进行严格的筛选和评估。首先，要考察渠道伙伴的行业背景和市场影响力。优秀的渠道伙伴通常在行业内具有较高的知名度和良好的口碑，能够为企业的产品背书。其次，要评估渠道伙伴的销售能力和服务水平。他们需要具备专业的销售团队和完善的售后服务体系，以确保客户在购买和使用过程中能够得到及时的支持和帮助。

在管理渠道伙伴方面，企业需要建立一套完善的激励和考核机制。通过设定明确的销售目标和奖励政策，激发渠道伙伴的积极性和主动性。同时，企业还需要定期对渠道伙伴进行培训和指导，帮助他们更好地理解和推广 AI 产品。这包括产品知识的培训、销售技巧的提升以及市场营销策略的指导等。

3. 技术支持与售后服务

AI 产品的技术含量较高，客户在使用过程中难免会遇到各种问题。因此，企业在渠道建设中还需要特别重视技术支持和售后服务。首先，要建立一支专业的技术支持团队，能够快速响应和解决客户的问题。这可以通过设立 24 小时服务热线、在线客服以及远程技术支持等方式来实现。其次，企业还需要提供全面的售后服务，包括产品安装、调试、维护和升级等。这不仅能够提升客户的满意度和忠诚度，还能够通过优质的服务增加二次销售的机会。例如，一家 AI 教育解决方案提供商可以通过定期上门维护和软件升级，确保客户的系统始终处于最佳状态，从而增加客户的续费率和推荐率。

4. 数据驱动的渠道优化

在渠道建设过程中，企业还需要充分利用大数据和 AI 技术，对渠道进行持续的优化和改进。首先，可以通过数据分析来评估各个渠道的表现，包括销售业绩、客户反馈、市场覆盖率等。这有助于企业识别出表现优异的渠道伙伴和需要改进的环节，从而进行有针对性的调整和优化。其次，企业还可以通过数据分析来了解客户的需求和偏好，从而制定更加精准的市场营销策略。例如，通过分析客户的购买行为和使用习惯，企业可以发现哪些功能和特性最受客户欢迎，进而对产品进行优化和升级，以更好地满足市场需求。

> **案 例**
>
> **成功渠道的实践经验**
>
> 以某 AI 智能家居公司为例，该公司在渠道建设方面取得了显著的成效。首先，他们选择了多家具有丰富行业经验的经销商和集成商作为渠道伙伴，并通过严格的筛选和评估机制，确保了渠道伙伴的质量。其次，他们建立了线上线下的混合渠道，包括自建电商平台、入驻大型电商平台以及参加行业展会等，从而覆盖了更多的潜在客户。
>
> 在技术支持和售后服务方面，该公司设立了 24 小时服务热线和在线客服，并通过远程技术支持和定期上门维护，确保客户的问题能够得到及时解决。此外，他们还通过数据分析对渠道进行持续的优化和改进，识别出表现优异的渠道伙伴和需要改进的环节，从而进行有针对性的调整和优化。
>
> 通过这些措施，该公司不仅迅速打开了市场，还提升了品牌影响力和客户满意度，实现了持续的盈利增长。这个案例充分说明了在 AI 产品和服务的渠道建设中，多层次的渠道体系、严格的伙伴选择与管理、技术支持与售后服务以及数据驱动的优化都是至关重要的成功因素。

5.2.3 联盟合作：通过合作伙伴拓展市场及销售

在当今竞争激烈的商业环境中，单打独斗往往难以取得长久的成功，尤其是在 AI 技术迅速发展的背景下。企业要想在市场中占据一席之地，必须学会借助外力，通过联盟合作来实现资源的整合与共享。这种联盟合作不仅仅局限于传统意义上的供应商或客户，还包括技术合作伙伴、行业协会，甚至是跨行业的协同合作。通过这些合作伙伴，企业可以更有效地拓展市场，提升销售业绩。

1. 联盟合作的战略意义

联盟合作是一种战略选择，它可以帮助企业快速进入新市场，获取新的客户群体。例如，一家 AI 初创公司可能在技术上具有优势，但在市场渠道和品牌影响力上相对较弱。此时，通过与一家在市场上具有深厚根基的传统企业合作，可以迅速弥补其短板，实现双赢。这种合作不仅能帮助 AI 公司扩大市场份额，还能为传统企业注入新的活力，提升其技术水平和市场竞争力。

2. 选择合适的合作伙伴

选择合作伙伴是联盟合作的关键步骤。企业需要根据自身的战略目标和市场定位，选择能够互补优势、共享资源的合作伙伴。例如，一家专注于 AI 算法研发的公司可能会选择与一家拥有丰富数据资源的企业合作，从而在技术与数据上形成协同效应。此外，合作伙伴的文化契合度也是需要考虑的重要因素。只有那些在企业文化、价值观和经营理念上相近的企业，才能在长期合作中保持稳定的关系。

3. 建立有效的合作机制

联盟合作的有效性不仅取决于合作伙伴的选择，还取决于合作机制的建立。企业需要制订明确的合作目标和计划，确保双方在合作过程中能够保持一致的步调。同时，建立透明的沟通机制和利益分配机制也是至关重要的。透明的沟通可以避免误解和冲突，而合理的利益分配机制则能确保双方的积极性，从而实现合作的可持续性。

4. 协同创新与技术共享

在 AI 领域，技术创新是企业生存和发展的生命线。通过联盟合作，企业可以实现技术共享，从而加速创新进程。例如，一家 AI 公司可以与高校或科研机构合作，共同开展技术研发和创新项目。这种合作不仅能帮助企业获取最新的科研成果，还能通过高校的人才资源，提升企业的研发能力。此外，企业还可以通过联盟合作，参与行业标准的制定，从而在技术上占据领先地位。

5. 市场拓展与品牌共建

联盟合作的另一个重要目标是市场拓展。通过与合作伙伴的协同作战，企业可以更有效地进入新市场，扩大品牌影响力。例如，一家 AI 公司可以与一家在海外市场具有深厚根基的企业合作，共同开拓国际市场。这种合作不仅能帮助企业降低市场进入的风险和成本，还能借助合作伙伴的品牌影响力，迅速打开市场。此外，企业还可以通过联合营销活动，如共同举办展会、发布产品等，提升品牌知名度和市场影响力。

6. 风险控制与管理

联盟合作虽然能够带来诸多好处，但也伴随着一定的风险。企业需要建立完善的风险控制与管理机制，确保合作过程中的各类风险能够得到有效控制。例如，在合作过程中，可能会出现利益冲突、沟通不畅、资源分配不均等问题。此时，企业需要通过制定详细的合作协议和纠纷解决机制，确保双方能够在出现问题时及时沟通和解决。此外，企业还需要定期评估合作效果，及时调整合作策略，确保合作目标的实现。

案 例

在实际操作中，许多企业通过联盟合作取得了显著的成效。例如，某 AI 初创公司与一家大型电商平台合作，通过电商平台的海量数据资源，加速了其 AI 算法的训练和优化，从而在短时间内推出了多款具有市场竞争力的产品。同时，电商平台也借助 AI 技术，提升了其推荐系统的精准度，增加了用户黏性和销售额。这种成功的联盟合作案例，不仅为企业带来了经济效益，还为行业的协同发展提供了有益的借鉴。

7. 展望未来

随着 AI 技术的不断发展，联盟合作将在未来的商业竞争中扮演越来越重要的角色。企业需要不断探索新的合作模式，扩大合作伙伴网络，从而在激烈的市场竞争中立于不败之地。同时，企业还需要注重合作关系的维护和管理，确保联盟合作能够长期稳定地发展下去。只有这样，企业才能在未来的商业竞争中，借助合作伙伴的力量，实现市场拓展和销售提升，最终攀登财富金字塔的顶端。

通过联盟合作，企业不仅能够实现资源的整合与共享，还能在技术创新、市场拓展、品牌共建等方面取得显著成效。在 AI 时代，联盟合作已经成为企业发展的重要战略。企业之间可以通过共享数据资源，扩大数据样本量，为 AI 模型的训练提供更丰富的素材，从而提升模型的准确性和实用性。比如，科技公司与金融机构合作，利用双方的数据来优化风险评估模型。在技术创新方面，不同企业拥有各自的技术优势，通过联盟合作可以实现技术互补。例如，硬件制造企业与软件研发企业联手，打造更智能的产品。在市场拓展上，合作伙伴的渠道和客户资源能够帮助企业快速进入新市场，降低市场开拓成本。像电商平台与线下实体企业合作，实现线上线下融合发展。品牌共建也是联盟合作的一大亮点，通过联合推广、共同打造品牌活动等方式，提升双方品牌的知名度和影响力。总之，联盟合作是企业在 AI 时代实现优势互补、协同发展、增强竞争力的关键举措，能够助力企业在复杂多变的市场环境中持续前行，创造更大的商业价值。

5.2.4 销售策略：AI 产品服务的市场定位与策略

在当今竞争激烈的市场环境中，AI 产品和服务的销售不仅仅依赖于技术本身的先进性，更需要精准的市场定位和有效的销售策略。要实现 AI 产品和服务的大规模市场渗透，企业需要从多个维度制定和执行销售策略。

明确目标市场是制定销售策略的基础。AI 技术虽然具有广泛的应用前景，但不同行业和企业对 AI 的需求各不相同。因此，企业需要进行详细的市场调研，识别出最具潜力的市场领域。例如，在金融行业，AI 可以用于风险控制和智能投顾；在医疗行业，AI 则可以用于疾病诊断和个性化治疗方案的制定。通过分析不同行业的痛点和需求，企业可以更有针对性地定位自己的 AI 产品和服务。

在确定了目标市场之后，企业需要制定差异化的市场进入策略。这包括选择合适的销售渠道和合作伙伴。对于企业级 AI 产品，直销模式往往更为有效。企业可以通过建立专业的销售团队，直接与潜在客户进行沟通和谈判。这种方式不仅能够更好地控制销售过程，还能根据客户的反馈及时调整产品和服务。此外，与行业内的领先企业建立战略合作伙伴关系也是一种有效的市场进入策略。通过合作伙伴的资源和网络，企业可以更快地打开市场，提升品牌影响力。

在销售过程中，定价策略也是至关重要的一环。AI 产品和服务的定价需要考虑多个因素，包括研发成本、市场竞争、客户支付能力等。企业可以根据不同的市场需求和客户群体，制定灵活的定价策略。例如，针对大型企业和中小型企业，可以分别制定标准版和精简版的 AI 解决方案，并根据客户的预算和需求进行调整。此外，订阅制和按使用量收费的模式也在 AI 产品销售中越来越受欢迎。这种模式不仅降低了客户的初期投入风险，还能为企业带来持续的收入来源。

为了提高销售效率，企业还需要注重销售团队的培训和管理。AI 产品和服务的销售不同于传统产品，需要销售人员具备一定的技术背景和行业知识。因此，企业应当投入资源，对销售团队进行定期的培训，确保他们能够准确理解和传达 AI 产品和服务的价值。此外，建立科学的绩效考核和激励机制，也是提升销售团队积极性和执行力的重要手段。

在市场推广方面，企业应当充分利用数字营销工具和平台。通过社交媒体、搜索引擎优化（SEO）、内容营销等方式，企业可以更有效地接触到潜在客户。特别是在 AI 领域，内容营销具有独特的优势。企业可以通过发布白皮书、案例研究、技术博客等形式的内容，展示 AI 产品和服务的实际应用效果和价值。这不仅能够提升品牌的专业形象，还能增强客户的信任感。

客户关系的维护和后续服务同样是 AI 产品销售的重要环节。在销售完成后，企业应当继续与客户保持密切的联系，了解他们在使用过程中遇到的问题和需求。通过提供优质的售后服务和技术支持，企业可以提升客户满意度和忠诚度，从而实现长期合作。此外，定期收集和分析客户反馈，也是改进产品和服务的重要途径。

在 AI 产品和服务的销售过程中，企业还应当注重品牌建设。一个强大的品牌不仅能够提升市场竞争力，还能为企业带来更多的商业机会。企业可以通过参加行业展会、举办技术研讨会、赞助行业活动等方式，提升品牌知名度和影响力。同时，与媒体和行业意见领袖建立良好的关系，也是提升品牌形象的重要手段。

企业应当密切关注市场动态和竞争对手的动向。AI 技术的发展日新月异，市场需求也在不断变化。企业需要建立快速响应机制，及时调整销售策略和产品方案。通过持续创新和优化，企业才能在激烈的市场竞争中保持领先地位。

综上所述，AI 产品和服务的市场定位与销售策略需要从目标市场识别、差异化进入策略、灵活定价、销售团队建设、数字营销、客户关系维护、品牌建设等多个方面进行全面规划和执行。只有通过科学合理的销售策略，企业才能在 AI 时代抓住机遇，实现商业成功。

案例分析

企业通过销售 AI 产品服务获益

案例一：某电子商务平台的 AI 推荐系统创收之路

某知名电子商务平台在面对日益激烈的市场竞争时，决定引入 AI 技术来提升用户体验并增加销售额。该平台开发了一套基于深度学习的 AI 推荐系统，通过分析用户的浏览记录、购买历史以及偏好，精准地向用户推荐商品。在系统上线后的三个月内，平台的平均订单价值提升了 15%。更为显著的是，用户的回购率提高了 23%，这直接带来了平台月度营收的显著增长。

为了推广这一 AI 系统，平台不仅在自有渠道进行宣传，还通过与多家第三方平台合作，以"智慧购物体验"为卖点进行联合营销。平台专门组建了一支 AI 产品销售团队，向其他电商企业推销这套推荐系统。在一年内，该平台不仅通过推荐系统提升了自身业绩，还成功将这套系统销售给了十余家中小型电商企业，获得了可观的软件销售收入。

案例二：智能客服系统在金融行业的成功应用

一家领先的金融服务公司面对客户服务效率低下的问题，决定引入 AI 智能客服系统。该系统采用了自然语言处理技术，能够自动识别客户问题并提供准确地解答，同时还能够进行复杂业务的办理。在系统上线后的六个月内，该公司客服中心的整体工作效率提升了 40%，客户满意度也大幅上升。

在看到 AI 智能客服系统的显著成效后，该公司决定将其作为一项独立产品进行销售。公司成立了专门的 AI 产品销售部门，并与多家银行和金融机构洽谈合作。通过提供定制化的智能客服解决方案，该公司不仅成功地拓展了新的业务领域，还在短短两年内与 30 多家金融机构达成了合作协议，实现了数千万元的销售收入。

案例三：AI 驱动的智能制造解决方案

一家传统制造企业在面对生产效率低下和成本高企的问题时，决定引入 AI 技术进行智能化改造。企业与一家 AI 技术公司合作，开发了一套智能制造解决方案。该方案包括 AI 驱动的生产线优化系统、智能质量检测系统以及数据分析平台。通过这套系统的应用，企业的生产效率提升了 25%，产品合格率也提高了 18%。

在看到实际效益后，企业决定将这套智能制造解决方案推向市场。通过参加多个行业展会和举办技术交流会，企业成功吸引了多家制造企业的关注。不到一年，该企业与多家制造企业签订了合作协议，将这套 AI 驱动的智能制造解决方案销售出去，实现了可观的销售收入。

案例四：AI 在医疗行业的应用与创收

一家专注于医疗科技的公司决定将 AI 技术应用于医疗影像分析领域。公司开发了一套基于深度学习的 AI 医疗影像分析系统，能够帮助医生更准确地诊断疾病。在系统投入使用后，医院的诊断准确率提升了 20%，诊断时间也缩短了 30%。

为了将这一 AI 系统推向更广阔的市场，公司制定了一套完整的销售策略。公司不仅通过传统的销售渠道进行推广，还利用互联网平台进行线上营销。通过与多家医院和医疗机构的合作，公司成功地将这套 AI 医疗影像分析系统销售出去，并在短短一年内实现了数百万元的销售收入。

案例五：AI 教育平台的成功营销

一家教育科技公司决定将 AI 技术应用于在线教育平台，开发了一套智能学习系统。该系统能够根据学生的学习进度和理解能力，自动调整教学内容和难度，提供个性化的学习方案。在系统上线后的六个月内，学生的平均成绩提升了 15%，学习效率也得到显著提高。

为了推广这套智能学习系统，公司不仅通过自有渠道进行宣传，还与多家教育机构和学校合作，提供定制化的 AI 教育解决方案。通过参加多个教育行业的展会和举办技术交流会，公司成功吸引了多家教育机构的关注，并在短时间内实现了可观的销售收入。

案例六：AI 在零售行业的应用与收益

一家大型零售企业决定引入 AI 技术来优化供应链管理。公司开发了一套基于数据分析和机器学习的 AI 供应链优化系统，能够根据市场需求和库存情况，自动调整采购和库存策略。在系统上线后的三个月内，企业的库存周转率提升了 18%，供应链成本也降低了 12%。

为了将这套 AI 供应链优化系统推向市场，公司专门成立了一支 AI 产品销售团队，并与多家零售企业洽谈合作。通过提供定制化的 AI 解决方案，公司不仅成功地拓展了新的业务领域，还在短短一年内与多家零售企业达成了合作协议，实现了可观的销售收入。

案例七：AI 在农业领域的成功应用

一家农业科技公司决定将 AI 技术应用于农作物病虫害的智能识别与防治。公司开发了一套基于图像识别和机器学习的 AI 病虫害识别系统，能够自动识别并预警农作物的病虫害问题，提供精准的治疗建议，病虫害防治效率大幅提升，农药使用量也显著减少，从而提高了农作物的产量和品质。

5.3 跨界联动：AI 推动的行业融合与创新

5.3.1 横向扩张：运用 AI 技术拓展新业务领域

在当今这个快速变化的商业环境中，企业要想保持竞争力，单靠固守原有的业务领域已经远远不够。横向扩张，即通过引入新兴技术来拓展全新的业务领域，已经成为企业实现持续增长的关键策略之一。而 AI 技术的迅猛发展，为企业的横向扩张提供了前所未有的机遇。

1. 拓展新领域的必要性

企业发展到一定阶段，往往会遇到增长瓶颈。原有的市场趋于饱和，竞争加剧，利润空间逐渐缩小。在这种情况下，企业必须寻找新的增长点。横向扩张意味着企业不再局限于现有的产品或服务，而是通过进入新的市场或开发新的业务线来实现多元化发展。AI 技术则为这种扩张提供了强有力的工具。

2. AI 驱动的市场调研

在决定进入一个全新领域之前，企业需要进行详尽的市场调研。AI 技术可以通过大数据分析，帮助企业识别潜在的市场机会。例如，通过分析社交媒体上的海量数据，AI 可以识别出消费者的最新需求和趋势，从而为企业决策提供数据支持。此外，AI 还可以通过自然语言处理技术，分析竞争对手的公开信息和市场动态，帮助企业制定更具针对性的市场进入策略。

3. AI 赋能的产品开发

进入新业务领域，往往需要开发全新的产品或服务。在这一过程中，AI 技术可以大大加速产品开发的进程。通过机器学习算法，企业可以快速分析市场反馈，优化产品设计。例如，在消费品行业，企业可以利用 AI 分析消费者的购买行为和偏好，从而设计出更符合市场需求的产品。此外，AI 还可以在产品测试阶段，通过模拟不同的使用场景，帮助企业发现潜在的问题，提高产品的质量和可靠性。

4. 智能营销与销售

进入新市场，营销和销售策略的制定至关重要。AI技术可以通过数据分析，帮助企业制定更精准的营销策略。例如，通过分析消费者的浏览和购买记录，AI可以预测消费者的购买意向，从而进行个性化推荐。此外，AI还可以通过自动化广告投放系统，帮助企业实现更高效的广告投放。在销售环节，AI客服和智能推荐系统可以大大提升客户体验，增加销售转化率。

5. 跨行业合作与创新

AI技术的应用，不仅可以帮助企业进入全新的业务领域，还可以通过跨行业的合作，创造出全新的商业模式。例如，在医疗行业，AI可以通过分析大量的医疗数据，帮助医生制定更精准的治疗方案。而在金融行业，AI可以通过风险评估模型，帮助银行和投资机构作出更明智的投资决策。通过跨行业的合作，企业可以共享资源和技术，实现共赢。

> **案例**
>
> 许多企业已经通过AI技术成功实现了横向扩张。以某知名电商平台为例，该平台通过引入AI技术，不仅优化了原有的电商业务，还成功进入了智能家居和健康管理等全新领域。通过AI分析消费者的购买行为和生活习惯，该平台开发出了一系列智能家居产品，并迅速占领市场。此外，该平台还通过AI技术，推出了个性化的健康管理服务，受到了消费者的广泛欢迎。

6. 实施策略与挑战

尽管AI技术为企业的横向扩张提供了强大的支持，但在实际操作中，企业仍面临诸多挑战。首先，AI技术的引入需要大量的技术投入和人才储备。企业需要建立一支具备AI技术能力的团队，并持续进行技术更新。其次，企业在进入新领域时，需要面对陌生的市场环境和竞争格局，这要求企业具备更强的市场适应能力和创新能力。此外，数据隐私和安全也是企业在应用 AI 技术时需要重点关注的问题。

7. 未来展望

随着 AI 技术的不断发展，其在企业横向扩张中的应用将变得更加广泛和深入。未来，企业可以通过 AI 技术，实现更快速的市场响应和更精准的业务决策。同时，随着跨行业合作的增多，全新的商业模式和生态系统将不断涌现。对于企业来说，如何充分利用 AI 技术，抓住横向扩张的机遇，将成为实现长期发展的关键。

通过引入 AI 技术，企业不仅可以在原有业务基础上实现突破，还可以通过进入全新的业务领域，实现多元化发展。在这个过程中，AI 技术不仅是工具，更是企业实现创新和增长的核心驱动力。面对未来，企业需要不断探索和实践，充分利用 AI 技术的潜力，实现更广阔的发展蓝图。

5.3.2 纵向深挖：基于 AI 深化行业解决方案

在当今竞争激烈的市场环境中，企业若想在 AI 时代脱颖而出，仅仅依赖表面的技术应用是远远不够的。纵向深挖，基于 AI 技术深化行业解决方案，成为企业实现长期增长和保持竞争优势的关键策略。通过深入分析行业痛点，结合 AI 技术的优势，企业能够提供更为精准、高效和创新的解决方案，从而在行业中占据主导地位。

1. 深入行业痛点，量身定制 AI 解决方案

每个行业都有其独特的运营模式和面临的挑战。企业需要通过深入的市场调研和数据分析，识别出行业内普遍存在的痛点和瓶颈。例如，在制造业中，生产效率低下和质量控制问题是许多企业面临的主要挑战。而在金融行业，风险控制和客户体验优化则是关键问题。通过运用 AI 技术，企业可以量身定制解决方案，例如，利用机器学习算法优化生产流程，或通过自然语言处理技术提升客户服务质量。

以某大型制造企业为例，该企业通过引入 AI 技术，对生产线上的数据进行实时分析，识别出导致效率低下的关键因素。基于这些数据，企业开发了一套智能生产管理系统，实现了生产流程的自动化和优化，从而将生产效率提高了 30%。

2. 数据驱动的决策支持

AI 技术的核心优势之一在于其强大的数据处理和分析能力。通过收集和分析海量数据，企业能够获得对市场趋势、消费者行为和运营绩效的深入洞察。这些洞察不仅可以帮助企业作出更为明智的决策，还可以为其提供预测性分析，帮助企业提前应对潜在的风险和挑战。

例如，在零售行业，某企业通过 AI 技术对消费者购买行为进行分析，识别出潜在的高价值客户群体，并制定了个性化的营销策略。这种数据驱动的决策支持不仅提升了客户满意度，还使企业的销售额增长了 20%。

3. 提升客户体验，增强用户黏性

在当今消费者至上的市场环境中，客户体验成为企业竞争的重要战场。通过 AI 技术，企业可以为客户提供更为个性化和便捷的服务体验，从而增强用户黏性。例如，在电商平台上，利用 AI 推荐系统，企业可以根据用户的浏览和购买历史，为其推荐个性化的商品，提升用户的购买体验。

某电商企业通过引入 AI 推荐系统，用户的平均停留时间增加了 15%，转化率提升了 10%。此外，通过智能客服系统，企业可以实现 24 小时在线客服，及时解决用户在购物过程中遇到的问题，进一步提升了客户满意度。

4. 行业协同，构建 AI 生态系统

在 AI 时代，单打独斗难以取得长久的成功。企业需要通过与行业内的其他企业、技术提供商和研究机构合作，构建一个共生共赢的 AI 生态系统。通过协同创新，企业可以共享资源和技术，加速行业解决方案的开发和应用。

例如，在智能交通领域，某科技公司与多家交通管理机构和科研院所合作，共同开发了一套智能交通管理系统。该系统通过 AI 技术对城市交通流量进行实时分析和预测，实现了交通信号的智能调控，有效缓解了城市交通拥堵问题。这种行业协同不仅提升了交通管理的效率，还为企业带来了可观的经济收益。

5.持续创新，保持竞争优势

AI 技术的快速发展意味着企业需要不断创新，以保持其竞争优势。通过设立专门的 AI 研发部门，企业可以持续跟踪技术前沿，探索新的应用场景和解决方案。此外，企业还可以通过与高校和科研机构合作，共同开展 AI 技术的研究和应用，从而在技术创新上保持领先。

例如，某金融科技公司设立了 AI 实验室，专注于开发新型风险控制和反欺诈技术。通过不断的技术创新，该企业成功推出了一系列领先的金融产品和服务，不仅提升了自身的市场竞争力，还为行业的健康发展作出了贡献。

案例

AI 深化行业解决方案的成功实践

在医疗行业，某大型医院通过引入 AI 技术，实现了对患者病历数据的智能分析和管理。基于这些数据，医院开发了一套智能诊断系统，可以帮助医生更准确地诊断疾病，并制定个性化的治疗方案。该系统的应用不仅提升了医院的诊疗效率，还显著提高了患者的治愈率。

在教育行业，某在线教育平台通过 AI 技术对学生的学习行为进行分析，识别出其学习中的薄弱环节，并为其制订个性化的学习计划。这种基于 AI 的个性化教学模式，不仅提升了学生的学习效果，还使教育资源得到更合理地分配。平台可以根据学生的需求精准推送内容，避免了资源浪费。同时，教师能够借助 AI 分析结果更有针对性地辅导学生，提高教学效率。对于教育机构来说，这有助于提升品牌竞争力，吸引更多学生和家长选择。从更宏观的角度看，它还能缩小因地域、经济等导致的教育差距，让更多学生享受到优质的教育服务，推动教育公平化进程。此外，通过持续收集和分析学生学习数据，还能不断优化教学内容和方法，促进教育行业的整体创新和发展。

5.3.3 创新合作：AI 技术与传统行业的结合创新

在当今这个科技飞速发展的时代，AI 技术已经不再只是科技公司的专属工具，它更以惊人的速度渗透到各个传统行业中。这种跨界融合不仅仅是技术的简单应用，更是一种深层次的创新合作，通过 AI 的力量，传统行业得以焕发新生。

1. 传统制造业的智能化转型

在制造业领域，AI 技术的引入正在彻底改变生产线的运作方式。以汽车制造业为例，AI 通过机器学习算法对生产数据进行分析，可以提前预测设备故障，减少停机时间，提高生产效率。此外，AI 还能在质量控制方面发挥重要作用，通过图像识别技术对产品进行检测，确保每一个出厂的产品都符合高质量标准。工厂的管理层也开始依赖 AI 生成的数据分析报告来进行决策，这些报告帮助他们优化生产流程，减少浪费，提高利润率。

2. 医疗行业的 AI 赋能

医疗行业是另一个在 AI 技术推动下发生巨变的传统行业。AI 技术在医学影像分析中的应用已经非常广泛，通过深度学习算法，AI 能够快速准确地分析 X 光片、CT 扫描等医学影像，帮助医生更早地发现疾病。此外，AI 还在个性化治疗方案的制定方面展现出了巨大的潜力。通过对患者历史病历和基因数据的分析，AI 能够为医生提供最佳的治疗建议，提高治疗效果。医院的管理者也开始利用 AI 技术优化资源配置，通过预测患者流量来调整医护人员的排班，从而提高医院的运营效率。

3. 农业与 AI 的深度融合

农业作为最古老的行业之一，也在 AI 技术的推动下迎来了新的发展机遇。通过无人机和卫星图像，AI 能够实时监测农作物的生长情况，帮助农民及时发现病虫害问题。此外，AI 还能根据气象数据和土壤湿度等信息，为农民提供科学的灌溉和施肥建议，提高农作物的产量和质量。在农产品的销售环节，AI 技术也发挥着重要作用，通过对市场行情的分析，AI 能够帮助农民制定最佳的销售策略，实现增收。

4. 金融服务的智能化升级

金融行业一直是技术创新的先行者，而 AI 技术的引入更是将金融服务推向了新的高度。在风险控制方面，AI 通过大数据分析能够快速识别潜在的信用风险，帮助银行和金融机构降低坏账率。在客户服务方面，智能客服机器人能够 24 小时不间断地为客户提供服务，解答客户的疑问，提高客户满意度。此外，AI 还能通过市场数据的分析，为投资者提供投资建议，帮助他们作出更明智的投资决策。

5. 教育行业的 AI 应用

教育行业也在 AI 技术的推动下发生了深刻变化。通过 AI 技术，教育机构能够为学生提供个性化的学习方案，根据学生的学习进度和掌握情况，动态调整教学内容，提高学习效果。此外，AI 还能通过智能评测系统对学生的作业和考试进行自动批改，减轻教师的工作负担。在教育管理方面，AI 技术也发挥着重要作用，通过对学生数据的分析，学校能够更好地进行资源配置，提高教学质量。

6. 零售行业的 AI 创新

在零售行业，AI 技术正在重新定义消费者的购物体验。通过智能推荐系统，AI 能够根据消费者的购买历史和浏览记录，为他们推荐个性化的商品，提高销售额。此外，AI 还能通过库存管理系统对商品的库存情况进行实时监控，帮助零售商及时补货，减少库存积压。在客户服务方面，智能客服机器人能够为消费者提供全天候的服务，解答他们的疑问，从而提高客户满意度。

7. 交通与物流的 AI 优化

交通和物流行业也在 AI 技术的推动下迎来了新的发展机遇。通过智能交通系统，AI 能够实时监测交通流量，优化交通信号灯的设置，缓解交通拥堵。在物流领域，AI 通过大数据分析能够优化配送路线，提高配送效率，降低物流成本。此外，AI 还能通过预测分析，帮助物流公司合理安排运力，避免资源浪费。

8. 房地产与 AI 的结合

房地产行业也在 AI 技术的推动下迎来了新的变革。通过 AI 技术，房地产公司能够对市场数据进行分析，帮助他们更好地进行市场定位和定价策略。在房屋设计方面，AI 通过虚拟现实技术能够为客户提供个性化的设计方案，提高客户满意度。此外，AI 还能通过智能家居系统，为住户提供更舒适、安全的居住环境，提高生活质量。

9. 文化娱乐行业的 AI 应用

文化娱乐行业同样在 AI 的赋能下焕发出勃勃生机。在影视制作领域，AI 可以助力剧本创作，通过对海量经典影视作品的分析，挖掘热门剧情模式、角色设定规律，为编剧提供灵感与创意参考，甚至能初步生成剧情大纲，大幅缩短创作周期。特效制作环节，AI 能够凭借其强大的运算能力模拟出更加逼真的自然场景、奇幻生物等，降低制作成本且提升视觉效果。在音乐创作方面，AI 音乐生成软件能够依据用户设定的风格、节奏、情感基调等参数，快速生成原创音乐作品，为独立音乐人提供了全新的创作途径。不仅如此，在游戏开发中，AI 用于塑造智能 NPC，使其具备更丰富的行为逻辑和反应机制，增强游戏的趣味性与挑战性，为玩家带来沉浸式体验。同时，借助 AI 的数据分析能力，文化娱乐企业能够精准洞察消费者的喜好，从而进行更具针对性的内容推荐与营销推广，进一步推动行业的繁荣发展。

5.3.4 生态共赢：携手行业伙伴共建 AI 生态

在当今的 AI 时代，单打独斗的企业很难在激烈的市场竞争中取得长久的成功。越来越多的企业意识到，只有通过合作与共享，才能在技术快速迭代的背景下立于不败之地。AI 技术的复杂性、广泛的应用场景以及跨领域的特性，决定了构建一个共赢的生态系统至关重要。通过携手行业伙伴，企业不仅能够实现资源共享、优势互补，还能共同推动技术进步，拓展市场空间，最终实现多方的互利共赢。

1. 共建 AI 生态的必要性

AI 技术的发展已经超越了单一企业的能力范围，尤其是在数据、算法和算力等方面，任何一个企业都难以独自掌握所有的核心资源。因此，企业需要与各类行业伙伴合作，包括技术供应商、数据提供商、硬件制造商以及各类应用开发商。通过构建一个开放、协作的生态系统，企业可以更快速地获取最新的技术资源，并将其应用于实际的商业场景中。

例如，在自动驾驶领域，一个完整的 AI 生态系统需要包括地图服务商、传感器供应商、芯片制造商以及软件开发商等多个角色的紧密合作。只有这样，才能确保自动驾驶技术从实验室走向实际应用。而这种跨行业的协作，不仅能够加速技术的成熟，还能帮助企业更好地应对市场的不确定性。

2. 资源整合与优势互补

在共建 AI 生态的过程中，企业可以通过资源整合与优势互补，实现 1+1>2 的效果。每个企业都有其独特的优势，可能是技术、数据、市场渠道，也可能是品牌影响力。通过合作，企业可以将这些优势结合起来，形成一个更为强大的整体。

例如，一家拥有强大 AI 技术研发能力的公司，可以与一家在市场渠道和客户关系方面具有优势的企业合作。这样，技术公司可以专注于产品的研发和创新，而渠道公司则可以帮助其将产品快速推向市场，实现商业化。这种合作模式不仅能够帮助企业降低成本，还能提高市场响应速度，增强竞争力。

3. 共同推动技术进步

AI 技术的发展日新月异，任何一个企业都难以独自掌握所有的核心技术。通过共建 AI 生态，企业可以与高校、科研机构以及其他技术公司进行深度合作，共同推动技术进步。这种合作不仅能够帮助企业获取最新的研究成果，还能通过技术交流和共享，提升自身的研发能力。

例如，一些大型科技公司会与高校建立联合实验室，共同开展 AI 技术的研究。高校提供科研人才和理论支持，企业则提供实际的应用场景和数据资源。通过这种合作，企业可以更快地将科研成果转化为实际应用，而高校也可以通过企业的反馈，不断优化和改进技术。

4. 拓展市场空间

共建 AI 生态不仅能够帮助企业提升技术能力，还能通过合作伙伴的资源和渠道，拓展市场空间。特别是在全球化的背景下，企业需要借助合作伙伴的力量，进入新的市场和领域。

例如，一家中国的人工智能公司可以与一家欧洲的电信运营商合作，借助其在欧洲的市场渠道和客户关系，将自己的 AI 产品和服务推向欧洲市场。这种跨国合作不仅能够帮助企业快速进入新的市场，还能通过合作伙伴的本地化优势，降低市场进入的风险和成本。

5. 实现多方共赢

在共建 AI 生态的过程中，企业可以通过合作实现多方的互利共赢。每个参与方都可以从中获得自己所需的资源和支持，从而实现共同成长。例如，一家初创 AI 公司可以与一家大型企业合作，借助其品牌影响力和市场渠道，快速提升自己的市场份额。而大型企业则可以通过与初创公司的合作，获取最新的技术和创新理念，增强自身的竞争力。

这种多方共赢的合作模式，不仅能够帮助企业实现资源的优化配置，还能通过合作共赢的方式，推动整个行业的发展。例如，在智能家居领域，多个企业可以通过共建生态系统，共同制定行业标准，推动智能家居产品的普及和应用。这种合作不仅能够帮助企业提升市场份额，还能通过标准化，降低产品的研发和生产成本。

> **案例**
>
> **共建 AI 生态的成功实践**
>
> 在全球范围内，已经有很多企业通过共建 AI 生态，实现了快速成长和市场拓展。例如，谷歌的 TensorFlow 平台就是一个典型的 AI 生态系统，通过开放平台和合作共赢的模式，吸引了大量的开发者和企业加入。这种开放的生态系统，不仅帮助谷歌提升了 TensorFlow 的技术水平，还通过合作伙伴的应用和反馈，不断优化和改进平台。
>
> 在国内，华为的 AI 生态系统也是一个成功的实践。通过与各类行业伙伴合作，华为不仅提升了自己的 AI 技术能力，还借助合作伙伴的资源和渠道，快速拓展了市场空间。例如，华为与多家高校和科研机构合作，共同开展 AI 技术的研究和应用，推动了 AI 技术的创新和发展。同时，华为还与众多企业合作，将 AI 技术应用于各行各业，如智能制造、智慧城市、金融科技等领域，实现了 AI 技术的广泛应用和市场的深度拓展。

案例分析

跨界合作下 AI 给行业带来的变革

在当今这个快速变化的商业环境中，跨界合作已经成为推动行业变革的重要力量。而当这种合作与人工智能（AI）技术相结合时，其产生的影响更是深远且广泛。以下通过几个具体的实例，探讨跨界合作下 AI 如何在不同行业中引发变革。

医疗与科技行业的跨界融合

在医疗行业，AI 技术的引入已经不是新鲜事，但当医疗与科技行业进行深度跨界合作时，其效果往往超乎预期。以一家知名科技公司与某大型医院的合作为例，双方共同开发了一套基于 AI 的医疗诊断系统。该系统通过深度学习算法，能够分析海量的医学影像数据，从而帮助医生更准确地诊断疾病。

在这套系统的帮助下，医院的诊断准确率提高了 20%，而诊断时间则缩短了 30%。更为重要的是，通过跨界合作，医院得以引入科技公司的先进算法和数据处理能力，而科技公司则获得了海量的医学数据用于算法的进一步优化。这种双赢的局面，正是跨界合作与 AI 技术相结合的典范。

金融与零售行业的智能化转型

金融与零售行业的跨界合作同样在 AI 技术的推动下焕发出新的活力。例如，某大型银行与一家全球知名的零售企业合作，共同开发了一套基于 AI 的客户行为分析系统。该系统通过分析客户的购物习惯、支付方式以及信用记录，能够精准地为客户推荐个性化的金融产品和服务。

在这套系统的帮助下，银行的客户满意度提升了 15%，而零售企业的销售额也增长了 10%。更为关键的是，通过跨界合作，银行得以深入了解零售行业的运营模式和客户需求，而零售企业则获得了金融行业的专业分析能力和技术支持。这种跨界合作不仅提升了双方的竞争力，也为客户带来了更好的体验。

制造业与物流业的协同创新

制造业与物流业的跨界合作同样在 AI 技术的推动下取得了显著成效。以某大型制造企业与一家国际物流公司的合作为例，双方共同开发了一套基于 AI 的供应链管理系统。该系统通过分析生产计划、库存水平以及物流数据，能够优化生产和配送流程，从而降低成本、提高效率。

在这套系统的帮助下，制造企业的生产效率提高了 20%，而物流公司的配送准确率也提升了 15%。通过跨界合作，制造企业得以引入物流行业的先进管理经验和数据分析能力，而物流公司则获得了制造行业的专业知识和技术支持。这种协同创新的模式，正是跨界合作与 AI 技术相结合的又一亮点。

教育与科技行业的深度融合

教育与科技行业的跨界合作同样在 AI 技术的推动下引发了深刻的变革。以某知名在线教育平台与一家科技公司的合作为例，双方共同开发了一套基于 AI 的个性化学习系统。该系统通过分析学生的学习数据和行为习惯，能够为每位学生量身订制学习计划，从而提高学习效果。

在这套系统的帮助下，学生的平均成绩提高了 10%，而平台的用户满意度也上升了 15%。通过跨界合作，教育平台得以引入科技公司的先进算法和数据处理能力，而科技公司则获得了教育行业的专业知识和海量数据。这种深度融合的模式，不仅提升了教育质量，也为科技公司开辟了新的市场空间。

农业与科技行业的智能化探索

农业与科技行业的跨界合作同样在 AI 技术的推动下取得了显著进展。以某大型农业企业与一家科技公司的合作为例，双方共同开发了一套基于 AI 的智能农业管理系统。该系统通过分析气象数据、土壤状况以及作物生长数据，能够为农民提供科学的种植建议,从而提高产量、降低风险。

在这套系统的帮助下,农业企业的作物产量提高了15%,而农民的收入也增加了10%。通过跨界合作,农业企业得以引入科技公司的先进技术和管理经验,而科技公司则获得了农业的专业知识和实践数据。这种智能化探索的模式,正是跨界合作与AI技术相结合的又一生动案例。

文化与科技行业的创意碰撞

文化与科技行业的跨界合作同样在AI技术的推动下焕发出新的活力。以某知名文化公司与一家科技企业的合作为例,双方共同开发了一套基于AI的创意生成系统。该系统通过分析大量的文化作品和市场数据,能够为创作者提供灵感和建议,从而提高创作效率和作品质量。

在这套系统的帮助下,文化公司的作品产出量提高了20%,而作品的市场反响也更为热烈。

第五步

会员与合伙人助力 AI 销售

6.1 会员合伙人的运营系统与结构整合

6.1.1 会员矩阵建设：构建高效的推广架构

在当今竞争激烈的商业环境中，单打独斗的营销策略已经无法满足企业的快速增长需求。通过构建会员矩阵，企业不仅能更好地管理客户关系，还能通过系统化的方式实现快速推广和规模化发展。会员矩阵的建设，核心在于将不同层次的会员通过有效的组织架构进行连接，并通过多维度的互动方式，实现信息的快速传播和裂变式增长。

1. 建立多层次会员体系

会员矩阵的构建首先需要考虑会员的分层管理。根据用户的活跃度、消费能力、忠诚度等指标，将用户划分为不同的等级，例如普通会员、银卡会员、金卡会员以及 VIP 会员。每一层次的会员享有不同的权益和激励措施，以此来增强用户的黏性和忠诚度。比如，普通会员可以享受新品优先通知的权益，而 VIP 会员则可以获得专属折扣和定制化服务。通过这种分层机制，企业能够更有针对性地进行推广，确保资源的最优配置。

2. 设计会员成长路径

会员矩阵不仅仅是简单的等级划分，更重要的是设计一条清晰的会员成长路径。通过设置明确的升级条件，例如消费金额、推荐人数、互动频率等，激励会员不断向更高层级迈进。这种成长路径不仅能够增强会员的成就感，还能有效提升用户的活跃度和参与感。比如，一个普通会员可以通过推荐新用户或者增加消费金额来升级为银卡会员，而银卡会员则可以通过参与品牌活动或者累积积分来晋升为金卡会员。这种动态的会员成长机制，能够有效激发会员的积极性，推动整个矩阵的良性循环。

3. 强化会员互动与社群运营

会员矩阵的建设离不开有效的互动和社群运营。通过线上线下相结合的方式，企业可以定期举办会员专属活动，例如会员日、品牌发布会、产品体验会等，增强会员的归属感和参与感。同时，利用社交媒体和即时通讯工具，建立会员专属社群，促进会员之间的互动和交流。例如，可以通过微信群、QQ 群等平台，定期分享品牌动态、优惠信息以及会员故事，营造一个活跃的社群氛围。此外，还可以通过线上直播、互动问答等形式，增加会员的参与度，提升品牌的影响力。

4. 裂变式推广与激励机制

会员矩阵的核心价值在于其裂变式推广能力。通过设置合理的激励机制，鼓励会员主动推荐新用户加入，从而实现用户的指数级增长。例如，可以设置推荐奖励，会员每推荐一名新用户，即可获得一定的积分或现金奖励。同时，针对推荐数量较多的会员，还可以提供额外奖励，例如专属礼品、VIP 体验等，进一步激发会员的推荐热情。此外，还可以通过举办推荐大赛、抽奖活动等形式，增加推广的趣味性和参与感，实现会员矩阵的快速扩张。

5. 数据驱动的精细化运营

会员矩阵的建设离不开数据的支持。通过收集和分析会员的行为数据，例如消费习惯、互动频率、推荐数量等，企业可以更加精准地进行会员管理和服务。例如，可以通过数据分析，识别出高价值会员，并为其提供个性化的服务和专属权益，提升其满意度和忠诚度。同时，针对活跃度较低的会员，可以通过精准营销手段，例如定向推送、专属优惠等，重新激活其参与热情。此外，还可以通过数据分析，优化会员矩阵的结构和策略，确保其持续健康发展。

6. 跨平台整合与多渠道推广

会员矩阵的建设需要考虑跨平台整合和多渠道推广。通过整合线上线下资源，企业可以实现会员矩阵的全面覆盖和无缝连接。例如，可以通过官网、微信公众号、小程序、APP等多种渠道，建立会员入口，方便会员随时随地参与活动和享受服务。同时，还可以通过与第三方平台合作，例如电商平台、社交媒体、短视频平台等，实现会员矩阵的跨平台推广，扩大品牌影响力。此外，还可以通过线下门店、活动现场等渠道，进行会员招募和推广，实现线上线下的联动发展。

7. 持续优化与创新

会员矩阵的建设是一个动态的过程，需要不断优化和创新。通过收集会员的反馈和建议，企业可以及时调整会员矩阵的策略和措施，确保其持续满足会员的需求和期望。例如，可以定期进行会员满意度调查，了解会员的真实想法和需求，有针对性地进行改进和优化。同时，还可以通过引入新的技术和工具，例如人工智能、大数据、云计算等，提升会员管理的效率和精准度。例如，利用人工智能技术，对会员的行为和偏好进行深度分析，实现个性化推荐和服务，提升会员的满意度和忠诚度。

6.1.2 合伙人激励机制：激发推广与销售力

在现代商业环境中，单靠企业自身的力量往往难以实现快速扩展和市场渗透。通过会员合伙人模式，企业能够将广大的用户和合作伙伴转化为自己的推广者和销售渠道。然而，如何有效地激励这些合伙人，使他们持续保持热情并积极推广产品，是每个企业面临的重要课题。

1. 多样化的激励方式

首先，企业需要设计多样化的激励机制，以满足不同类型合伙人的需求。金钱奖励无疑是最直接有效的激励方式之一。通过设置销售提成、业绩奖金等直接经济激励，企业可以让合伙人在每一次成功推广中获得实实在在的收益。这种模式不仅能激发合伙人的积极性，还能增强他们对企业的忠诚度。

其次，除了经济激励，企业还可以通过提供产品或服务的优惠来激励合伙人。例如，合伙人在完成一定业绩后，可以获得产品折扣、免费试用新产品等福利。这些优惠不仅能增加合伙人的实际收益，还能让他们更深入地了解和体验企业的产品，从而更自信地向他人推荐。

此外，精神层面的激励也不可忽视。企业可以通过授予荣誉称号、颁发奖杯或证书等方式，对表现突出的合伙人给予表彰。这种精神激励不仅能够满足合伙人的成就感，还能增强他们的归属感和荣誉感，从而进一步激发他们的推广热情。

2. 制定清晰的激励规则

为了确保激励机制的有效性，企业需要制定清晰透明的规则。首先，企业应明确激励的具体内容和计算方式。例如，销售提成的比例、奖金的具体金额、优惠券的使用条件等，都需要详细列出，以免在实际操作中产生纠纷。

其次，企业应设定合理的业绩目标。目标过高会打击合伙人的积极性，过低则可能导致资源浪费。因此，企业需要根据市场情况和合伙人的实际能力，设定具有挑战性但又可实现的目标，激励合伙人不断突破自我。

此外，激励规则的执行过程也需要保持公正透明。企业应建立完善的业绩统计和考核体系，确保每个合伙人的努力都能被准确记录和认可。同时，企业还应建立畅通的沟通渠道，及时解答合伙人的疑问，处理他们的投诉和建议，以增强他们的信任感和满意度。

3. 提供全面的培训支持

激励机制的有效性不仅依赖于物质和精神奖励，还需要企业提供全面的培训支持。合伙人往往并非专业销售人员，他们可能缺乏必要的产品知识和销售技巧。因此，企业需要定期组织培训课程，帮助合伙人了解产品的特点和优势，掌握基本的销售和推广技巧。

培训内容可以包括产品知识、市场分析、销售话术、客户服务等多个方面。通过系统的培训，合伙人不仅能提升自己的销售能力，还能更深入地理解企业的文化和理念，从而在推广过程中更好地传递企业的价值。

此外，企业还可以邀请成功的合伙人分享他们的经验和心得，通过榜样的力量激励其他合伙人。这种 peer learning 的方式不仅能增强合伙人之间的互动和交流，还能营造积极向上的团队氛围，从而进一步激发他们的推广和销售热情。

4. 建立长期的合作关系

激励机制的设计不仅要着眼于短期的业绩提升，还需要考虑如何建立长期的合作关系。企业可以通过设置长期激励计划，吸引合伙人持续参与推广活动。例如，企业可以根据合伙人的累计业绩，设置不同级别的奖励，激励合伙人不断努力，争取更高的级别和更多的奖励。

此外，企业还可以通过定期举办合伙人大会、旅游活动、线下交流会等形式，增强合伙人之间的联系和互动。这些活动不仅能增强合伙人的归属感和忠诚度，还能为他们提供更多的学习和交流机会，从而进一步提升他们的推广和销售能力。

5. 利用技术手段提升激励效果

在数字化时代，企业可以利用技术手段，提升激励机制的效果。通过建立在线平台，企业可以实时记录和统计合伙人的业绩，确保每个合伙人的努力都能被及时认可和奖励。同时，在线平台还可以提供丰富的学习资源和互动功能，帮助合伙人随时随地获取知识和支持。

此外，企业还可以利用大数据分析技术，深入了解合伙人的行为和需求，为他们提供个性化的激励方案。例如，根据合伙人的历史业绩和偏好，企业可以推送不同的奖励和培训内容，提升他们的参与感和满意度。

通过多样化的激励方式、清晰的激励规则、全面的培训支持、长期的合作关系以及技术手段的运用，企业能够有效激发合伙人的推广和销售热情，实现业绩的持续增长。在这个过程中，企业不仅能扩大市场份额，还能建立一支忠诚且高效的合伙人团队，为未来的发展奠定坚实基础。通过数据驱动的效果评估和动态调整机制，企业可实时优化激励策略（如某社交电商平台通过算法预测合伙人潜力值，将资源倾斜效率提升 40%），同时借助区块链技术实现透明化分润（某新能源品牌采用智能合约自动结算，纠纷率下降 73%）。这种深度协同的合伙人模式，最终将形成"价值共创 - 利益共享 - 生态共建"的良性循环，推动企业从单一产品服务商向平台化生态运营商升级，在激烈的市场竞争中构建难以复制的护城河。

6.1.3　快速推广：AI 产品与服务的市场渗透策略

在当今竞争激烈的商业环境中，AI 产品与服务的快速推广已经成为企业获取市场份额和实现盈利的重要手段。为了在短时间内实现市场渗透，企业需要采取一系列多元化且高效的推广策略。这些策略不仅要针对潜在客户，还要能够有效激励现有的会员和合伙人，借助他们的力量实现病毒式传播。

1. 多平台联动，实现全网覆盖

企业首先需要做的就是在多个平台上同时发力，确保 AI 产品与服务的曝光率。无论是社交媒体平台如微信、微博，还是专业的行业论坛和电商平台，企业都应该根据不同平台的特性制定相应的推广计划。例如，在微信上可以通过公众号推文和朋友圈广告来吸引关注，而在微博上则可以通过热门话题和 KOL（关键意见领袖）的推荐来增加产品的知名度。此外，企业还可以利用短视频平台如抖音和快手，通过 AI 生成的创意内容来吸引用户的眼球。

2. 精准营销，提高转化率

在进行市场渗透时，企业需要充分利用大数据和 AI 技术，对目标客户进行精准画像，从而实现个性化推荐和精准营销。通过分析用户的浏览记录、购买行为和兴趣爱好，企业可以制定出针对性强的营销策略，从而提高转化率。例如，企业可以通过 AI 分析用户的搜索关键词和浏览历史，向他们推荐相关的 AI 产品与服务。此外，企业还可以通过邮件营销和短信营销的方式，向潜在客户发送个性化的促销信息和优惠券，进一步刺激消费欲望。

3. 会员激励，构建忠诚度

会员体系在快速推广中扮演着至关重要的角色。企业可以通过设置积分奖励、折扣优惠和专属活动等方式，激励会员积极推广 AI 产品与服务。例如，企业可以推出会员推荐计划，鼓励会员邀请好友注册成为新会员，并给予双方一定的积分奖励或现金返利。此外，企业还可以定期举办会员专属活动，如产品体验会、技术讲座和行业峰会，增强会员的归属感和忠诚度。通过这些方式，企业不仅能够增加会员的活跃度，还能够借助他们的社交网络实现产品的快速传播。

4. 合伙人机制，激发裂变效应

合伙人机制是快速推广的另一大利器。企业可以通过设立合伙人计划，吸引有影响力的行业专家、KOL 和机构成为合伙人，借助他们的资源和影响力来推广 AI 产品与服务。合伙人不仅可以获得丰厚的佣金回报，还可以享受到企业的技术支持和品牌背书。例如，企业可以为合伙人提供专属的推广渠道和营销工具，帮助他们更高效地开展推广工作。同时，企业还可以通过定期培训和经验分享，提升合伙人的专业能力和推广技巧，进一步激发裂变效应。

5. 创意内容，增强品牌影响力

在快速推广过程中，创意内容是吸引用户注意力的关键。企业需要充分利用 AI 技术，生成高质量的创意内容，如短视频、文章、海报和 H5 页面，通过生动的故事和精美的视觉效果来打动用户。例如，企业可以利用 AI 生成热门短视频，通过幽默风趣的方式展示 AI 产品与服务的核心功能和独特优势。此外，企业还可以举办创意大赛，鼓励用户参与内容创作，进一步增强用户的参与感和品牌认同感。通过这些创意内容，企业不仅能够提升品牌影响力，还能够实现产品的快速传播和用户的深度互动。

6. 数据驱动，优化推广策略

在快速推广的过程中，数据分析是优化策略的重要手段。企业需要充分利用 AI 技术，对推广过程中的各项数据进行实时监控和分析，从而不断优化推广策略。例如，企业可以通过分析用户点击率、转化率和留存率等数据，找出推广中的薄弱环节，并及时进行调整。同时，企业还可以通过 A/B 测试，比较不同推广方案的效果，选择最优的策略进行推广。通过数据驱动的方法，企业能够更加精准地把握市场动态和用户需求，从而实现推广效果的最大化。

7. 线下活动，增强用户体验

除了线上推广，线下活动也是快速渗透市场的重要手段。企业可以通过举办产品发布会、技术交流会和体验活动，与用户进行面对面的交流，增强用户的品牌认同和产品体验。例如，企业可以在大型展会和行业峰会上设置展台，展示 AI 产品与服务的核心功能和应用场景，吸引专业观众和潜在客户的关注。同时，企业还可以通过组织用户参观工厂和研发中心，让用户直观了解产品的生产过程和技术研发实力，增强信任感。举办主题体验活动，让用户亲身体验 AI 产品带来的便利和创新，如智能驾驶体验、智能家居场景体验等，激发其购买欲望。开展技术交流会，邀请行业专家和技术人员分享前沿动态和解决方案，提升企业在行业内的专业性和影响力。并且还能在这些线下活动中设置互动环节，收集用户反馈和建议，以便更好地优化产品和服务。通过这些线下活动与线上推广相结合的方式，全方位地渗透市场，打造立体式的品牌推广和营销体系。

6.1.4　运营实战：如何维护与增长会员合伙人网络

在构建了会员和合伙人矩阵之后，关键的任务就转向了如何有效地运营和维护这个网络。这不仅仅是简单的管理，而是需要一套系统化的策略和执行方案，以确保持续的增长和活跃度。

1. 建立有效的沟通机制

首先，建立一个畅通的沟通渠道是维护会员和合伙人关系的基础。可以通过微信群、QQ 群或者专门的会员管理系统，定期发布公司的最新动态、产品信息以及市场活动。这些信息不仅能让会员和合伙人感到被重视，还能激发他们的参与热情。此外，定期的线上或线下交流活动也能增强彼此之间的联系，增加信任感。

在沟通内容上，要注重个性化和精准化。不同层次的会员和合伙人需求不同，因此，需要根据他们的特点和需求，推送不同的信息和活动。例如，针对高级合伙人，可以提供更深入的市场分析和战略规划，而对于普通会员，则可以提供一些实用的产品使用技巧和促销信息。

2. 提供有竞争力的激励机制

激励机制是维持和增长会员合伙人网络的核心动力。可以通过设置阶梯式的奖励制度，激励会员和合伙人不断提升自己的级别和贡献。例如，设置月度、季度和年度的业绩目标，达到目标者可以获得现金奖励、产品折扣或者其他福利。此外，还可以设置一些特别的奖励，例如"最佳推荐奖"、"最快成长奖"等，以鼓励会员和合伙人积极推荐新成员和提升自己的业绩。

激励机制的设计要灵活多变，以适应不同市场环境和会员合伙人的需求变化。例如，在市场旺季，可以加大奖励力度，吸引更多人参与；而在淡季，可以通过一些小而频繁的奖励活动，保持会员和合伙人的活跃度。

3. 提供持续的培训与支持

会员和合伙人的成长与公司的成长是相辅相成的。因此，提供持续的培训和支持，帮助他们提升能力和素质，是维护和增长会员合伙人网络的重要手段。可以通过线上线下的培训课程、研讨会、工作坊等形式，提供产品知识、销售技巧、市场推广、团队管理等方面的培训。

此外，还需要为会员和合伙人提供全方位的支持，包括技术支持、市场支持和运营支持。例如，可以提供专业的市场分析报告、产品宣传资料、销售工具包等，帮助他们更好地开展工作。同时，还需要建立一个快速响应的支持团队，及时解决会员和合伙人在实际操作中遇到的问题和困难。

4. 营造积极向上的社群文化

一个积极向上的社群文化能够增强会员和合伙人的归属感和认同感。可以通过定期的线上线下活动，营造一个开放、包容、互助的社群氛围。例如，可以组织一些公益活动、团队建设活动、会员分享会等，增加会员和合伙人之间的互动和交流，增强团队凝聚力。

此外，还可以通过一些激励措施，鼓励会员和合伙人分享自己的成功经验和心得体会。例如，可以设置"会员故事"专栏，定期分享优秀会员和合伙人的成长故事和成功案例，激励更多的人参与进来。

5. 数据驱动的精细化运营

在会员和合伙人网络的运营过程中，数据分析是不可或缺的工具。通过对会员和合伙人的行为数据、业绩数据、互动数据等进行分析，可以更好地了解他们的需求和行为模式，从而制定更加精准的运营策略。例如，可以通过数据分析，识别出哪些会员和合伙人有较高的活跃度和贡献度，针对他们制定个性化的激励和支持方案。

同时，还可以通过数据分析，识别出潜在的问题和风险，及时采取措施进行调整和优化。例如，如果发现某些会员和合伙人的活跃度下降，可以通过定向的沟通和激励，重新激发他们的热情和动力。

6. 持续创新与优化

会员和合伙人网络的运营不是一成不变的，需要根据市场环境和会员合伙人的需求而变化，持续进行创新和优化。例如，可以定期推出新的产品和服务，满足会员和合伙人不断变化的需求；可以引入新的技术和工具，提升运营效率和效果；可以尝试新的营销和推广方式，吸引更多的新成员加入。

同时，还需要建立一个反馈机制，收集会员和合伙人的意见和建议，及时进行调整和优化。例如，可以通过问卷调查、座谈会、线上反馈通道等形式，了解会员和合伙人的真实想法和需求，从而不断改进运营策略，提升服务质量，增强会员和合伙人的满意度与忠诚度。根据反馈优化产品功能和服务细节，使产品更贴合市场需求。针对合伙人提出的合作模式优化建议，调整激励机制和权益体系，激发其积极性和创造力。依据会员反馈改进营销活动方案，提高用户参与度和转化率。通过持续创新、优化以及重视反馈，打造一个充满活力、适应性强的会员和合伙人网络，使其成为企业持续发展和市场竞争中的有力支撑，推动企业不断前进，实现互利共赢的良好局面。

6.1.5 成功路径：快速推广的模式与案例分析

在当今竞争激烈的商业环境中，快速推广已经成为企业获取市场份额、提升品牌影响力的关键手段。而对于 AI 产品的推广来说，借助会员和合伙人系统，可以实现更加高效、精准的市场渗透。以下将详细阐述几种成功的快速推广模式，并结合实际案例进行分析。

1. 会员矩阵模式的成功路径

会员矩阵是一种通过建立多层次会员体系，实现用户裂变式增长的推广模式。在这种模式下，企业可以通过设置不同等级的会员权益，吸引用户主动成为会员，并通过推荐机制进一步扩大用户群体。例如，某 AI 教育平台推出了基础会员、高级会员和 VIP 会员三个等级，分别提供不同深度的 AI 课程和实战项目。基础会员可以通过邀请新用户注册获取积分，而这些新用户在消费后，推荐人还能获得一定比例的返现。这种机制不仅激励了现有会员的积极性，还通过口碑传播实现了用户的快速增长。

此外，会员矩阵模式还可以结合数据分析技术，精准定位潜在用户的需求，提供个性化的推荐和服务。例如，通过分析用户的浏览记录和购买行为，AI 系统可以自动推荐相关的课程或产品，提高用户的黏性和购买率。这种数据驱动的会员矩阵模式，已经在多个行业取得了显著成效。

2. 合伙人制度的裂变效应

合伙人制度是一种通过利益捆绑，激励合伙人主动推广产品和服务的模式。在这种模式下，合伙人不仅可以获得产品销售的提成，还能参与公司的股权分红，形成长期的利益共同体。例如，某 AI 健康管理平台推出了合伙人计划，吸引了一大批健康领域的专家和意见领袖加入。这些合伙人不仅通过自己的社交网络推广平台的产品，还利用自己的专业知识为用户提供个性化的健康管理方案，大大提升了用户的信任度和满意度。

合伙人制度的成功关键在于激励机制的设计和执行。通过设置合理的提成比例和奖励机制，可以有效激发合伙人的积极性和创造力。同时，企业还需要提供系统的培训和支持，帮助合伙人提升推广技能和专业水平。例如，定期举办线上线下的培训课程，邀请行业专家分享成功经验，都可以有效提升合伙人的实战能力。

3. 社交媒体的裂变营销

社交媒体已经成为企业推广产品和服务的重要渠道。通过社交媒体平台，企业可以快速触达海量用户，实现品牌的广泛传播。例如，某 AI 美妆品牌利用抖音、快手等短视频平台，通过与网红和 KOL 合作，推出了多款 AI 美妆产品。这些网红和 KOL 通过直播和短视频展示产品的使用效果，吸引了大量粉丝关注和购买。同时，品牌还推出了分享有奖活动，鼓励用户将产品分享到自己的社交圈，进一步扩大了产品的传播范围。

社交媒体的裂变营销不仅可以快速提升品牌知名度，还可以通过用户的口碑传播，实现产品的精准推广。例如，通过设置分享红包、邀请有奖等机制，可以激励用户主动分享产品信息，形成裂变式的传播效应。这种模式已经在多个行业取得了显著成效，成为企业快速推广的重要手段。

案 例

某 AI 健身平台的快速推广之路

某 AI 健身平台通过结合会员矩阵和合伙人制度，成功实现了用户的快速增长和产品的广泛传播。平台首先推出了多层次的会员体系，提供不同深度的健身课程和个性化的训练计划。同时，平台还设置了推荐奖励机制，鼓励现有会员邀请新用户注册。通过这种会员矩阵模式，平台在短短三个月内就吸引了超过十万名新用户注册。

在合伙人制度方面，平台邀请了一批健身领域的专家和意见领袖加入，成为平台的合伙人。这些合伙人不仅通过自己的社交网络推广平台的产品，还利用自己的专业知识为用户提供个性化的健身指导。例如，某知名健身教练通过自己的微博和微信公众号，定期分享健身经验和平台产品的使用心得，吸引了大量粉丝关注和购买。

此外，平台还充分利用了社交媒体的裂变营销，通过与网红和 KOL 合作，推出了多场直播和短视频活动。这些活动不仅展示了产品的使用效果，还通过分享有奖等机制，激励用户将产品信息分享到自己的社交圈。通过这种多渠道的推广模式，平台在半年内就实现了用户数量和销售额的双重增长，成为行业内的佼佼者。

4. 成功要素总结

通过上述案例分析，我们可以总结出快速推广模式成功的几个关键要素：

激励机制的设计：合理的激励机制可以有效激发会员和合伙人的积极性，形成裂变式的传播效应。

丰富的产品服务体系：多层次会员体系提供不同深度的健身课程与个性化训练计划，满足多样需求。

合伙人资源整合：邀请健身专家和意见领袖，借助其专业知识与社交网络推广产品并指导用户。

社交媒体营销运用：与网红、KOL合作开展直播等活动，利用分享有奖激励用户传播，实现裂变营销。

多渠道推广模式：线上线下结合，通过多种方式全方位触达用户，扩大品牌影响力和产品覆盖面。

6.2 数据资产的盈利模式与战略运用

6.2.1 策略制定：数据资产运营的市场取向

在当今这个数据驱动的时代，企业要想在竞争中脱颖而出，必须将数据视作一种重要的战略资产，而不仅仅是运营的副产品。制定有效的数据资产运营策略，不仅能够帮助企业提升市场竞争力，还能开辟新的盈利渠道。然而，数据资产的运营并非一蹴而就，需要综合考虑市场需求、技术支持以及企业自身的资源配置等多方面因素。

1. 市场需求洞察

企业在制定数据资产运营策略时，首先需要明确市场的真实需求。不同行业对数据的需求各异，例如，金融行业可能更关注用户的信用数据和交易数据；而零售行业则可能更加重视消费者的购买习惯和偏好数据。因此，企业必须通过深入的市场调研和数据分析，识别出自身所在行业中最具价值的数据类型，并根据市场需求的变化灵活调整策略。通过 AI 技术，企业可以实现对市场需求的实时监控和预测，从而制定出更加精准的运营策略。

例如，一家电商平台可以通过分析用户的浏览记录和购买行为，发现某一类商品在特定时间段内的需求激增。基于这一洞察，企业可以调整其营销策略，推出有针对性的促销活动，从而提升销售额。此外，企业还可以通过 AI 技术预测未来一段时间内的市场趋势，提前布局产品供应链，抢占市场先机。

2. 数据资产的分类与评估

在明确市场需求之后，企业需要对自身的数据资产进行详细的分类和评估。数据资产的分类可以从多个维度进行，例如数据的来源、数据的类型、数据的价值等。通过对数据资产的分类，企业能够更好地了解自身的数据资源状况，并根据不同类型数据的特点制定相应的运营策略。

评估数据资产的价值是制定运营策略的关键一步。企业需要建立一套科学合理的评估体系，对数据的真实性、完整性、时效性以及潜在的商业价值进行全面评估。例如，某些实时数据可能在短时间内具有极高的商业价值，而历史数据则可能在长期趋势分析中发挥重要作用。通过 AI 技术，企业可以实现对数据资产的自动化评估，从而更加高效地管理和运营数据。

3. 数据资产的整合与优化

数据资产的整合与优化是提升其商业价值的重要手段。企业往往拥有来自不同渠道和部门的海量数据，这些数据通常处于分散状态，难以发挥协同效应。因此，企业需要通过数据集成和清洗等技术手段，将分散的数据资源整合为一个有机整体，从而实现数据的最大化利用。

在数据整合的基础上，企业还可以通过数据挖掘和分析技术，发现数据中隐藏的商业机会和潜在风险。例如，一家制造企业可以通过整合生产数据、供应链数据和市场需求数据，发现生产环节中的瓶颈和效率低下的问题，从而优化生产流程，降低成本，提高生产效率。

4. 数据资产的商业化路径

数据资产的商业化是企业实现数据价值的重要途径。企业可以通过多种方式将数据资产转化为实际的商业收益，例如数据销售、数据租赁、数据分析服务等。在数据销售方面，企业可以将自身拥有的高质量数据打包成数据产品，出售给有需求的其他企业或机构。在数据租赁方面，企业可以将其数据资源以租赁的形式提供给合作伙伴，从而获得持续的收益。在数据分析服务方面，企业可以利用自身的数据分析能力，为其他企业提供定制化的数据分析服务，帮助其优化运营决策。

此外，企业还可以通过与第三方数据平台合作，将其数据资产进行更广泛的商业化推广。例如，某些大型互联网平台拥有海量的用户数据，这些数据对于广告主和市场研究机构具有极高的商业价值。企业可以通过与这些平台合作，将其数据资源进行二次开发和利用，从而获得更多的商业收益。

5. 数据资产的安全与合规

在数据资产运营的过程中，企业必须高度重视数据的安全与合规问题。数据泄露和滥用不仅会给企业带来经济损失，还可能导致法律风险和声誉损害。因此，企业需要建立完善的数据安全管理体系，确保数据在采集、存储、传输和使用过程中的安全性。

企业还需要遵循相关的法律法规，确保数据资产的运营符合隐私保护和数据安全的要求。例如，欧盟的《通用数据保护条例》（GDPR）和中国的《中华人民共和国网络安全法》都对数据的收集和使用提出了严格的要求。企业需要建立专门的合规团队，确保其数据资产运营策略符合法律法规的要求，避免因数据合规问题而遭受处罚。

6. 数据资产运营的持续优化

数据资产的运营是一个动态的过程，企业需要根据市场环境的变化和自身业务的发展，不断优化和调整其数据资产运营策略。通过建立数据资产运营的反馈机制，企业可以实时收集数据使用过程中的各种信息，比如数据的准确性、完整性以及在不同业务场景中的应用效果等。基于这些反馈，企业能够及时发现在数据资产运营中存在的问题，例如某些数据来源不稳定影响分析结果，或者某些数据分析模型在实际应用中效果不佳等。然后有针对性地进行改进，像优化数据采集流程、调整分析算法等。这样持续不断地根据反馈进行优化，能让数据资产更好地服务于企业决策，提升业务效率，创造更大的价值，助力企业在不断变化的市场中保持竞争优势。

案例分析

数据作为资产的盈利模式

在全球范围内，越来越多的企业开始意识到数据不仅仅是一种运营副产品，更是一种具备巨大商业价值的资产。在 AI 技术的推动下，如何将这些数据资产转化为实际的盈利，成为企业竞争的新焦点。以下通过几个实际案例，深入探讨数据作为资产的盈利模式。

案例一：Netflix 的个性化推荐系统

Netflix 作为全球最大的流媒体平台之一，其成功在很大程度上依赖于对用户数据的深度挖掘和分析。Netflix 通过收集用户的观看习惯、评分、浏览历史等数据，利用 AI 算法对这些数据进行分析，从而生成个性化的推荐列表。这不仅提升了用户的观看体验，还极大地增加了用户的黏性和平台的使用时长。

Netflix 的盈利模式中，数据资产的核心价值体现在两个方面：一是通过个性化推荐增加用户留存率和付费订阅量；二是通过分析用户偏好，指导内容制作和采购。例如，Netflix 会根据数据分析结果，投资制作那些更有可能受到用户欢迎的原创内容。这种基于数据的决策模式，使得 Netflix 在内容制作和用户增长方面都取得了显著的成功。

案例二：阿里巴巴的数据中台与智能营销

阿里巴巴作为中国最大的电商平台之一，拥有海量的用户数据和交易数据。通过构建数据中台，阿里巴巴能够将这些分散的数据进行整合和分析，从而实现精准营销和智能推荐。阿里巴巴的数据中台不仅服务于自身的电商平台，还向其生态系统中的其他业务板块开放，如金融、物流、云计算等。

在盈利模式方面，阿里巴巴通过数据中台实现了多个层面的商业价值。首先，通过精准营销和智能推荐，阿里巴巴能够显著提升平台的交易额和用户满意度。其次，阿里巴巴还将数据中台的能力开放给第三方企业，提供数据分析和营销服务，从而实现数据的二次变现。例如，阿里巴巴的阿里妈妈平台，通过数据驱动的广告投放系统，帮助广告主实现精准营销，从而收取广告费用。

案例三：Uber 的数据驱动运营优化

Uber 作为全球最大的出行平台之一，通过收集和分析海量的出行数据，实现了运营效率的显著提升。Uber 的数据分析系统能够实时监控交通状况、用户需求和司机分布情况，从而动态调整价格和运力配置。这种数据驱动的运营模式，不仅提升了用户的出行体验，还显著提高了司机的收入和平台的盈利能力。

在盈利模式方面，Uber通过数据分析实现了多个层面的商业价值。首先，通过动态定价和运力优化，Uber能够显著提升平台的收入和用户满意度。其次，Uber还将数据分析能力应用于新业务的开发和扩展，如Uber Eats和Uber Freight等。通过这些新业务，Uber不仅实现了数据的二次变现，还拓展了新的盈利渠道。

案例四：Spotify的音乐推荐与广告投放

Spotify作为全球最大的音乐流媒体平台之一，通过收集和分析用户的听歌习惯和偏好数据，实现了个性化推荐和精准广告投放。Spotify的AI算法能够根据用户的历史播放记录和喜好，推荐符合其口味的音乐和歌单。这种个性化推荐不仅提升了用户的听歌体验，还显著增加了用户的活跃度和付费订阅量。

在盈利模式方面，Spotify通过数据资产实现了多个层面的商业价值。首先，通过个性化推荐和智能歌单，Spotify能够显著提升用户的留存率和平台的使用时长。其次，Spotify还将数据分析能力应用于广告投放，通过精准广告投放系统，帮助广告主实现精准营销，从而收取广告费用。这种基于数据的广告模式，不仅提升了广告的投放效果，还显著增加了Spotify的广告收入。

案例五：京东的智能供应链管理

京东作为中国最大的自营电商平台之一，通过构建智能供应链管理系统，实现了运营效率的显著提升。京东通过收集和分析海量的销售数据、库存数据和物流数据，利用 AI 算法进行预测和优化，实现库存管理的智能化和物流配送的优化。这种数据驱动的供应链管理模式，不仅提升了京东的运营效率，还显著降低了运营成本。

在盈利模式方面，京东通过数据分析实现了多个层面的商业价值。首先，通过智能供应链管理，京东能够显著提升库存周转率和物流配送效率，从而降低运营成本。其次，京东还将数据分析能力应用于用户画像和精准营销，通过个性化推荐和智能促销，提升用户的购买转化率和平台的交易额。这种基于数据的决策模式，使得京东在竞争激烈的电商市场中保持了领先地位。

总结，京东作为中国大型自营电商平台，通过构建智能供应链管理系统，收集分析多维度数据，借助 AI 算法优化预测，实现库存管理智能化与物流配送优化。在盈利模式上，一方面通过智能供应链提升库存周转率和物流配送效率以降低成本，另一方面利用数据分析进行用户画像与精准营销，提高用户购买转化率和平台交易额。这种数据驱动的运营和决策模式，大大提升了运营效率，降低了成本，使其在电商市场竞争中占据领先地位，凸显了数据资产在电商运营中的关键价值。

6.3　360 度立体推广 AI 的多元化策略

6.3.1　推广策略多样化：利用不同平台与渠道

在当今这个信息爆炸的时代，单一的推广渠道已经无法满足企业对于市场份额的渴望，尤其在 AI 技术广泛应用的背景下，企业需要更加灵活和多样化的推广策略。通过多平台和多渠道的协同作战，企业不仅可以扩大品牌影响力，还能更精准地触达目标用户群体，从而实现销量的稳步增长。

1. 社交媒体矩阵的构建

社交媒体是现代企业推广中不可忽视的重要阵地。无论是国内的微信、微博，还是国外的Facebook、Instagram，这些平台都拥有庞大的用户基础。企业可以根据自身产品特点，选择合适的平台进行推广。例如，一家主打年轻消费群体的时尚品牌，可以通过微博发布时尚资讯，利用微信公众号进行深度内容营销，同时在Instagram上发布精美的产品图片，以视觉冲击力吸引海外用户。

不仅如此，企业还可以利用AI技术分析各个平台的用户行为数据，从而制定更加精准的营销策略。例如，通过分析用户的浏览习惯和购买记录，企业可以向不同的用户推送个性化的产品推荐信息，大大提高转化率。此外，AI还可以帮助企业进行舆情监测，及时了解用户对品牌和产品的评价，从而调整推广策略。

2. 视频平台的深度利用

视频平台如抖音、快手、YouTube等，已经成为推广产品的重要渠道。短视频的兴起让企业有了更多展示产品的机会。通过制作创意短视频，企业可以在短时间内吸引大量用户的关注。例如，某美妆品牌通过抖音发布了一系列化妆教程视频，不仅展示了产品的使用效果，还通过与网红达人合作，扩大了品牌影响力。

除了短视频，企业还可以利用AI技术进行视频内容的智能推荐。通过分析用户的观看习惯和兴趣标签，AI可以自动推荐相关的产品视频，从而提高用户的观看时长和购买意愿。此外，企业还可以利用AI进行视频内容的自动生成和编辑，大大提高了内容制作的效率。

3. 搜索引擎与信息流广告

搜索引擎和信息流广告是另一种重要的推广渠道。通过百度、谷歌等搜索引擎，企业可以将广告精准地投放到有相关搜索行为的用户面前。例如，某电商平台在"双十一"期间通过百度搜索推广，将广告投放到搜索"双十一优惠"的用户面前，从而吸引了大量潜在客户。

信息流广告则是一种更加主动的推广方式。通过今日头条、微信朋友圈等平台，企业可以将广告嵌入到用户的信息流中，从而实现潜移默化的品牌推广。AI 技术在这方面的应用也非常广泛。例如，通过 AI 分析用户的历史浏览和购买数据，企业可以向不同的用户展示个性化的广告内容，从而提高广告的点击率和转化率。

4. 电商平台的多渠道布局

电商平台是产品销售的重要渠道之一。企业可以通过在天猫、京东、亚马逊等平台开设旗舰店，实现产品的线上销售。在这些平台上，企业可以通过参加各种促销活动，如"双十一"、"黑五"等，来吸引大量用户的关注和购买。

此外，企业还可以利用 AI 技术进行电商平台的数据分析。通过分析用户的购物行为和偏好，AI 可以帮助企业优化产品定价、库存管理和物流配送等环节，从而提高整体运营效率。例如，某家居品牌通过 AI 分析用户的购买数据，发现某款产品在特定地区的销售量较高，于是及时调整了库存分布，确保了产品的及时供应。

5. KOL 与 KOC 的合作推广

KOL（Key Opinion Leader）和 KOC（Key Opinion Consumer）是近年来兴起的两种重要的推广力量。KOL 通常是指在某一领域具有一定影响力的专家或名人，而 KOC 则是指普通的消费者。通过与 KOL 和 KOC 合作，企业可以将产品信息更加真实和生动地传递给广大用户。

例如，某食品品牌通过与多位美食博主合作，发布了一系列产品测评视频，不仅展示了产品的美味，还通过博主的个人影响力扩大了品牌的知名度。同时，企业还可以通过 AI 技术分析 KOL 和 KOC 的粉丝群体和互动数据，从而选择最合适的合作对象，确保推广效果的最大化。

6. 线下活动的线上推广

线下活动如展会、发布会、体验会等，也是企业推广产品的重要方式。通过举办线下活动，企业可以与用户进行面对面的交流，从而加深用户对品牌和产品的认知。在 AI 技术的支持下，企业可以将线下活动的内容进行线上推广，从而扩大活动的影响力。

例如，某科技公司在发布新品时，通过直播平台对发布会进行全程直播，不仅吸引了现场观众的关注，还通过线上观众的互动和分享，扩大了品牌的知名度。同时，通过 AI 技术，将线下活动的精彩瞬间和亮点制作成短视频或图文内容，在社交媒体平台进行分享和传播，进一步提升活动的曝光率和参与度。

6.3.2 内容营销：AI 技术传播的内容创造

在当今这个信息爆炸的时代，内容营销已经成为企业传播品牌价值、吸引潜在客户以及增强市场竞争力的重要手段。而当内容营销与 AI 技术相结合时，企业不仅能够大幅提升内容生产的效率，还可以通过智能化的方式实现更加精准的传播和用户触达。那么，如何通过 AI 技术进行内容创造，以实现更好的内容营销效果呢？

首先，AI 技术可以帮助企业大规模定制内容。传统的营销内容往往是统一的，难以满足不同用户群体的个性化需求。然而，通过 AI 的深度学习和数据分析能力，企业可以根据用户的浏览习惯、购买记录以及兴趣偏好，生成高度定制化的内容。例如，某家电商平台可以利用 AI 分析用户的购物车数据，自动生成个性化的产品推荐文章，或是通过邮件发送量身定制的促销信息。这种定制化的内容不仅能够提升用户的参与感，还能有效提高转化率。

其次，AI 技术在内容生成方面展现出了巨大的潜力。目前，许多企业已经开始使用 AI 写作工具来生成新闻报道、博客文章、产品描述等各种类型的内容。这些工具通过学习大量的文本数据，能够模仿人类的写作风格，并根据给定的关键词或主题快速生成文章。例如，一家旅游公司可以利用 AI 写作工具，根据不同旅游目的地的特点，快速生成一系列的旅游攻略和体验分享文章。这种高效的内容生产方式，不仅能够大幅降低人力成本，还能确保内容的时效性和多样性。

不仅如此，AI 技术还可以通过情感分析和自然语言处理技术，优化内容的表达方式和情感色彩。在内容营销中，情感共鸣往往是吸引用户和增强用户黏性的关键因素。通过 AI 的情感分析技术，企业可以分析用户在社交媒体上的情感倾向，并据此调整内容的表达方式和情感色彩。例如，一家化妆品公司可以利用 AI 分析女性用户在社交平台上对某款产品的评价和情感倾向，进而生成更加贴近用户心理的情感化营销内容。这种情感化的内容不仅能够拉近与用户的距离，还能有效提升用户对品牌的忠诚度。

此外，AI 技术还可以通过智能推荐系统，实现内容的精准分发和传播。在传统的内容营销中，企业往往需要通过人工方式进行内容的推广和分发，这不仅费时费力，还难以确保内容的有效传播。而通过 AI 的智能推荐系统，企业可以根据用户的兴趣和行为数据，自动将合适的内容推荐给目标用户。例如，一家新闻媒体可以利用 AI 推荐系统，根据用户的阅读历史和兴趣标签，向用户自动推荐相关的新闻文章和专题报道。这种精准的分发方式，不仅能够提升内容的阅读量和传播效果，还能有效增强用户的黏性和留存率。

除了文字内容，AI 技术在视频和图像内容的创造上也展现出了巨大的潜力。通过 AI 的图像识别和生成技术，企业可以自动生成海报、广告图片以及短视频等视觉内容。例如，一家餐饮公司可以利用 AI 图像生成技术，根据不同菜品的特点和用户评价，自动生成精美的菜品图片和宣传视频。这种视觉内容的自动化生成方式，不仅能够大幅提升内容生产的效率，还能确保内容的质量和一致性。

在内容营销的过程中，企业还可以利用AI技术进行A/B测试和效果分析，以优化内容的营销策略。通过AI的A/B测试工具，企业可以对不同版本的内容进行对比实验，并根据用户的反馈和行为数据，选择最佳的内容版本进行推广。例如，一家电商平台可以利用AI工具，对不同版本的促销邮件内容进行A/B测试，并根据用户的打开率和转化率，选择最佳的邮件内容进行大规模发送。这种数据驱动的内容优化方式，不仅能够提升内容的营销效果，还能有效降低营销成本。

总的来说，AI技术在内容营销中的应用，不仅能够大幅提升内容生产的效率和质量，还能通过智能化的方式实现内容的精准分发和传播。在未来的内容营销中，AI技术将会扮演越来越重要的角色。企业只有积极拥抱AI技术，不断优化内容营销策略，才能在激烈的市场竞争中立于不败之地。通过AI技术进行内容创造，企业不仅能够实现内容的规模化生产和个性化定制，还能通过精准的用户分析和智能推荐，实现内容的有效传播和营销效果的最大化。

无论是通过AI生成定制化的文字内容，还是通过AI技术进行视频和图像内容的自动化生产，企业都可以借助AI的力量，实现内容营销的创新和突破。在这个信息过载的时代，只有那些能够充分利用AI技术，进行内容创造和营销优化的企业，才能在激烈的市场竞争中脱颖而出，实现品牌价值的最大化和市场份额的持续增长。

通过AI技术进行内容创造，不仅是一种技术创新，它打破了传统内容生产的局限性，极大提高了生产效率和内容多样性；更是一种营销思维的转变，促使企业从以自我为中心的单向传播思维，转向以用户为导向的互动式、个性化营销思维，更加注重数据驱动和精准触达，以更好地满足消费者日益变化的需求和期待。

6.3.3　传播手段的革新：借助 AI 技术丰富传播形式

在当今这个信息爆炸的时代，传统的传播手段已经难以满足人们日益增长的内容需求。借助 AI 技术，传播形式得以不断革新，企业可以通过更多元化、更智能化的方式将信息传递给目标受众。这种传播手段的革新不仅仅体现在内容的制作上，更体现在分发、互动以及效果反馈等多个环节。

首先，AI 技术极大地丰富了内容创作的形式。以短视频为例，传统的视频制作需要专业的团队和设备，从脚本撰写、拍摄到后期剪辑，整个过程既耗时又费力。然而，借助 AI 技术，企业可以通过智能视频生成工具，快速制作出高质量的视频内容。这些工具不仅能够自动剪辑视频片段，还可以根据用户的需求自动生成字幕、配乐甚至是特效。例如，一些 AI 工具能够通过分析视频中的场景和情感，自动匹配适合的背景音乐，从而提升视频的观赏性。此外，AI 还可以帮助生成虚拟主播或数字人，这些虚拟角色可以 24 小时不间断地进行内容传播，极大地提升了传播的效率和覆盖面。

其次，AI 技术在内容分发上的应用同样不可忽视。传统的传播方式往往依赖于单一的渠道，如电视广告、报纸等，而 AI 可以通过对用户数据的分析，精准地将内容推送到目标受众面前。例如，一些社交媒体平台利用 AI 算法，根据用户的浏览习惯、兴趣爱好等信息，将相关内容推荐给用户。这种精准推送不仅提高了内容的到达率，还提升了用户的参与度和互动率。此外，AI 还可以通过对海量数据的分析，预测内容的热度，帮助企业调整传播策略，从而实现更好的传播效果。

在内容互动方面，AI 技术也带来了全新的体验。通过 AI 聊天机器人，企业可以实现与用户之间的实时互动。这些聊天机器人不仅能够回答用户的问题，还可以根据用户的需求提供个性化的建议和服务。例如，一些电商平台利用 AI 聊天机器人，为用户提供产品推荐、订单查询等服务，从而提升用户的购物体验。此外，AI 还可以通过情感分析技术，识别用户在互动过程中的情感变化，从而为企业提供更有针对性的沟通策略。

不仅如此，AI 技术在效果反馈上的应用同样值得关注。传统的传播手段往往难以准确评估传播效果，而 AI 可以通过对用户行为的分析，提供详细的效果反馈。例如，AI 可以追踪用户在观看内容后的行为轨迹，分析他们是否进行了购买、分享或评论等操作。这些数据不仅可以帮助企业了解传播效果，还可以为后续的内容制作和传播策略提供参考。此外，AI 还可以通过对用户反馈的分析，识别出内容中的优缺点，从而帮助企业不断优化内容质量。

在实际应用中，一些企业已经借助 AI 技术，实现了传播手段的革新。例如，某知名电商平台利用 AI 技术，制作了一系列智能广告。这些广告不仅能够根据用户的浏览记录，自动推荐相关产品，还可以根据用户的情感反应，调整广告的内容和形式。通过这种方式，该电商平台不仅提升了广告的到达率和转化率，还增强了用户的参与度和忠诚度。

另一家知名媒体公司则通过 AI 技术，实现了新闻内容的智能分发。该公司利用 AI 算法，分析用户的阅读习惯和兴趣爱好，将相关新闻内容精准地推送给目标受众。通过这种方式，该公司不仅提高了新闻内容的阅读量和分享率，还增强了用户的黏性和满意度。

此外，还有一些企业借助 AI 技术，实现了内容的本地化和个性化。例如，某国际知名品牌利用 AI 技术，将全球内容进行本地化处理，根据不同地区的文化特色和用户需求，制作出适合当地受众的内容。通过这种方式，该品牌不仅提升了内容的相关性和吸引力，还增强了品牌在当地市场的影响力和竞争力。

总的来说，借助 AI 技术，传播手段得以不断革新，内容制作、分发、互动和效果反馈等各个环节都得到了极大的提升。企业通过多元化、智能化的传播手段，不仅能够更精准地将内容传递给目标受众，还能够提升用户的参与度和忠诚度，从而实现更好的传播效果和商业价值。在未来，随着 AI 技术的不断发展，传播手段的革新必将带来更多可能性，企业需要不断探索和应用新的技术，才能在激烈的市场竞争中立于不败之地。

6.3.4　口碑传播：社群与网络效应的放大

在当今的数字时代，口碑传播已经不再局限于邻里间的口耳相传或是朋友间的推荐。借助互联网和社交媒体的力量，口碑传播的影响力被无限放大。尤其是当社群与网络效应相结合时，其威力更是不可小觑。企业若能巧妙利用这一点，将 AI 产品或服务的优势通过社群快速传播，便能实现品牌影响力的指数级增长。

1. 社群的力量：建立深度连接

社群是由一群有共同兴趣、价值观或需求的人组成的群体。在 AI 产品的推广过程中，建立一个有凝聚力的社群至关重要。企业可以通过创建在线论坛、微信群、Facebook 小组等形式，将对 AI 产品感兴趣的用户聚集在一起。在这些社群中，用户不仅可以分享自己的使用体验，还可以提出问题、交流心得，甚至为产品的改进提出建议。

社群的建立不仅仅是为了销售产品，更重要的是建立一种深度连接。这种连接能够让用户感受到被重视和被倾听，从而增强他们对品牌的忠诚度。例如，某家 AI 初创公司通过建立一个名为"AI 未来先锋"的微信群，将对 AI 技术有浓厚兴趣的用户聚集在一起。在这个群里，用户可以分享自己的使用体验，讨论 AI 技术的最新发展，甚至参与产品的内测。这种深度连接不仅增强了用户的参与感，还让用户自发地为产品做宣传。

2. 网络效应：用户增长的催化剂

网络效应是指当一个产品的用户数量增加时，该产品对每个用户的价值也随之增加。在 AI 产品的推广过程中，网络效应可以被视为用户增长的催化剂。例如，一个 AI 语音助手的用户越多，其语音识别技术就会越精准，从而吸引更多的用户使用。这种正反馈机制能够让产品迅速占领市场，形成强大的竞争壁垒。

以某款 AI 语音助手为例，当其用户数量达到一定规模时，产品的语音识别准确率和响应速度都得到了显著提升。这不仅吸引了更多的新用户，还让老用户更加忠诚。老用户在社交媒体上分享自己的使用体验，吸引更多人加入社群，从而形成良性循环。这种网络效应不仅加速了产品的普及，还让品牌在用户心中留下了深刻的印象。

3. 口碑传播的放大器：社交媒体与 KOL

社交媒体是口碑传播的放大器。通过微博、微信、抖音、Instagram 等平台，用户可以轻松分享自己的使用体验，从而影响更多人的购买决策。尤其是在 AI 产品的推广过程中，社交媒体的作用尤为重要。企业可以通过与 KOL（关键意见领袖）合作，利用他们的影响力来扩大产品的知名度。

例如，某家 AI 公司与一位拥有百万粉丝的科技博主合作，邀请他体验并分享 AI 产品的使用心得。这位博主在微博上发布了一篇详细的产品评测文章，引发了大量粉丝的关注和讨论。这篇文章不仅详细介绍了产品的功能和优势，还分享了博主个人的使用体验，让读者感受到产品的真实价值。这种口碑传播方式不仅扩大了产品的知名度，还增强了用户对品牌的信任感。

4. 用户生成内容：让用户成为品牌代言人

用户生成内容（UGC）是指用户自发创建并分享的与品牌相关的内容。在 AI 产品的推广过程中，UGC 可以起到事半功倍的效果。企业可以通过举办线上活动、有奖征文等方式，鼓励用户分享自己的使用体验。这些用户生成的内容不仅真实可信，还能够引发更多人的共鸣。

例如，某家 AI 公司举办了一场"AI 生活秀"活动，邀请用户分享自己使用 AI 产品的创意短视频。活动一经推出，便吸引了大量用户的参与。这些短视频不仅展示了产品的多样化应用场景，还让用户感受到了产品的趣味性和实用性。通过社交媒体的传播，这些 UGC 内容迅速扩散，形成了强大的口碑效应。

案例

社群与网络效应的成功应用

以某款 AI 驱动的智能家居产品为例，该公司通过建立一个名为"智能生活圈"的社群，将对智能家居感兴趣的用户聚集在一起。在这个社群中，用户可以分享自己的使用体验，讨论产品的优缺点，甚至为产品的改进提出建议。同时，公司还与多位科技博主和网红合作，通过他们的影响力来扩大产品的知名度。

通过社群的建立和网络效应的发挥，该产品的用户数量迅速增长。用户在社交媒体上分享自己的使用体验，吸引了更多人加入社群。这种良性循环不仅加速了产品的普及，还让品牌在用户心中留下了深刻的印象。据统计，该产品的市场份额在短短半年内便提升了 15%，成为智能家居领域的佼佼者。

案例分析

多元化策略下的 AI 产品推广案例

在 AI 产品推广的过程中，多元化策略的应用已经成为许多企业取得成功的关键。通过以下几个实际案例，详细回顾这些企业如何通过多元化策略，实现 AI 产品的广泛传播和市场渗透。

案例一：智能客服系统的全平台推广

某初创科技公司开发了一款基于自然语言处理技术的智能客服系统，旨在帮助中小企业提升客户服务效率。在产品推广初期，该公司采取了全平台覆盖的策略。首先，他们在传统的 B2B 平台上进行产品展示，通过与企业客户直接对接，迅速打开了市场。然而，他们并没有止步于此。

为了进一步扩大市场影响力，该公司利用社交媒体平台，创建了一系列关于智能客服系统优势的短视频。这些视频通过生动的案例演示和用户反馈，直观地展示了产品的功能和效果。同时，他们还在各大电商平台上开设了旗舰店，直接面向有需求的中小企业进行销售。通过这种多平台、多渠道的推广策略，该公司的智能客服系统迅速在市场上站稳了脚跟。

案例二：AI 教育平台的跨界合作

另一家专注于 AI 教育技术的公司，开发了一款智能学习系统，旨在为学生提供个性化的学习方案。在产品推广过程中，他们选择了跨界合作的策略。首先，他们与多家知名教育机构合作，通过这些机构的推荐，迅速积累了一批忠实用户。

此外，该公司还与一家大型电商平台合作，推出了"AI 教育节"活动。在活动期间，用户可以以优惠价格购买到智能学习系统的使用权。为了增加活动的吸引力，他们还邀请了多位教育专家进行在线讲座，分享如何利用 AI 技术提升学习效果。通过这种跨界合作和线上活动的结合，该公司不仅提升了产品的知名度，还大大增加了用户数量。

案例三：智能家居产品的口碑传播

一家智能家居公司推出了一款全新的智能音箱，集成了语音助手和家居控制功能。在产品推广初期，他们选择了口碑传播的策略。公司首先通过邀请科技博主和智能家居爱好者进行产品试用，并在各大科技论坛和社交媒体上发布试用体验。这些真实的用户反馈和使用心得，迅速吸引了大量用户关注。

为了进一步扩大影响力，该公司还举办了一系列线下体验活动，邀请潜在客户到他们的体验店进行产品试用。在活动现场，他们设置了多个互动环节，让用户亲身体验智能音箱的各项功能。通过这种线上线下结合的方式，该公司成功地利用口碑传播提升了产品的市场认知度。

案例四：AI 医疗产品的精准营销

一家 AI 医疗科技公司开发了一款智能诊断系统，旨在帮助医生更准确地进行疾病诊断。在产品推广过程中，他们采取了精准营销的策略。首先，他们通过大数据分析，精准定位目标客户群体，主要包括各大医院和诊所。然后，他们通过邮件营销和电话销售的方式，直接与这些机构的决策者进行联系，详细介绍产品的功能和优势。

此外，该公司还参加了多个医疗行业的展会和研讨会，通过现场演示和专家讲解，进一步提升了产品的专业形象。为了增加产品的可信度，他们还与多家知名医院合作，进行了产品的临床试验，并发布了试验结果报告。通过这种精准营销和专业合作的结合，该公司成功地在医疗行业内打开了市场。

案例五：智能金融产品的多渠道推广

一家金融科技公司推出了一款基于 AI 技术的智能投顾系统，旨在为用户提供个性化的投资建议。在产品推广过程中，他们采取了多渠道推广的策略。首先，他们在自己的官方网站和 APP 上进行了产品展示，通过详细的介绍和用户指南，帮助用户了解产品的功能和使用方法。

为了进一步扩大市场影响力，该公司还与多家银行和金融机构合作，通过这些合作伙伴的渠道进行产品推广。此外，他们还在多个金融科技展会和论坛上进行了产品演示，并邀请了多位金融专家进行现场讲解。通过这种多渠道、多形式的推广策略，该公司成功地提升了产品的市场占有率。

通过以上几个案例，我们可以看到，多元化策略在 AI 产品推广中的重要性。无论是全平台覆盖、跨界合作、口碑传播、精准营销还是多渠道推广，这些策略都帮助企业成功地打开了市场，提升了产品的知名度和用户数量。在未来的 AI 产品推广中，企业需要根据自身的产品特点和目标客户群体，灵活运用多元化策略，才能在激烈的市场竞争中脱颖而出。

这些成功的案例不仅展示了多元化策略的实际应用效果，也为其他企业提供了有益的参考。在 AI 技术快速发展的今天，只有不断创新推广思路和方法，紧跟时代步伐，才能在 AI 产品推广的赛道上占据先机，赢得市场的青睐。

总结与展望

7.1 五步创富法的核心与实施要点

7.1.1 总结：五步跃升财富金字塔的策略要义

在 AI 浪潮席卷全球的今天，传统商业模式正面临前所未有的冲击和变革。如何在这场技术革命中立于不败之地，并借助 AI 实现财富的跃升，是我们每个人和企业都必须认真思考的问题。通过本书前述的五步跃升财富金字塔策略，我们详细探讨了如何从认知升级、全链路 AI 融合、会员合伙人模式、数据智能以及 AI 应用销售这五个方面，逐步实现财富的积累与跃升。

第一步，认知升级是整个策略的起点。在 AI 时代，知识和信息的更新速度远超以往任何时候。能否掌握 AI 的核心逻辑、理解其应用场景和发展趋势，将直接决定我们在这一波技术浪潮中的竞争力。认知升级不仅仅是学习新技术，更重要的是培养一种敏锐的商业嗅觉，能够快速识别 AI 带来的商业机会。通过持续学习和关注行业动态，我们才能在瞬息万变的市场中保持领先。

第二步，全链路 AI 融合则是从设计、生产、销售到消费全流程的 AI 应用。这一步不仅仅是技术的升级，更是商业模式的变革。通过 AI 赋能，企业能够在产品设计上实现智能化，生产流程上实现自动化，销售环节上实现精准化。特别是在营销方面，AI 可以帮助我们生成爆款文案、制作热门短视频，甚至通过 AI 数字人实现全天候的直播获客。通过这些手段，企业可以将公域流量转化为私域流量，实现更高效的变现。这一步的关键在于如何让 AI 贯穿整个产业链，从而在各个环节上领先同行。

第三步，会员合伙人模式的引入，则是商业模式的进一步升级。传统的卖货模式已经无法满足现代消费者的需求，我们需要从单纯的买卖关系转变为更深层次的合作关系。通过发展会员和合伙人，企业不仅能够提升用户的忠诚度，还能借助他们的力量实现更广泛的市场推广。在这一过程中，AI的作用同样不可忽视。通过AI技术，企业可以更精准地分析会员数据，制定个性化的营销策略，从而提升会员的转化率和终身价值。

第四步，数据智能的应用，则是从商贸到资产管理的战略转变。在数据成为新的生产要素的今天，企业必须重新审视自己在数据生态中的地位。通过AI技术，企业可以从数据中提取有价值的洞察，从而优化业务流程，发现新的盈利模式。数据驱动决策已经成为现代企业不可或缺的一部分，只有掌握了数据，才能在激烈的市场竞争中占据一席之地。

第五步，AI应用销售则是实现财富跃升的重要途径。随着AI技术的普及和成本的降低，销售各种AI应用已经成为一种新的盈利模式。通过构建销售网络和合作伙伴关系，企业可以将AI技术推广到更多的行业和领域。在这一过程中，会员和合伙人模式同样可以发挥重要作用，通过他们的力量，企业可以实现更快速的市场渗透和更高的销售额。

总的来说，这五步策略环环相扣，逐步递进，帮助个人和企业在这场AI革命中实现财富的跃升。每一步都需要我们深入思考和实践，只有将每一个环节做到极致，才能在激烈的市场竞争中脱颖而出。通过这五步策略，我们不仅能够实现短期的收益增长，更能够在长期的发展中建立起稳固的竞争优势。

在实际操作中，这五步策略并不是一成不变的。我们需要根据市场环境的变化和企业自身的情况，灵活调整策略和方法。同时，持续创新和学习也是必不可少的。只有不断更新自己的知识和技能，才能在瞬息万变的市场中保持领先。

在这个过程中，我们还要注意风险的控制和管理。无论是技术风险还是市场风险，都需要我们提前做好预案和准备。通过建立有效的风险管理机制，我们可以在追求财富跃升的过程中，最大限度地降低潜在的损失。

最后，我们要牢记，AI 技术的应用不仅仅是追求商业利益的手段，更是推动社会进步和人类发展的重要力量。在使用 AI 技术的过程中，我们要始终坚持"善用 AI，分享 AI"的理念，让 AI 技术为更多的人带来福祉。只有这样，我们才能在实现个人和企业财富增长的同时，推动整个社会的共同进步。

通过这五步策略，我们不仅能够实现财富的跃升，更能够在 AI 时代中找到自己的定位，实现个人和企业的长远发展。无论是企业家还是普通从业者，都应该在这场技术革命中抓住机遇，迎接挑战，共同创造一个更加美好的未来。

7.1.2 实施路径：五步法的实战指南与建议

在具体实施"五步跃升财富金字塔"的方法时，我们需要从实际操作的角度出发，结合市场环境与个人或企业的资源状况，制定切实可行的行动计划。以下是针对每一步的详细实战指南与建议。

第一步：全链路 AI 融合的实施路径

首先，我们要认识到 AI 不仅仅是一个技术工具，它更是一种全新的思维方式。在将 AI 融入企业全链路的过程中，建议从以下几个方面入手：

一是从设计环节开始，引入 AI 辅助设计系统，这不仅能加快产品开发速度，还能通过数据分析，精准捕捉市场需求。例如，在服装行业，AI 可以通过大数据分析流行趋势，帮助设计师创造更符合市场预期的产品。

二是生产环节的智能化改造，可以通过引入智能机器人、AI 质检系统等，提升生产效率和产品质量。在这个过程中，企业需要与技术供应商密切合作，确保 AI 系统能够无缝对接现有的生产流程。

三是销售与客户服务环节，可以利用 AI 进行精准营销，通过用户数据分析，定制个性化推荐和营销方案。同时，利用 AI 客服系统，提供 7×24 小时的客户服务，提升用户体验。

四是整合资源，优化供应链管理，通过 AI 对供应链各个环节的数据进行分析和预测，及时调整生产和销售策略，降低库存和物流成本。

第二步：会员与合伙人模式的实施路径

在这一步中，企业需要从传统的卖货思维转向社群经济和共享经济。以下是一些具体的实施建议：

一是构建会员体系，首先要明确会员的价值主张，即加入会员能够获得哪些实际的利益。可以通过积分、折扣、专属活动等方式吸引用户加入。同时，利用 AI 对会员数据进行分析，提供个性化的服务和产品推荐。

二是发展合伙人模式，需要设计合理的激励机制，让合伙人能够从中获得实际的收益。可以通过分红、业绩奖励等方式激励合伙人积极推广产品和服务。

三是建立社群经济，通过线上线下活动，增强会员和合伙人的归属感和参与感。可以利用社交媒体和 AI 技术，建立互动平台，促进社群成员之间的交流和合作。

第三步：数据智能的实施路径

数据是 AI 时代最宝贵的资源，如何有效地收集、分析和利用数据，是企业成功的关键。以下是一些具体的实施建议：

一是数据收集与管理，企业需要建立完善的数据收集和管理系统，确保数据的真实性和完整性。可以通过用户行为分析、市场调研等方式收集数据，并利用 AI 技术进行数据清洗和整理。

二是数据分析与应用，利用 AI 技术对数据进行深度分析，挖掘数据背后的商业价值。可以通过数据建模、预测分析等手段，指导企业的经营决策。

三是数据变现与交易，企业可以通过数据服务、数据产品等方式实现数据变现。同时，可以与其他企业合作，进行数据交易和共享，实现数据价值的最大化。

第四步：AI 应用销售的实施路径

在这一步中，企业需要将 AI 技术转化为实际的产品和服务，推向市场。以下是一些具体的实施建议：

一是产品开发与优化，企业需要根据市场需求，开发具有竞争力的 AI 产品和服务。可以通过市场调研、用户反馈等方式，不断优化和升级产品。

二是市场推广与销售，利用多种渠道和方式，进行 AI 产品的市场推广和销售。可以通过线上线下结合的方式，举办产品发布会、展会等活动，提升产品的知名度和影响力。

三是合作伙伴与联盟，企业可以与其他企业、科研机构等建立合作联盟，共同开发和推广 AI 技术。可以通过技术共享、资源整合等方式，实现合作共赢。

第五步：利用会员合伙人系统快速推广 AI 的实施路径

在这一步中，企业需要充分利用会员和合伙人网络，快速推广 AI 产品和服务。以下是一些具体的实施建议：

一是会员矩阵建设，企业需要建立完善的会员矩阵，通过多层次的会员体系，扩大用户群体。可以通过积分体系、等级制度等方式，激励会员积极参与和推广。

二是合伙人激励机制，设计合理的激励机制，让合伙人能够从中获得实际的收益。可以通过业绩奖励、分红等方式，激励合伙人积极推广产品和服务。

三是多元化推广策略，利用多种渠道和方式，进行 AI 产品的推广和传播。可以通过社交媒体、线上广告、线下活动等方式，提升产品的知名度和影响力。

四是数据资产的运营与管理，企业要重视对会员和合伙人相关数据的收集、整理与分析，通过了解他们的行为偏好、需求特点等，优化推广策略和产品服务。利用数据挖掘潜在的合作机会和市场需求，实现更精准的营销和资源配置，进一步提升推广效果和用户满意度。

7.1.3 关键挑战与对策：在实践中常见的问题解答

在实施"五步跃升财富金字塔"策略的过程中，个人和企业常常会遇到一些普遍的挑战和问题。以下是几个关键挑战以及相应的解决对策，这些建议旨在帮助读者更好地应用书中的理论并转化为实际成果。

1. 对 AI 技术的理解和应用存在误区

许多人在刚开始接触 AI 时，往往对其抱有不切实际的期望，认为 AI 可以解决一切问题。然而，现实情况是，AI 技术的应用需要结合具体的业务场景，且不同的 AI 工具和算法适用于不同的问题。如果对 AI 的理解浮于表面，很容易导致投资浪费和项目失败。

对策 》

要解决这个问题，首先需要深入学习 AI 的基础知识，并通过与技术团队或外部专家的密切合作，明确 AI 在业务中的实际应用场景。同时，建议从小范围的实验项目入手，通过快速试错和迭代优化，逐步扩大 AI 的应用范围。此外，定期参加行业研讨会和培训课程，及时更新对 AI 技术发展趋势的认知，也有助于避免陷入误区。

2. 数据质量和安全性问题

在数据驱动的商业模式中，数据质量和安全性是两个至关重要的因素。许多企业虽然积累了大量的数据，但这些数据往往存在不完整、不准确或不一致的问题。此外，随着数据隐私和保护法规的日益严格，企业在处理和使用数据时面临越来越多的合规性挑战。

对策 »

为了确保数据的质量，企业需要建立完善的数据治理机制，包括数据清洗、数据校验和数据更新等流程。同时，可以借助 AI 工具来自动化处理和分析数据，提高数据的准确性和可用性。在数据安全方面，企业应严格遵守相关法律法规，采用先进的数据加密和访问控制技术，确保数据的安全性和隐私保护。此外，定期进行数据安全审计和风险评估，及时发现和解决潜在的安全隐患。

3. 组织内部的变革阻力

在企业引入 AI 技术的过程中，往往会遇到来自组织内部的变革阻力。一些员工可能因为担心失去工作或不适应新的工作方式，对 AI 技术的应用持抵触情绪。此外，管理层也可能因为对 AI 技术的不了解，缺乏足够的信心和决心来推动变革。

对策 »

为了顺利推进 AI 技术的应用，企业需要从上至下进行全面的变革管理。首先，管理层应以身作则，积极学习和应用 AI 技术，并通过内部培训和知识分享，提高全体员工对 AI 的认知和技能。其次，企业应建立激励机制，鼓励员工积极参与 AI 项目的实施和优化。同时，可以通过试点项目和成功案例，逐步消除员工的抵触情绪，增强他们对 AI 技术的信心和接受度。

4. 资源和资金的限制

对于中小企业和创业者来说，引入 AI 技术往往面临资源和资金的限制。AI 技术的研发和应用需要大量的投入，包括硬件设备、软件工具、技术人才等，这对于一些资金有限的企业来说是一个不小的挑战。

对策 »

为了解决资源和资金的限制，企业可以采取多种策略。首先，可以考虑采用云端 AI 服务，通过按需付费的方式，降低硬件和软件的采购成本。其次，企业可以通过与高校、科研机构或技术公司合作，共享资源和技术，降低自身的研发成本。此外，政府和行业协会也提供了一些针对 AI 技术应用的资助和扶持政策，企业可以积极申请这些资源，缓解资金压力。

5. 市场竞争和差异化问题

在 AI 技术的应用过程中，企业面临的另一个挑战是如何在激烈的市场竞争中实现差异化。许多企业虽然引入了 AI 技术，但往往陷入同质化竞争，难以形成独特的竞争优势。

对策 》

为了实现差异化竞争，企业需要从以下几个方面入手。首先，明确自身的核心竞争力，结合 AI 技术，打造独特的价值主张。其次，深入了解目标客户的需求和痛点，通过定制化的 AI 解决方案，提供个性化的产品和服务。此外，企业还可以通过品牌建设和市场营销，突出自身的技术优势和独特价值，增强客户的认知和信任。

6. 持续创新和迭代的问题

AI 技术的发展日新月异，企业需要保持持续的创新和迭代，才能在激烈的市场竞争中立于不败之地。然而，许多企业在引入 AI 技术后，往往因为缺乏持续的投入和创新，逐渐失去竞争优势。

对策 》

为了保持持续的创新和迭代，企业要树立长远的战略眼光，将 AI 技术的持续投入与创新纳入企业长期发展规划中，不能仅仅满足于短期的成果。在资金方面，要设立专门的 AI 研发预算，并确保其稳定性和可持续性，同时积极寻求外部投资和合作，拓宽资金来源渠道。人才是创新的核心驱动力，企业要大力引进和培养既懂 AI 技术又熟悉业务的复合型人才，建立完善的人才激励机制，鼓励员工积极参与创新项目，为有突出贡献的人才提供晋升和奖励机会。此外，企业还应加强与科研机构、高校的合作，及时获取前沿技术资讯，共同开展研究项目，加速科研成果转化。同时，要建立快速响应的市场反馈机制，密切关注客户需求和市场动态变化，根据反馈及时调整 AI 产品和服务，确保其始终贴合市场需求，从而不断提升企业在 AI 领域的竞争力。

案例分析

深入剖析成功案例的背后逻辑

在探讨"五步跃升财富金字塔"的实际应用时，我们不能仅停留在理论层面，必须深入实际，通过真实的案例来揭示这些策略是如何在复杂的商业环境中发挥作用的。以下，我们将通过几个典型案例，剖析其背后的逻辑与成功秘诀。

案例一：某电商企业的 AI 转型之路

这家电商公司原本只是一个中小型企业，主要通过传统电商平台销售日用品。然而，随着市场竞争的加剧和消费者需求的变化，公司业绩增长乏力，甚至出现下滑趋势。面对困境，公司管理层决定全面引入 AI 技术，从设计、生产、销售到客户关系管理，全链条进行智能化改造。

首先，在产品设计和生产环节，该公司引入了 AI 设计系统，通过大数据分析消费者的购买习惯和流行趋势，自动生成符合市场需求的产品设计。这一举措不仅大大缩短了产品开发周期，还显著提高了产品的市场适应性。

其次，在销售环节，公司利用 AI 技术进行精准营销，通过分析消费者的浏览记录和购买数据，向目标客户推送个性化推荐信息。同时，公司还开发了 AI 数字人，通过热门短视频平台进行产品推广，吸引了大量潜在客户。

最后，在客户关系管理方面，公司建立了 AI 驱动的会员体系，通过数据分析了解会员的购买偏好和行为模式，提供个性化的服务和优惠活动，从而提升了客户的忠诚度和复购率。

通过这一系列 AI 技术的应用，该公司不仅实现了业绩的快速增长，还在竞争激烈的电商市场中占据了一席之地。这个案例告诉我们，全链条的 AI 应用不仅能够提升效率，还能带来商业模式的创新和市场竞争力的增强。

案例二：传统制造企业的会员合伙人模式转型

另一家值得关注的企业是一家传统的制造企业，主要生产家用电器。面对市场饱和和利润率下降的困境，公司决定引入会员和合伙人模式，从单纯的卖货模式向服务和体验转型。

首先，公司在原有客户群体的基础上，建立了会员体系，通过提供个性化的产品和服务，提升客户的满意度和忠诚度。会员不仅可以享受产品优惠，还能参与公司举办的各种活动和体验项目。

其次，公司大力发展合伙人模式，鼓励优秀的经销商和客户成为公司的合伙人，共同分享公司的成长收益。通过合伙人模式，公司不仅扩大了市场份额，还增强了与合作伙伴的黏性。

最后，在推广方面，公司利用 AI 技术进行精准营销和数据分析，通过会员矩阵和合伙人网络，快速传播产品信息和品牌理念。同时，公司还通过 AI 直播系统进行 24 小时不间断的产品展示和推广，吸引了大量潜在客户。

这个案例展示了会员和合伙人模式在传统制造企业中的应用效果，通过引入 AI 技术，公司不仅实现了商业模式的转型，还大大提升了市场竞争力和盈利能力。

案例三：数据智能在金融服务中的应用

一家新兴的金融科技公司，通过数据智能技术，在竞争激烈的金融市场中实现了快速崛起。公司主要利用大数据和AI技术，提供个性化的金融产品和服务。

首先，公司在客户数据收集和分析方面投入了大量资源，通过AI技术对海量数据进行深度挖掘和分析，了解客户的财务状况、投资偏好和风险承受能力。基于这些数据，公司为每个客户量身定制了金融产品和服务方案，大大提高了客户的满意度和忠诚度。

其次，公司在风险控制和决策优化方面，也充分利用了AI技术。通过智能风控系统，公司能够实时监测和预测市场风险，及时调整投资策略，降低风险暴露。同时，公司还利用AI技术进行自动化决策，提高了决策的准确性和效率。

通过数据智能技术的应用，这家金融科技公司不仅在短时间内吸引了大量客户，还在竞争激烈的金融市场中实现了稳健增长。这个案例表明，数据智能技术在金融服务中的应用，不仅能够提升服务质量和客户体验，还能带来商业模式的创新和市场竞争力的增强。

案例四：AI产品销售的跨界合作

一家专注于AI技术研发的公司，通过跨界合作，成功将其AI产品推向了更广泛的市场。公司主要研发智能家居产品，通过与房地产开发商和家装公司合作，将智能家居产品集成到新建住宅和装修方案中。

首先，公司与房地产开发商合作，将智能家居产品作为高端住宅的标准配置，通过样板房的展示和体验，吸引了大量购房者的关注。其次，公司还与家装公司合作，将智能家居产品纳入家装设计方案，提供一站式的智能家居解决方案。

7.1.4 可持续发展：如何保证策略的长期有效性

在实施"五步跃升财富金字塔"策略的过程中，确保其长期有效性至关重要。这不仅仅是为了短期的收益，而是为了在快速变化的 AI 时代中保持持续的竞争优势和财富增长。以下几个方面可以帮助个人和企业实现这一目标。

1. 持续创新与技术迭代

AI 技术的发展日新月异，任何依赖于 AI 的商业策略都需要保持对新技术的敏感性。持续创新是企业保持竞争力的关键。定期评估市场上出现的新技术，并迅速将其应用到自己的业务中，是确保策略长期有效的基础。例如，企业可以通过设立专门的创新部门，负责追踪 AI 技术的最新进展，并将其迅速整合到产品和服务中。此外，企业还应鼓励内部创新，通过奖励机制激励员工提出新的 AI 应用方案。

2. 建立强大的数据生态系统

数据是 AI 时代的"新石油"，拥有强大的数据生态系统是确保策略长期有效的重要保障。企业需要建立完善的数据收集、分析和应用体系，确保能够从海量数据中提取有价值的洞察。这不仅包括内部数据的有效管理，还包括外部数据的获取和整合。通过构建一个开放的数据平台，企业可以实现数据的共享和协同，从而提升整体的数据利用效率。此外，企业还应注重数据的安全性和隐私保护，确保数据使用的合法合规。

3. 培养和留住 AI 人才

人才是 AI 时代最宝贵的资源，拥有优秀的 AI 人才团队是确保策略长期有效的关键。企业需要制定完善的人才培养和激励机制，吸引并留住顶尖的 AI 人才。通过与高校和科研机构合作，企业可以建立人才输送渠道，确保新鲜血液的不断注入。同时，企业还应注重内部人才的培养，通过定期的培训和学习，提升现有员工的 AI 技能。此外，企业还应营造良好的工作环境和企业文化，增强员工的归属感和忠诚度。

4. 构建多元化的业务模式

单一的业务模式往往难以抵御市场的波动和变化，构建多元化的业务模式是确保策略长期有效的重要手段。企业可以通过拓展新的业务领域，实现业务的多元化发展。例如，在原有的 AI 产品和服务基础上，企业可以开发新的 AI 应用场景，进入新的市场领域。此外，企业还可以通过并购和合作，实现业务的横向和纵向扩展。通过多元化的业务模式，企业可以有效分散风险，提升整体的抗风险能力。

5. 强化客户关系与用户体验

客户是企业生存和发展的根本，强化客户关系和提升用户体验是确保策略长期有效的重要途径。企业需要建立完善的客户关系管理体系，实现对客户需求的精准把握和快速响应。通过大数据和 AI 技术，企业可以实现对客户行为的深入分析，从而提供个性化的产品和服务。此外，企业还应注重用户体验的提升，通过不断优化产品和服务，增强用户的满意度和忠诚度。通过强化客户关系和提升用户体验，企业可以建立稳固的市场基础，确保策略的长期有效性。

6. 注重社会责任与可持续发展

在追求经济利益的同时，企业还应注重社会责任和可持续发展，这是确保策略长期有效的重要保障。企业需要积极履行社会责任，关注环境保护、社会公益和员工福利等方面。通过践行社会责任，企业可以树立良好的社会形象，增强品牌影响力和美誉度。同时，企业还应注重可持续发展，将环保和节能理念融入产品和服务的各个环节中。通过注重社会责任和可持续发展，企业可以实现经济效益和社会效益的双赢，确保策略的长期有效性。

7. 建立风险预警与应对机制

市场环境和技术的快速变化带来了诸多不确定性，建立完善的风险预警和应对机制是确保策略长期有效的重要保障。企业需要建立全面的风险管理体系，实现对潜在风险的及时识别和有效应对。通过大数据和 AI 技术，企业可以实现对市场和行业动态的实时监控，及时发现潜在的风险和机遇。同时，企业还应制定详细的应对预案，确保在风险发生时能够迅速采取有效措施，将损失降到最低。通过建立风险预警和应对机制，企业可以有效提升整体的抗风险能力，确保策略的长期有效性。

8. 持续学习与自我提升

AI 时代是一个快速变化的时代，持续学习与自我提升是确保策略长期有效的关键。企业需要营造良好的学习氛围，鼓励员工不断学习和提升自我。通过定期的培训和学习，企业可以提升员工的 AI 技能和综合素质，增强整体的创新能力和竞争力。同时，企业还应注重知识的共享和传播，通过内部知识库的建设，实现知识的积累和传承。这样一来，新员工能够快速汲取前人经验，老员工也能不断更新知识体系，促进团队协作与沟通，为企业在 AI 时代的持续发展奠定坚实基础。

延伸阅读

AI 对人类社会的未来影响

- **AI 与未来工作：劳动力市场的重构**

在未来的几十年里，人工智能（AI）将对劳动力市场产生深远的影响。这种影响不仅仅体现在某些职业的消失或转变上，还会带来整个工作模式和职业结构的变革。我们可以预见，随着 AI 技术的不断进步，许多传统岗位将逐渐被自动化系统取代，而新兴职业和新型工作模式将应运而生。

首先，那些重复性高、规则明确的工作将最先受到冲击。例如，制造业中的装配工、物流行业的分拣员，甚至是金融领域的初级数据分析员，这些职业的工作内容大多可以通过 AI 和机器人更高效地完成。在一些发达国家，自动化已经让不少工厂实现了"无人工厂"的运营模式，生产线上几乎看不到工人的身影，取而代之的是机械臂和智能检测系统。

然而，这并不意味着所有的人类工作都会被 AI 取代。相反，AI 的出现将催生出许多新的职业机会。例如，AI 系统的开发、维护和优化需要大量的技术人才，数据科学家、AI 训练师、自动化系统管理员等新兴职业正在快速崛起。此外，AI 技术的应用也催生了对跨学科人才的需求，比如将 AI 与医疗、法律、教育等传统行业结合的复合型人才。这些职业不仅要求从业者具备扎实的技术背景，还需要他们在特定行业中拥有丰富的经验和深刻的理解。

与此同时，AI 的普及还将改变人们的工作方式。远程办公、灵活工时、自由职业等模式将变得更加普遍。AI 技术可以帮助企业更好地管理远程团队，优化工作流程，并提高工作效率。例如，AI 可以自动安排会议、管理项目进度、分析员工绩效，从而让管理者能够更加专注于战略性决策。而对于员工来说，AI 工具可以协助他们处理烦琐的日常任务，让他们有更多时间专注于创造性和高价值的工作。

然而，AI 对劳动力市场的影响并非全是正面的。随着自动化程度的提高，许多低技能劳动者将面临失业的风险。政府和企业需要共同努力，通过再培训和技能提升计划，帮助这些劳动者转型为能够适应新环境的人才。例如，一些国家已经开始实施针对失业工人的再培训项目，帮助他们学习编程、数据分析等新兴技能，以便更好地融入数字化经济。

其次，AI的广泛应用还可能导致工作性质的根本性变化。在AI的辅助下，人类将能够从事更加复杂和富有挑战性的工作。例如，在医疗领域，医生可以利用AI辅助诊断系统快速获取病人的病史和诊断建议，从而将更多精力投入治疗方案的制定和与病人的沟通上。在教育领域，教师可以利用AI工具个性化地设计教学方案，针对每个学生的特点进行因材施教。

然而，AI的普及也带来了一些社会和伦理问题。例如，随着AI在工作场所中的应用增加，人们开始担心隐私保护和数据安全问题。企业需要确保AI系统的透明性和公正性，避免因算法偏见导致的不公平现象。此外，政府和社会也需要制定相应的政策和法规，确保AI技术的应用不会加剧社会不平等。

总的来说，AI对劳动力市场的重构既是机遇也是挑战。它将带来工作效率的提升和新职业的涌现，同时也需要社会各方共同努力，确保所有劳动者都能从这一技术进步中受益。通过合理的政策引导和广泛的技能培训，我们可以让AI成为促进社会进步和经济繁荣的强大动力，而不是导致失业和社会不公的根源。在这个过程中，政府、企业和社会各界需要紧密合作，共同迎接AI时代的到来。

● AI与教育：知识获取与技能培养的进化

在AI技术的推动下，教育行业正经历着一场前所未有的变革。传统的教育模式，往往是以教师为中心，学生被动接受知识。然而，随着AI的广泛应用，这种模式正在被彻底颠覆，取而代之的是更加个性化、灵活和高效的学习方式。

1.个性化学习路径的塑造

AI技术的最大优势之一就是其强大的数据处理和分析能力。通过AI系统，教育机构可以根据每个学生的学习进度、兴趣爱好、知识掌握情况，量身定制个性化的学习路径。比如，在一些在线教育平台上，AI会根据学生的答题情况，自动推荐适合他们的学习资料和练习题。这种"因材施教"的模式，不仅提高了学习效率，还激发了学生的学习兴趣。

在传统课堂中，老师往往难以顾及每个学生的差异，而 AI 则可以轻松做到这一点。例如，AI 可以通过分析学生在学习过程中的表现，发现他们的薄弱环节，并有针对性地推送相关知识点和练习。这种精准的个性化教学，使得每个学生都能在自己的节奏下，获得最佳的学习效果。

2. 智能导师与虚拟助教

AI 不仅仅在课后为学生提供个性化学习资源，它还开始在课堂中扮演"智能导师"的角色。一些 AI 应用已经能够通过自然语言处理技术，与学生进行互动式教学。例如，AI 可以回答学生的问题、提供解题思路，甚至在某些情况下，AI 还可以模拟教师的讲解过程，帮助学生更好地理解复杂的概念。

虚拟助教也是 AI 在教育领域的一个重要应用。这些虚拟助教可以协助老师批改作业、管理课堂、安排考试，甚至还能根据学生的学习情况，给出具体的改进建议。对于教师而言，这大大减轻了他们的工作负担，使他们能够将更多精力放在教学创新和对学生的关怀上。

3. 技能培养的智能化

随着社会的快速发展，对人才的需求也在不断变化。传统的教育体系往往注重知识的传授，而忽视了技能的培养。然而，AI 的出现，正在改变这一局面。通过 AI 技术，学生不仅可以学习理论知识，还可以通过虚拟现实（VR）、增强现实（AR）等技术，进行实践操作和技能训练。

例如，在医学教育中，学生可以通过 AI 模拟系统，进行手术操作的模拟训练；在工程教育中，学生可以通过 VR 技术，参与到虚拟的工程项目中，进行实际操作和问题解决。这些智能化的技能培养方式，不仅提高了学生的实践能力，还为他们未来的职业发展打下了坚实的基础。

4. 教育资源的公平化

AI 技术的应用，还在一定程度上促进了教育资源的公平化。在传统教育模式下，优质教育资源往往集中在发达地区和名校，而边远地区和普通学校的学生，则很难享受到这些资源。然而，通过 AI 在线教育平台，边远地区的学生也可以获得与发达地区学生相同的教育资源。

例如，一些 AI 教育平台，通过互联网和 AI 技术，将名师的课程、优质的学习资料，传播到边远地区，使得这些地区的学生也能够享受到优质的教育。这种教育资源的公平化，不仅有助于缩小教育差距，还为社会的公平发展提供了有力支持。

5. 终身学习的实现

在 AI 时代，知识的更新速度越来越快，终身学习成为必然趋势。传统的一次性教育模式，已经无法满足现代社会的需求。而 AI 技术的应用，使得终身学习变得更加可行。

通过 AI 学习平台，人们可以随时随地进行学习，无论是工作之余还是闲暇时间，都可以利用碎片化的时间进行知识和技能的学习。而且，AI 还可以根据个人的学习需求和职业发展方向，为其推荐适合的学习内容和职业培训课程。这种智能化的终身学习模式，使得每个人都能在快速变化的社会中，保持竞争力和适应力。

6. 教育评价的科学化

AI 技术的应用，还在教育评价方面带来了革命性的变化。传统的教育评价，往往是以考试成绩为主要依据，这种单一的评价标准，难以全面反映学生的学习情况和能力。而 AI 技术，可以通过对学生学习过程的全面跟踪和分析，提供更加科学、全面的评价。

例如，AI 可以通过分析学生的学习行为数据，如学习时间、答题情况、互动频率等，全面了解学生的学习状态和能力水平。这种数据驱动的评价方式，不仅更加客观公正，还能帮助教师和学生发现问题，及时调整教学和学习策略。

7. 教育创新的推动

AI 技术的应用，还在一定程度上推动了教育创新。通过 AI 技术，教育机构可以进行更加多样化和创新性的教学实验，如翻转课堂、项目式学习、跨学科融合等。这些创新的教学模式，不仅提高了教学效率，还能更好地满足不同学生的学习需求，激发学生的学习兴趣和创造力。例如，翻转课堂借助 AI 辅助的在线学习资源，让学生提前自主学习知识，课堂时间则用于讨论和实践，加深对知识的理解。项目式学习中，AI 可以提供丰富的资料和分析工具，帮助学生更深入地探究课题。跨学科融合利用 AI 的综合性特点，打破学科界限，培养学生的综合思维能力。此外，AI 还能实现个性化学习，根据学生的学习进度和特点提供定制化的学习路径和辅导，真正做到因材施教，为教育领域带来了全新的发展机遇和变革可能。

• AI 与生活：日常生活的智能化变迁

清晨，李女士被她的智能闹钟轻轻唤醒。这个闹钟通过分析她的睡眠周期，选择了她最浅睡眠的时段，以一种柔和的自然声音唤醒她，让她感觉神清气爽。与此同时，家中的智能窗帘自动缓缓拉开，阳光洒入房间。李女士的智能家居系统已经根据当天的天气情况，为她挑选好了合适的衣物。

洗漱时，浴室的镜子显示出她今天的日程安排和健康数据，包括昨晚的睡眠质量、心率以及体重变化。智能镜子还会根据她的皮肤状态，推荐适合的护肤产品。这一切都由 AI 在后台进行分析与推荐，无须她主动查询。

早餐时间，李女士的智能冰箱根据她平日的饮食习惯和现有的食材，为她推荐了几款简单又营养的早餐食谱。她只需要按照提示，将食材放入智能烹饪机中，几分钟后，一份热气腾腾的早餐就准备好了。在这个过程中，AI已经帮她完成了从食材选择到烹饪的全流程管理。

出门上班时，李女士打开手机上的智能出行应用，AI为她规划了最佳出行路线，避开了交通拥堵。她的自动驾驶汽车早已在门口等候，上车后，她可以通过语音助手随时调整车内温度、播放音乐或者查看实时路况。

在工作期间，李女士的智能助理帮她安排会议、提醒待办事项，甚至还能根据她的工作进度自动生成报告。AI还会分析她的工作习惯，提出提升效率的建议。例如，智能助理会提醒她每隔一段时间休息一下，以保持高效的工作状态。

下班回家后，李女士喜欢通过智能健身设备进行锻炼。AI教练根据她的身体状况和锻炼目标，为她定制了专属的健身计划，并在锻炼过程中实时纠正她的动作，确保达到最佳的锻炼效果。锻炼结束后，AI还会生成一份详细的锻炼报告，包括消耗的卡路里、心率变化等数据。

晚上，李女士通过智能娱乐系统放松心情。AI根据她以往的观影习惯和喜好，推荐了几部可能感兴趣的电影。在观影过程中，智能灯光系统会根据电影场景自动调节室内光线，营造出最佳的观影氛围。

临睡前，李女士通过智能语音助手设置了第二天的日程和闹钟。她的智能床会根据她的睡眠数据，自动调整床垫的硬度和枕头的高度，确保她拥有一个舒适的睡眠环境。同时，家中的智能安防系统进入夜间模式，监控摄像头和报警系统开始工作，保障她的安全。

这一切并非科幻小说中的情节，而是AI技术正在逐步融入我们日常生活的真实写照。从智能家居到智能出行，从工作到娱乐，AI正在以各种方式改变着我们的生活方式，让我们的生活变得更加便捷、高效和舒适。随着技术的不断进步，AI将在未来带给我们更多的可能性，让我们的日常生活变得更加智能化。

● AI 与伦理：人工智能时代的道德挑战

在人工智能快速发展的今天，AI 与伦理之间的冲突越发凸显，成为人类社会不得不面对的重大道德挑战。我们正站在一个历史的节点上，面对前所未有的技术力量，如何确保这种力量被善用，成为全球共同关注的议题。

首先，隐私问题无疑是人工智能时代最紧迫的伦理挑战之一。AI 技术依赖于海量的数据，而这些数据往往涉及个人的隐私信息。无论是智能家居设备、社交媒体平台，还是各类移动应用，都在无时无刻地收集用户的数据。这些数据被用于训练 AI 模型，以提升其智能水平。然而，这种数据的收集和使用方式常常在用户不知情的情况下进行。即便用户知情，他们也未必完全理解这些数据将被如何处理，以及可能带来的风险。例如，一些公司可能会在未经明确许可的情况下，将用户数据出售或共享给第三方。这种行为不仅侵犯了个人隐私，还可能导致数据滥用，甚至对个人安全构成威胁。

其次，算法偏见也是人工智能伦理中一个备受关注的问题。AI 系统的训练数据往往反映了现实世界中的偏见和不平等，这导致 AI 在决策过程中可能会放大这些偏见。例如，在招聘、贷款审批、法律判决等领域，AI 可能会因为训练数据中的性别、种族或社会经济地位的偏见，而对某些群体做出不公正的决策。这种算法偏见不仅会影响个体的生活机会，还可能加剧社会的不平等。为了解决这一问题，开发者需要在数据收集和模型训练过程中采取更加审慎的态度，确保数据的多元化和公正性。

此外，AI 的自主性与责任归属问题同样引发了广泛的伦理讨论。随着 AI 技术的发展，越来越多的决策被交由 AI 系统来完成。例如，自动驾驶汽车需要在紧急情况下做出生死抉择，医疗 AI 需要在诊断和治疗方案上做出关键决定。然而，当这些决策出现错误或引发不良后果时，责任的归属却变得模糊不清。是开发这些系统的公司应该负责，还是使用这些系统的个人或机构应该负责？目前，法律和伦理框架尚未完全跟上技术发展的步伐，这使得在实际操作中，责任归属问题变得异常复杂。

不仅如此，AI 在军事领域的应用也引发了深刻的伦理担忧。无人机、自动化武器系统等 AI 技术的军事应用，虽然可以提高作战效率，减少士兵的伤亡，但也带来了巨大的道德风险。自动化武器系统可能在无人监督的情况下发动攻击，造成无辜平民的伤亡。此外，AI 技术的军事化还可能导致新一轮的军备竞赛，增加全球安全的不稳定性。国际社会需要就 AI 军事应用制定明确的规范和限制，以防止技术被滥用，造成不可挽回的后果。

最后，我们不能忽视 AI 对就业市场的冲击及其引发的社会伦理问题。随着 AI 技术的广泛应用，许多传统岗位正被机器所取代，大量工人面临失业的风险。虽然 AI 技术的发展创造了新的就业机会，但这些新岗位往往需要更高的技能和知识，许多被取代的工人可能无法顺利转型。这不仅会对个体的生活造成影响，还可能引发更广泛的社会问题，如贫富差距的扩大和社会的不稳定性。政府和企业需要共同努力，通过教育和培训，帮助工人适应新的就业环境，减少技术进步带来的负面影响。

面对这些伦理挑战，人类需要以更加负责任的态度来发展和应用 AI 技术。首先，我们需要建立更加完善的法律和伦理框架，明确 AI 技术在各个领域的使用规范和责任归属。其次，AI 开发者需要在技术设计和实施过程中，充分考虑伦理问题，确保技术的公正性和透明度。此外，公众也需要提高对 AI 技术的认识和理解，积极参与到 AI 伦理的讨论中，共同推动技术向善发展。

总的来说，AI 技术的迅猛发展为我们带来了无限可能，但同时也带来了诸多道德挑战。只有在技术进步与伦理规范之间找到平衡，我们才能真正驾驭 AI，实现社会的可持续发展。未来，人类需要以更加开放和包容的态度，共同探讨和解决 AI 带来的伦理问题，确保这一强大的技术力量被用于造福全人类，而不是成为新的威胁。

7.2 善用 AI，共赢未来：个人与企业的行动指南

7.2.1 个人发展规划：在 AI 时代的自我提升

在 AI 技术飞速发展的时代，个人发展规划显得尤为重要。面对不断变化的工作环境和技术需求，每个人都需要思考如何在 AI 时代中找到自己的位置，并不断提升自我，以保持竞争力。

1. 自我认知与定位

首先，个人需要对自身的能力和兴趣有清晰的认知。了解自己在 AI 时代中的优势与不足，是制定有效发展规划的基础。通过参加职业测评、与同行交流，或者寻求职业导师的建议，可以帮助个人更好地定位自己。同时，关注 AI 技术在各个行业中的应用趋势，了解哪些技能和知识将成为未来的"硬通货"，有助于个人做出更有前瞻性的职业选择。

2. 持续学习与技能提升

在 AI 时代，学习不再是一次性的任务，而是一个持续的过程。个人需要积极主动地学习新知识，掌握新技能。无论是通过在线课程、专业书籍，还是参加行业研讨会和技术交流活动，都是提升自我的有效途径。特别是 AI 和数据科学相关的技能，如机器学习、数据分析、编程语言等，正成为越来越多岗位的基本要求。此外，跨学科的知识储备也同样重要，如心理学、经济学和管理学等，这些都能帮助个人在 AI 时代中更全面地思考和解决问题。

3. 实践与应用

理论知识的学习固然重要，但实践与应用同样不可或缺。个人可以通过参与实际项目、实习或者兼职等方式，将所学知识应用于实际工作中。这不仅能加深对知识的理解，还能培养解决实际问题的能力。同时，个人可以通过开源项目、技术社区或者创业项目等途径，积累实践经验和人脉资源。在实践中，个人还可以发现自己的兴趣所在和职业发展方向，从而更好地规划未来。

4. 网络与资源利用

在 AI 时代，个人的发展离不开良好的网络和资源支持。建立和维护一个高质量的职业网络，可以帮助个人获取更多的机会和资源。参加行业会议、技术交流活动或者加入专业社群，都是拓展人脉的有效方式。同时，个人还可以利用各种在线平台和工具，如 LinkedIn、GitHub、Coursera 等，获取最新的行业资讯、学习资源和人脉关系。通过这些平台，个人可以与全球的专家和同行保持联系，分享经验和见解，从而不断提升自我。

5. 心理与身体素质的提升

在 AI 时代，个人发展不仅包括知识和技能的提升，还包括心理和身体素质的培养。面对快速变化的技术环境，个人需要具备良好的心理素质，以应对不确定性和挑战。保持积极的心态，培养抗压能力和情绪管理能力，都是非常重要的。同时，良好的身体素质是持续学习和工作的基础。个人需要注意保持健康的生活方式，合理安排作息时间，积极参与体育锻炼，以充沛的精力和良好的状态迎接每一天的挑战。

6. 创新与创业思维

在 AI 时代，创新和创业思维是个人发展的重要组成部分。个人需要具备开放的思维和创新的精神，勇于尝试新事物，探索新领域。无论是通过技术创新、商业模式创新还是服务创新，个人都可以在 AI 时代中找到自己的发展机会。同时，创业也是一种重要的职业选择，通过创业，个人可以将自身的知识和技能转化为实际的价值，实现自我发展和财富增长。在创业过程中，个人可以培养领导能力、团队管理能力和市场洞察力，从而全面提升自己的综合素质。

7. 社会责任与伦理意识

在 AI 时代，个人发展还需要具备社会责任感和伦理意识。AI 技术的广泛应用，带来了许多伦理和社会问题，如隐私保护、算法偏见、就业影响等。个人在学习和应用 AI 技术的过程中，需要关注这些问题，并积极寻求解决方案。通过参与公益活动、技术伦理研究或者政策倡导等方式，个人可以为社会的可持续发展贡献自己的力量。同时，具备社会责任感和伦理意识的个人，也更容易获得社会的认可和尊重，从而在职业发展中获得更多的机会和支持。

8. 终身学习与成长

最后，个人发展规划还需要具备终身学习的理念。AI 技术的发展日新月异，个人需要保持学习的状态，不断更新自己的知识和技能。通过制定长期的学习计划和目标，个人可以有计划地提升自我，保持在行业中的竞争力。同时，个人还需要具备成长型思维，勇于接受挑战，从失败中学习，不断追求进步。在 AI 时代，终身学习不仅是个人发展的需要，也是适应社会变化和实现自我价值的必由之路。

在 AI 时代，个人发展规划是一个动态的、持续的过程。通过清晰的自我认知与定位、持续的学习与实践、良好的网络与资源利用、健康的心理与身体素质、创新与创业思维、社会责任与伦理意识以及终身学习的理念，个人可以在 AI 时代中不断成长与进步，实现自己的职业目标和人生价值。

7.2.2 企业战略规划：构建未来竞争力的核心要点

在 AI 时代，企业要想保持长期的竞争优势，必须从战略层面进行深刻的变革与规划。

首先，企业需要明确 AI 技术在未来发展中的核心地位。AI 不再是简单的工具，而是推动企业创新与增长的引擎。企业必须从高层开始，树立"AI 优先"的战略思维，将 AI 技术深度融入企业的各个业务模块中，从研发、生产到销售与服务，每一个环节都应考虑如何通过 AI 提升效率与创造价值。

在具体实施过程中，企业需要构建一套完整的 AI 战略框架。第一步是进行全面的业务诊断，分析现有业务流程中的痛点与瓶颈，找出 AI 能够发挥最大效用的环节。比如，在供应链管理中，AI 可以通过大数据分析优化库存管理，减少浪费与积压；在客户服务中，AI 客服与智能推荐系统可以大幅提升客户体验，增加用户黏性。

其次，企业需要加大对 AI 技术的投资力度，这不仅仅体现在资金的投入上，还包括人才的培养与引进。AI 技术的竞争归根结底是人才的竞争，企业必须建立一支具备跨学科能力的 AI 团队，涵盖数据科学、机器学习、软件开发等多个领域。此外，企业还应积极与高校、科研机构以及 AI 技术公司建立合作关系，通过产学研结合，加速技术成果的转化与应用。

在技术应用层面，企业应注重 AI 技术的实际落地效果，而非盲目追求最新的技术潮流。每一个 AI 项目的实施都应有明确的目标与衡量标准，确保技术应用能够真正带来商业价值的提升。例如，在营销领域，企业可以通过 AI 分析消费者行为，精准定位目标客户，优化广告投放策略，从而提高营销 ROI。在生产制造环节，AI 可以通过智能排程与自动化控制，减少人为错误，提升生产效率。

此外，企业还需建立灵活的组织架构与创新文化，以适应 AI 时代的快速变化。传统的层级管理模式已经无法适应 AI 技术带来的高速变革，企业需要更加扁平化的组织结构，鼓励跨部门协作与快速决策。同时，企业应营造开放的创新氛围，激发员工的创造力与积极性，鼓励他们不断尝试新的技术与业务模式。

在市场竞争中，企业还需具备前瞻性的眼光，及时捕捉行业发展的新趋势与新机会。AI 技术的发展日新月异，新的应用场景与商业模式层出不穷，企业必须时刻保持警惕，快速响应市场变化。例如，随着物联网、5G 等新技术的普及，企业可以结合 AI 技术开发智能硬件产品，拓展新的市场领域。

最后，企业应注重数据资产的管理与保护。在 AI 时代，数据是最重要的生产要素之一，企业必须建立完善的数据管理制度，确保数据的真实性、完整性与安全性。同时，企业还需遵守相关的法律法规，保护用户隐私，避免数据泄露与滥用。

通过以上多方面的努力，企业才能在 AI 时代构建起强大的竞争力，实现可持续发展。在这个过程中，企业不仅要关注短期的经济效益，更要着眼于长远的战略目标，通过持续创新与优化，不断提升自身的市场地位与品牌价值。只有这样，企业才能在激烈的市场竞争中立于不败之地，迎接 AI 时代带来的无限机遇。

7.2.3　共生共赢：构建 AI 时代的合作共赢生态

在 AI 技术飞速发展的今天，单打独斗的企业或个人已经很难在激烈的市场竞争中占据优势。AI 时代的核心在于技术的共享与协同，只有通过构建一个共生共赢的生态系统，才能在这个充满机遇与挑战的时代中立于不败之地。

1. 生态系统的构建：从竞争到合作

在传统的商业环境中，企业往往通过竞争来获取市场份额，然而在 AI 时代，合作共赢的理念正在成为主流。企业需要认识到，AI 技术的复杂性和多样性要求跨领域的合作。例如，AI 技术的开发需要硬件、软件、数据和算法的多方协作，而这些往往不是一个企业能够独立完成的。因此，构建一个多方共赢的生态系统显得尤为重要。

在这个生态系统中，企业可以共享资源、技术和市场，从而实现共同发展。例如，一些科技公司已经开始与传统制造业合作，通过 AI 技术提升生产效率，从而实现双赢。这种合作不仅帮助制造企业提高了生产效率，还为科技公司提供了应用场景和数据支持。

2. 技术共享与协同创新

AI 技术的快速迭代要求企业不断进行技术创新，而技术创新往往需要大量的投入和跨领域的知识。在这种情况下，技术共享成为一种有效的策略。通过开放技术平台和共享研发成果，企业可以降低研发成本，加速技术创新。

例如，一些大型科技公司已经开放了他们的 AI 技术平台，允许其他企业和研究者使用他们的工具和数据。这种技术共享不仅帮助其他企业快速应用 AI 技术，还促进了整个行业的创新和发展。通过协同创新，企业可以在共享资源的基础上，实现各自领域的突破和进步。

3. 市场共赢：共同开拓新市场

AI 技术的应用范围广泛，从医疗、金融到教育、制造，各个行业都在积极探索 AI 的应用场景。在这种情况下，企业可以通过合作共同开拓新市场，实现市场共赢。例如，一些 AI 初创公司与大型企业合作，通过大型企业的市场渠道和资源，快速推广他们的 AI 产品和服务。

这种合作不仅帮助初创公司快速进入市场，还为大型企业带来了新的业务增长点。通过共同开拓新市场，企业可以在不增加过多成本的情况下，实现市场份额的扩大和业务的多元化。

4. 数据共享与隐私保护

在 AI 时代，数据是最重要的资源之一。然而，单一企业往往难以获取足够的数据来支持 AI 模型的训练和优化。在这种情况下，数据共享成为一种有效的策略。通过数据共享，企业可以获取更多的数据资源，从而提升 AI 模型的准确性和应用效果。

然而，数据共享也带来了隐私保护的挑战。企业在共享数据的同时，必须确保用户的隐私和数据安全。通过建立严格的数据保护机制和合作协议，企业可以在共享数据的基础上，实现共赢。例如，一些企业已经开始使用联邦学习等技术，在不泄露用户隐私的情况下，实现数据的共享和模型的训练。

5. 人才培养与知识共享

AI 技术的发展离不开人才的培养和知识的共享。在 AI 时代，企业需要通过合作共同培养和储备 AI 人才，从而为未来的发展奠定基础。通过建立联合实验室、举办技术交流会和培训班，企业可以共享知识和经验，提升整体行业的技术水平。

例如，一些科技公司与高校和研究机构合作，共同开展 AI 技术的研究和人才培养。这种合作不仅帮助企业获取了最新的研究成果和人才资源，还促进了整个行业的技术进步和创新。

6. 社会责任与可持续发展

在构建 AI 时代的合作共赢生态中，企业还需承担起社会责任，关注可持续发展。AI 技术的应用不仅要追求经济效益，还要考虑其对社会和环境的影响。通过合作，企业可以共同制定行业标准和规范，确保 AI 技术的应用符合社会和环境的可持续发展要求。

例如，一些企业已经开始探索 AI 在环境保护和资源管理中的应用，通过智能监测和数据分析，帮助政府和组织更好地管理自然资源和环境保护项目。这种合作不仅帮助企业履行了社会责任，还为社会和环境的可持续发展做出了贡献。

> **案 例**
>
> **共生共赢的成功实践**
>
> 在全球范围内，已经有一些企业通过构建合作共赢的生态系统，取得了显著的成果。例如，某大型科技公司与多家中小型 AI 初创公司合作，共同开发和推广 AI 产品。通过这种合作，科技公司获得了最新的技术支持和市场反馈，而初创公司则借助科技公司的市场渠道和资源，快速进入市场。
>
> 另一个成功的案例是一家传统制造企业与 AI 技术公司携手合作。制造企业面临着生产效率提升瓶颈和产品质量精细化管理的挑战，而 AI 技术公司拥有先进的算法和数据分析技术。双方合作后，AI 技术公司为制造企业量身定制了智能生产方案。通过在生产线上部署传感器收集海量数据，再利用深度学习算法进行实时分析，实现了对生产流程的精准优化。例如，能够提前预测设备故障，及时安排维护，减少停机时间；根据数据反馈调整生产参数，提高产品合格率。这种合作不仅帮助制造企业将生产效率大幅提升了 30%，产品不良率降低了 20%，还使企业在市场竞争中凭借更高质量的产品赢得了更多客户订单，实现了经济效益和品牌影响力的双丰收。

7.2.4　创新动力：持续学习与创新的重要性

在 AI 时代，技术和市场环境瞬息万变，个人和企业的生存与发展不再仅仅依赖于现有的资源和能力，而是更依赖于持续学习与不断创新的动力。那些故步自封、不愿接受新事物的人和企业，往往会在不知不觉中被时代所抛弃。相反，那些始终保持开放态度，积极学习并勇于尝试新事物的人和企业，才能在这个快速变化的时代中立于不败之地。

1. 持续学习是基础

持续学习是创新的基础，也是适应变化的唯一途径。在 AI 时代，知识更新速度极快，技术变革日新月异。无论是企业管理者还是普通员工，都需要具备一种终身学习的意识。过去那种"学一次，用一生"的观念早已过时。如今，学习不再是一项阶段性的任务，而是贯穿整个人生的持续性活动。

对于个人而言，持续学习意味着要时刻关注行业动态，学习新的技术工具，了解新的商业模式。比如，学习如何利用 AI 工具提高工作效率，如何通过数据分析做出更明智的决策，如何在新的社交平台上进行营销推广，等等。这些新的知识和技能，不仅能帮助个人在职场上保持竞争力，还能为未来的职业发展打下坚实的基础。

对于企业而言，持续学习则意味着要建立一种学习型组织文化。企业需要定期为员工提供培训机会，邀请专家举办讲座，鼓励员工参加行业会议，甚至可以通过内部知识分享平台，让员工互相学习，共同进步。只有当整个组织都处于一种持续学习的状态，企业才能在激烈的市场竞争中保持活力和创新力。

2. 创新是持续学习的自然延伸

然而，学习本身并不是目的，学习的最终目标是为了创新。创新不仅仅是技术的革新，还是商业模式的创新、管理模式的创新以及服务模式的创新。在 AI 时代，创新已经成为企业生存和发展的关键。那些能够不断推出新产品、新服务的企业，才能在市场中占据一席之地。

创新往往源于对现有问题的深刻理解和对未来趋势的敏锐洞察。通过持续学习，个人和企业可以更好地理解市场需求，发现潜在的商业机会。比如，通过学习 AI 技术，企业可以发现如何利用 AI 提高生产效率，如何通过数据分析优化供应链管理，如何通过智能化服务提升客户体验，等等。这些创新的应用，不仅能帮助企业解决实际问题，还能为企业创造新的增长点。

3. 创新的重要性不仅限于技术

值得注意的是，创新不仅仅局限于技术层面，在 AI 时代，商业模式的创新也同样重要。比如，通过 AI 技术，企业可以重新定义产品和服务的价值主张，推出更加个性化和智能化的解决方案。又如，一些企业通过 AI 分析用户行为数据，提供个性化推荐服务，从而大大提升了用户体验和满意度。这种商业模式的创新，不仅能帮助企业赢得市场，还能为企业创造长期的竞争优势。

此外，管理模式的创新也是企业需要关注的重点。在 AI 时代，传统的管理模式已经无法适应快速变化的市场环境。企业需要通过创新管理模式，提升组织的灵活性和适应性。比如，一些企业通过引入 AI 管理工具，实现智能化的绩效管理和员工激励，从而大大提升了管理效率和员工满意度。

4. 创新需要勇气和实践

然而，创新并不是一蹴而就的，它需要勇气和实践。创新往往伴随着风险和不确定性，那些害怕失败的人和企业，往往会在创新面前望而却步。因此，只有那些敢于尝试、勇于实践的人和企业，才能在创新中找到新的机会。

对于个人而言，创新需要敢于突破自我，敢于尝试新事物。无论是学习新的技术工具，还是尝试新的工作方法，都需要一种开放的心态和勇于实践的精神。只有不断尝试，才能在实践中发现问题，找到解决方案，从而实现真正的创新。

对于企业而言，创新则需要一种鼓励试错的文化。企业需要为员工提供一个宽松的环境，鼓励他们大胆尝试，不怕失败。只有当员工感受到企业的支持和信任，他们才会敢于创新，勇于实践。此外，企业还需要建立一套有效的创新激励机制，通过奖励和认可，激发员工的创新热情和动力。

5. 创新是未来的动力

在 AI 时代，创新已经成为个人和企业生存和发展的关键。那些能够持续学习、勇于创新的人和企业，才能在激烈的市场竞争中保持活力和竞争力。创新不仅是技术的革新，还是商业模式、管理模式和服务模式的创新。只有通过不断的创新，个人和企业才能在快速变化的市场环境中立于不败之地。

未来，随着 AI 技术的不断发展，创新将变得更加重要。那些能够抓住 AI 时代机遇的人和企业，才能在未来的竞争中占据主动。而那些故步自封、拒绝创新变革的个人和企业，终将被时代的浪潮所淘汰。

7.2.5　前瞻展望：AI 技术发展对未来世界的深远影响

在未来的几十年里，人工智能将继续深刻地改变我们的社会、经济和文化。随着技术的不断演进，AI 将不仅仅局限于提高生产力和优化商业流程，它将全面渗透到人类生活的方方面面，成为推动社会进步的核心力量之一。

首先，在日常生活方面，AI 将进一步使我们的家庭和城市智能化。智能家居系统将变得更加普及和成熟，从自动调节室温、灯光到管理家务，AI 将帮助人们从烦琐的日常事务中解放出来，从而有更多时间专注于创造性和有意义的工作。智能城市也将通过 AI 技术实现更高效的资源管理，例如交通系统的自动调度、能源的智能分配等，这将极大地改善人们的生活质量，并减少资源浪费和环境污染。

在医疗领域，AI 的潜力尤为巨大。未来的医疗系统将依赖 AI 进行疾病的早期诊断和个性化治疗。通过深度学习算法，AI 能够分析海量的医学数据，发现人类医生可能忽略的细微病变和趋势，从而提供更准确的诊断和治疗方案。此外，AI 还可以帮助药物研发，通过模拟分子结构和生物反应，加速新药的发现和上市。这将大幅度降低医疗成本，并提高全球范围内的医疗服务水平，特别是在那些医疗资源匮乏的地区。

教育领域也将因为 AI 的发展而发生革命性的变化。未来的学习将更加个性化和智能化，AI 将根据每个学生的学习速度、兴趣和能力，量身定制学习内容和进度。这不仅能提高学生的学习效率，还能激发学生的创造力和自主学习能力。在线教育平台将借助 AI 技术，提供更加互动和沉浸式的学习体验，打破地域和时间的限制，让更多的人有机会接受优质的教育资源。

在经济和就业市场方面，AI 的广泛应用将带来深刻的变革。一方面，许多传统的工作岗位将被 AI 和自动化技术所取代，这将导致某些行业的就业机会减少。然而，另一方面，AI 也将创造出许多新的就业机会和产业。例如，AI 系统的开发、维护和优化需要大量的技术人才，而基于 AI 的新兴产业，如智能机器人、无人驾驶汽车等，也将成为新的经济增长点。因此，未来的劳动力市场将更加注重技能的更新和适应能力，终身学习和职业转换将成为常态。

在全球治理和国际关系中，AI 也将发挥越来越重要的作用。各国将利用 AI 技术提升国家竞争力，从军事到经济，AI 将成为国家战略的重要组成部分。然而，这也带来了新的挑战和风险，例如 AI 武器化的威胁、数据隐私和安全问题等。因此，国际社会需要加强合作，制定全球性的 AI 治理规则，确保 AI 技术的安全、可靠和公平使用。

从文化角度来看，AI 将改变我们的艺术创作和娱乐方式。AI 已经能够生成音乐、绘画和文学作品，未来，AI 将成为艺术家和创作者的重要工具和伙伴。通过与 AI 的合作，人类将能够探索更多元化和创新的艺术表现形式。同时，AI 也将改变我们的娱乐体验，提供更加个性化和互动性的内容，例如虚拟现实游戏、AI 生成的影视剧情等。

总的来说，AI 技术的发展将对未来世界产生深远的影响。它不仅会改变我们的生活方式和工作方式，还将重塑全球的经济结构和国际关系。面对这一系列变革，我们需要以开放和积极的态度迎接 AI 时代的到来，充分利用 AI 带来的机遇，同时也要警惕和应对其潜在的风险和挑战。只有这样，我们才能确保 AI 技术真正造福于全人类，推动社会向更加智能、高效和公平的方向发展。

7.2.6 使命与愿景：善用 AI、分享 AI，让人类成为更好的人类

在人类历史的长河中，科技的每一次重大进步都深刻改变了社会的运行方式，而人工智能的出现无疑是其中最具颠覆性和影响力的技术之一。AI 正在以惊人的速度渗透到社会的各个角落，从医疗、教育、金融到交通、制造、娱乐，几乎无处不在。然而，面对如此强大的工具，人类肩负的责任也愈加重大。我们不仅要善用 AI，更需要以分享的精神，让 AI 技术为更多的人带来福祉。

1. 善用 AI，赋能全人类

AI 的强大在于它能够处理海量数据，快速做出决策，甚至在某些领域超越人类的能力。然而，这种力量如果被滥用或仅掌握在少数人手中，可能会导致社会的不公与分裂。因此，善用 AI，首先意味着要让这项技术为全人类服务，而不仅仅是个别企业或国家的工具。

我们需要建立全球性的合作机制，确保 AI 技术的发展能够惠及每一个角落。例如，在医疗领域，AI 可以帮助诊断疾病，制定治疗方案，甚至预测疫情爆发。在教育领域，AI 可以为学生提供个性化的学习方案，帮助他们更好地掌握知识。这些应用场景不仅能够提升人类的生活质量，还能缩小贫富差距，实现社会的共同进步。

2. 分享 AI，促进全球合作

AI 的发展不应是封闭的，而应是开放和共享的。各国政府、企业和科研机构需要加强合作，共同制定 AI 发展的标准和规范，确保这项技术的安全性和可靠性。同时，通过分享 AI 技术和经验，可以帮助发展中国家更快地融入全球科技发展的浪潮中。

例如，通过国际合作，我们可以建立一个全球性的 AI 知识共享平台，让各国的科研人员和企业能够自由地获取和贡献 AI 技术。这不仅能够加速 AI 技术的进

步，还能避免技术垄断，促进全球科技生态的健康发展。

3. 人类使命：构建 AI 时代的伦理与道德

AI 的发展带来了许多伦理和道德上的挑战。例如，在自动驾驶汽车的决策中，如何平衡乘客和行人的生命安全？在招聘系统中，如何避免 AI 对某些群体的歧视？这些问题都需要我们在 AI 发展的过程中认真思考和解决。

人类需要共同努力，制定一套全球通用的 AI 伦理标准，确保 AI 技术的发展符合人类的价值观和道德准则。这不仅需要政府和企业的参与，还需要社会各界的广泛讨论和共识。只有这样，我们才能确保 AI 技术真正为人类带来福祉，而不是带来新的问题和挑战。

4. 推动 AI 普惠，实现共同富裕

AI 技术的广泛应用，不仅能够提升生产效率，还能够创造新的就业机会和商业模式。然而，这也意味着我们需要重新思考教育和培训体系，确保每个人都能掌握适应 AI 时代的新技能。

例如，政府可以通过提供免费的 AI 培训课程，帮助失业人员和低技能劳动者提升他们的就业能力。企业也可以通过内部培训，让员工掌握最新的 AI 技术，提升他们的职业竞争力。同时，我们还需要鼓励创业和创新，为 AI 时代的新兴企业和创业者提供更多的支持和机会。

5. 面向未来的 AI 使命

展望未来，AI 技术的发展还有很长的路要走。我们需要继续探索 AI 在各个领域的应用潜力，从基础科学研究到实际应用开发，都需要不断的投入和创新。同时，我们还需要关注 AI 技术对环境的影响，确保其发展是可持续的。

例如，在能源领域，AI 可以帮助优化能源使用，减少浪费，提升可再生能源的利用效率。在环境保护方面，AI 可以用于监测和预测气候变化，提供科学的决策支持。这些应用不仅能够提升人类的生活质量，还能保护我们的地球，实现人

与自然的和谐共处。

6. AI与人类共同进步

AI的发展不仅是技术上的进步，更是人类社会的一次重大转型。在这个过程中，我们需要始终坚持以人为本的精神，确保AI技术的发展能够促进人类的共同进步。这意味着我们要关注AI对社会、经济、文化等多方面的影响，制定全面的发展战略。

例如，在文化领域，AI可以帮助保护和传承人类文化遗产，通过数字化技术让更多的人了解和欣赏不同文化的魅力。在社会治理方面，AI可以提供科学的决策支持，帮助政府更好地制定和实施政策，提升社会治理的效率和公正性。

7. 结语

善用AI、分享AI，让人类成为更好的人类，不仅是技术发展的需要，更是人类共同的使命。在这个充满机遇和挑战的时代，我们需要以开放的心态，迎接AI带来的变化，共同推动这项技术的发展和应用。只有这样，我们才能确保AI技术真正为人类带来福祉，实现一个更加美好、公正和可持续的未来。

在这个过程中，每个人都可以发挥自己的作用。对于普通大众来说，要积极学习和了解AI知识，提升数字素养，以便更好地适应和利用AI技术。比如，学会使用智能工具来提高工作效率、丰富学习和生活体验。对于科技从业者而言，要秉持社会责任，在研发和应用AI技术时注重伦理道德，避免技术滥用。比如，在设计算法时充分考虑公平性和隐私保护，防止出现歧视性结果或泄露用户信息。而政府和相关机构则需要制定完善的政策法规，引导和规范AI产业的健康发展，同时加大对教育和科研的投入，培养更多AI人才，推动技术创新。只有全社会形成合力，从不同层面共同努力，才能让AI这一强大的工具更好地服务于人类，助力我们迈向更加美好的明天。